FREDY GAREIS

H KÖNIG DER OBOS

FREDY GAREIS

KÖNIG DER HOBOS

Unterwegs mit den
Vagabunden Amerikas

Mit 37 farbigen Fotos
und einer Karte

Mehr über unsere Autoren und Bücher:
www.malik.de

Für Tuck, Shoestring

Erstmals im Taschenbuch
ISBN 978-3-492-40502-7
Oktober 2019
© Piper Verlag GmbH, München 2018
erschienen im Verlagsprogramm Malik
Redaktion: Fabian Bergmann, München
Fotos im Bildteil: Fredy Gareis
Autorenfoto: Manolo Ty
Umschlagfotos: Ben Miller / Plainpicture (vorne unten);
Fredy Gareis (alle anderen)
Umschlaggestaltung: Petra Dorkenwald nach einem Entwurf
von Birgit Kohlhaas
Karte: cartomedia, Karlsruhe
Satz: Kösel Media GmbH, Krugzell
Lithografie: Lorenz & Zeller, Inning a. A.
Druck und Bindung: CPI books GmbH, Leck
Printed in the EU

Inhalt

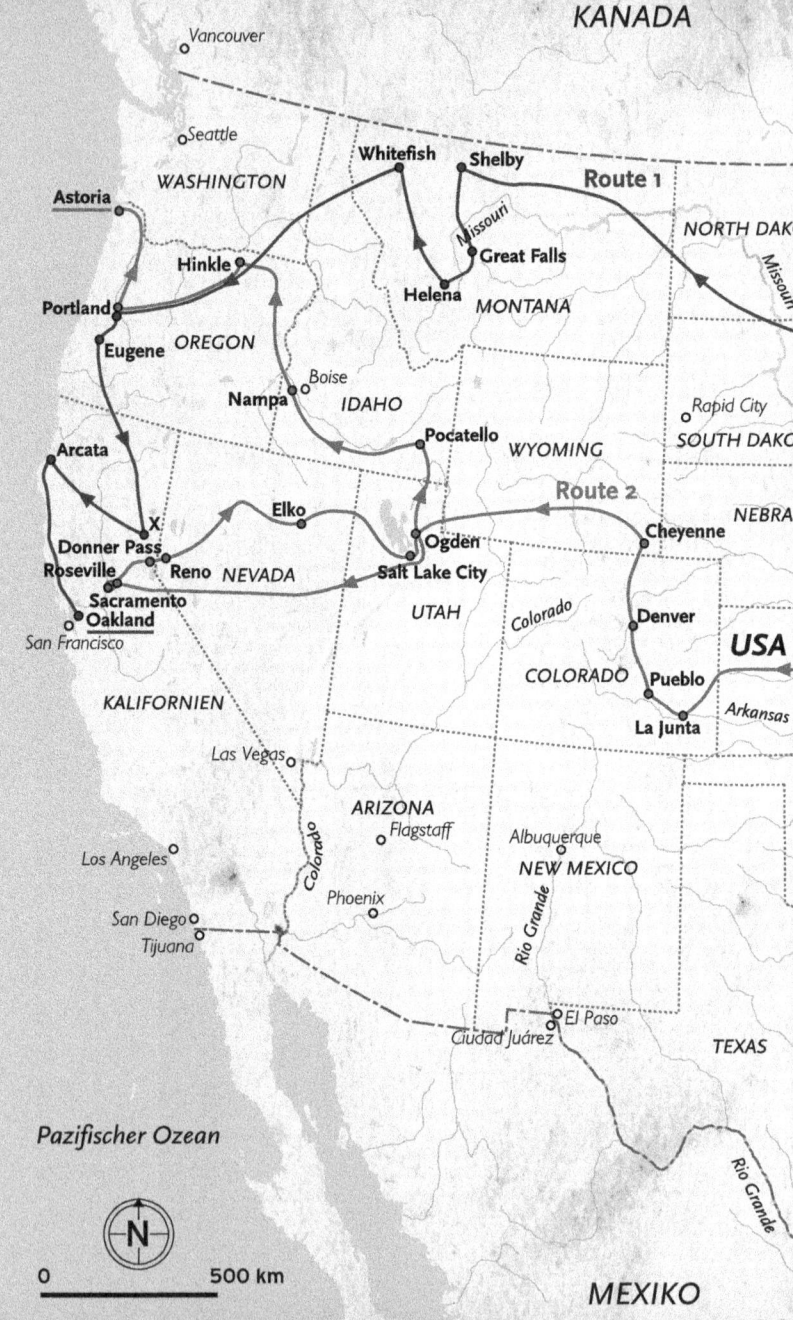

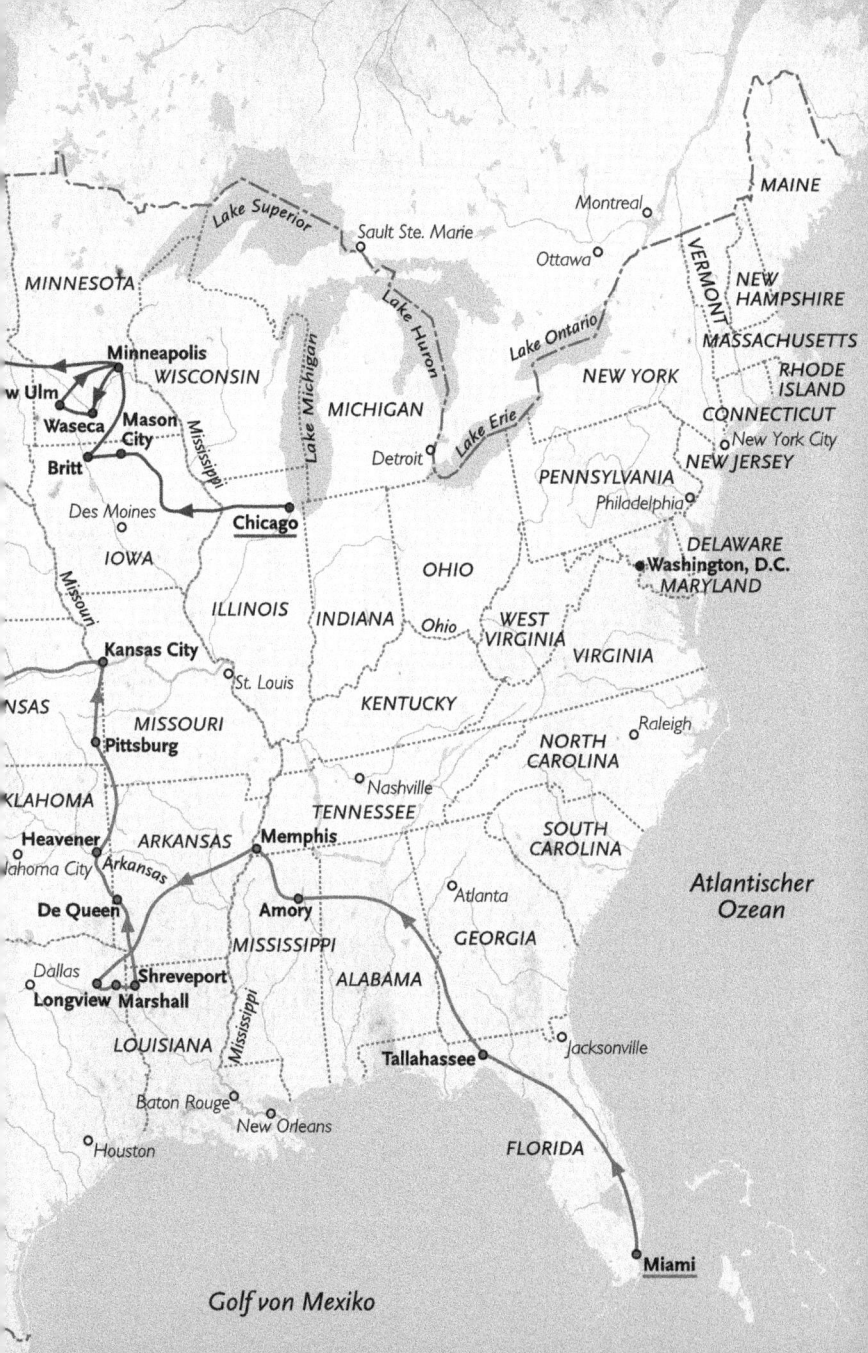

Teil I: Betreten verboten

There's a race of men that don't fit in,
a race that can't stay still;
So they break the hearts of kith and kin,
and they roam the world at will.
They range the field and they rove the flood,
and they climb the mountain's crest;
Theirs is the curse of the gypsy blood,
and they don't know how to rest.
    Robert W. Service; The Men That Don't Fit In

I hate to hear that freight train blow, boo-hoo!
Every time I hear it blowin', I feel like ridin' too.
    Trixie Smith; Freight Train Blues

1

Es war kurz nach Mitternacht, als die Polizei die Landstraße entlanggerauscht kam. Die beiden Rentner Tuck und Ricardo fluchten leise und schmissen sich in ein Maisfeld. Schwarze Moskitowolken flogen auf. Der Mais stand schulterhoch, die Erde, auf der wir nun lagen, war feucht. Tuck schob ein paar Maisstangen mit den Händen auseinander. Er blickte hindurch und sagte: »Fuck the police.«

Der Streifenwagen fuhr an uns vorbei, verschwand Richtung Waseca, einer kleinen Stadt mit 10 000 Einwohnern im Bundesstaat Minnesota. Die beiden Hobos standen auf und klopften sich schimpfend die Erde von den Hosen. Scheiß auf die Polizei, scheiß auf die Regierung und scheiß auf das System.

Die Landstraße war wieder leer, die Nacht sternenklar. Ruhe. Die Gleise neben der Straße schimmerten silbern im Mondlicht.

Dann zerriss ein dröhnender Pfiff die Stille.

Erst einmal, dann zweimal. Der Güterzug schob sich rumpelnd aus dem Bahngelände in der Stadt. Das Signal strich scharf über das Maisfeld und brach sich erst am Getreidesilo, bevor es von der Lok eingeholt wurde. Vor unseren Füßen vibrierte der Schotter. Die Gleise sangen. Es war ein Lied von Aufbruch und Bewegung, gehört und verstanden von allen Hobos der letzten 150 Jahre. Die Leuchte der Lok schnitt einen runden Tunnel durch die Dunkelheit.

Nichts, aber auch gar nichts, kann dich auf diesen Moment vorbereiten, wenn die lärmende Höllenmaschine auf einmal an dir vorbeidonnert und die Räder Funken auf den Gleisen schlagen. Jetzt herrschte laut der Zug.

Die schulterlangen weißen Haare von Tuck und Ricardo flatterten im Windkanal von 10 000 Tonnen Stahl. Ein Wagen nach dem anderen verschwand in Richtung der 60 Meilen* nordöstlich gelegenen Kreisstadt New Ulm. Die Waggons rasselten wie an einer gigantischen Kette.

Ricardo spuckte auf den Boden. »Gottverdammte Scheiße. Da fährt sie hin.«

Von der Lampe am Getreidesilo beleuchtet, sagte Tuck: »Komm schon, du Hurensohn, nimm uns verdammt noch mal mit.«

Die beiden Hobos standen mitten in der Nacht, angespannt wie zwei Comanche-Indianer, die im Begriff waren, auf wilde Mustangs zu springen.

Schließlich ein rostiges Kreischen. Es wurde lauter und lauter. Und noch lauter. Fast schon widerwillig kam der Zug zum Stehen. »Gott sei Dank«, sagte Ricardo. Kurzer Schlag auf Tucks Schulter und dann sofort zugabwärts, also weg von der Lok. Ein Hobo will immer so weit wie möglich von der Lok entfernt sein.

Ricardo ging über den Schotter voraus. Rechts von uns stand ein Zug nach Osten, links unser Zug nach Westen. Jeder Waggon etwa 20 Meter lang und fünf Meter hoch. Eine Schlucht aus Stahl, und es war finster in ihr. Die groben Steine knirschten unter unseren dicken Sohlen. In der Kuhle zwischen beiden Gleissträngen hatte sich Brackwasser gesammelt. Es stank.

Hinter mir sagte Tuck: »Nichts Fahrbares! Alles Selbstmord. Fucking motherfucker!«

Ricardo war da bereits 100 Meter weiter gelaufen. Zwischen Zug und Highway befand sich noch eine sandige Zufahrtsstraße, die zum Bahngelände führte. Auf ihr näherte sich plötzlich das Licht von Scheinwerfern. »Runter!«, rief Ricardo und duckte sich dicht an die Räder.

Die Scheinwerfer gehörten zum Wagen, der das Personal aus der Lok holte und zurück zum Bahnhofsbüro fuhr. Hoboarithmetik besagte, dass wir nun ein paar Minuten hatten, bevor er wieder zurückkommen würde.

---

* Eine Meile beträgt rund 1,6 Kilometer.

»Fucking motherfucker«, fluchte Tuck erneut.

»Vielleicht auf der anderen Seite, vielleicht haben wir was übersehen«, meinte Ricardo und kletterte die Leiter eines Getreidewaggons hoch. Manchmal fühlten sich seine Füße an, als würden sie gleich abfallen, hatte er mir zuvor gesagt, aber jetzt setzte er sie elegant wie eine Ballerina auf den Steg, der wie eine überdimensionierte Käsereibe aussah, und stieg auf der anderen Seite wieder runter. Ich machte es genauso, griff aber mit meinen Handschuhen jede Leitersprosse und jede Strebe so fest, dass ich sie fast zum Schmelzen brachte. Adrenalin jagte mir die Wirbelsäule rauf und runter. Mein erster Güterzug.

Tuck keuchte. »Mein Rücken bringt mich um.«

Schließlich waren wir alle drei auf der anderen Zugseite. Ricardo tänzelte voran durch die Dunkelheit. Er ging die Waggons ab und suchte nach einem Ridable, etwas Fahrbarem. Die Landstraße war immer noch leer, sonst hätte jeder im Scheinwerferlicht diese merkwürdigen Gestalten am Güterzug gesehen, vielleicht für Terroristen gehalten und die Polizei gerufen.

»Hey!«, rief Tuck. »Wo zum Teufel läufst du denn hin, Ricardo? Hier sind doch zwei, Rücken an Rücken.«

Es waren ebenfalls Getreidewaggons, Hoppers oder Grainers genannt. Diese beiden hatten zwar keine durchgehende Plattform, waren also im Prinzip auch Selbstmord, weil es über dem Mahlwerk der Räder keine kleine »Veranda« aus Stahl gab. Dafür aber hatte jeder Waggon am Ende zwei runde Löcher, in die man klettern konnte. Das Ganze sah entfernt aus wie das Gesicht einer Eule.

Tuck lehnte sich mit dem Rücken an einen Baum. Legte die Tasche ab, stützte die Hände auf die Knie und spuckte aus. Seine Brust hob und senkte sich wie ein Blasebalg.

Ricardo ließ kurz seine Taschenlampe aufflammen und leuchtete in eines der Löcher. »Da drin liegt benutztes Klopapier.«

»Ist mir scheißegal. Ich geh keinen Schritt weiter. Das ist mein Baby.«

Während Ricardo noch im Graben neben den Gleisen nach einem Stück Pappe suchte, kletterte Tuck die Leiter hoch, schwang sich durch die kreuz und quer laufenden Stahlstreben des Waggons. Mit den Füßen voran schlüpfte er in eines der etwa 50 Zentimeter großen Löcher, wie sich einst ein Marinematrose durch die Schottöffnungen eines U-Boots schwang. Tucks Loch lag Richtung Fahrtwind, die Hobos sagen dazu ole dirty face.

Vom anderen Ende des Zuges auf einmal das grelle Licht von Scheinwerfern. Der Personalwagen, und er kam schnell näher.

»Rein mit dir«, sagte Ricardo.

Mein Herz pumpte heißes Blut durch die Adern. Ich konnte fast nichts sehen und wusste kaum, was ich tat. Was ich wusste, war: Das ist das letzte waschechte amerikanische Abenteuer.

Ricardo schlug mir auf den Rücken. »Jetzt!«

2

Anderthalb Wochen zuvor im Mittleren Westen der USA, Bundesstaat Iowa. Kurz nach Sonnenaufgang streckte ich meinen Daumen raus. Links ging es nach Mason City, rechts nach Britt, einem Nest von 2000 Einwohnern. Ich drehte mir gerade die zweite Zigarette, da stieg der Fahrer eines schwarzen Pick-ups in die Bremsen und fuhr nach rechts auf den Standstreifen. Unter den wuchtigen Rädern knirschte es.

Der Fahrer ließ das Fenster runter. Er trug einen breitkrempigen Hut, etwa so groß wie einer seiner Autoreifen. »So früh schon unterwegs?«

Ich nickte.

»Wo soll's hingehen?«

»Nach Britt, zu den Hobotagen.«

»Zu den Hobotagen?«

»Ja, Sir.«

»Na, jedem, wie's ihm gefällt. Steig ein.«

Bis nach Britt waren es 30 Meilen, und die Route 18 verläuft durch das spiegelflache Land wie fast alle Straßen in der Kornkammer der

USA, gerade wie ein Lineal. Der Fahrer war Farmer und hieß Krieger, hatte deutsche Vorfahren. Stoisch hielt er sich an die vorgegebene Geschwindigkeit von 50 Meilen pro Stunde.

Ich schwieg und schaute aus dem Fenster. Felder um Felder, auf denen Sojabohnen knie- und der Mais schulterhoch wuchsen. Es war Anfang August. Bald würden die gigantischen Farmmaschinen über die Felder dreschen, die Farmer den Mais und die Sojabohnen auf Güterzüge verladen lassen, von denen die Ernte dann in alle Ecken der USA transportiert werden würde. In keinem anderen reichen Land wird so viel Fracht über die Gleise abgewickelt wie hier. Die Schienen sind die Blutbahn der amerikanischen Wirtschaft, und die Güter sind der Sauerstoff, der den Organismus am Leben hält.

Auf der anderen Seite der Landstraße reihten sich Motels an Autohändler an gigantische Supermärkte. Durch die Fensterscheiben der Imbisse sah man bereits die Frühaufsteher ihren Toast buttern. Sie teilten den gebratenen Speck entzwei und wischten sich mit den Servietten die Reste des Spiegeleis aus den Mundwinkeln. Die Bedienung eilte mit einer Kaffeekanne von Tisch zu Tisch – would you like some more, honey? Little bit of cream, sweetheart?

Es ist das Amerika des gut gefüllten Magens, das Amerika der Pick-up-Trucks. Hat man ein Problem mit der Kreditkarte, sagt die freundliche Stimme am anderen Ende der Leitung, dass alles wieder in Ordnung sei und man doch bitte immer weiter lächeln und die Karte weiter glühen lassen solle.

Hat dieses Land, das Land der Freien, sonst nichts mehr zu sagen? Gibt es diese Freiheit nur noch in den großen alten Erzählungen? In den Zeilen von Herman Melville, Mark Twain, Jack London? Zählt nur noch der Konsum, das Geld? Hören wir nur noch von Trump, den Kardashians? Ist ganz Amerika zu einer hysterischen Realityshow verkommen, in der es nur noch um Oberflächlichkeit, das Höher, Schneller, Weiter geht?

Ich wollte ein anderes Amerika sehen.

In ein paar Wochen würde mich niemand honey oder sweetheart nennen, sondern Abschaum oder nutzloses Stück Scheiße. Die Polizei hielte nach mir und meinen neuen Freunden Ausschau. Und dennoch würde ich freier sein, als ich es vielleicht je war, zu einem exklusiven Klub gehören, den es seit der Zeit gibt, als die Eisenbahn dieses Land endgültig erschlossen hat.

Natürlich wusste ich das zu diesem Zeitpunkt noch nicht. Ich wusste nur, dass in Britt einmal im Jahr eine Bande von Außenseitern zusammenkommt, um den König und die Königin der Hobos zu krönen, schon seit 116 Jahren.

Ich hatte dieses Thema bereits seit einigen Jahren auf dem Zettel, seit meinem ersten Buch, um genau zu sein. Ich sage das nicht, um mich selbst zu zitieren, sondern weil ich auf jener Reise einen Exilamerikaner in Budapest kennengelernt hatte, der mir eines Abends bei mehreren Bier von den Hobos und dem legendären »Crew Change Guide« erzählte. Justin berichtete von einer Schattenwelt der Obdachlosen, die auf den Gleisen unterwegs sind und auf den amerikanischen Traum pfeifen. Nicht nur das. Sie sind sogar stolz darauf und verkörpern mit ihrer Unabhängigkeit die uramerikanischen Tugenden des Individualismus und der Selbstbestimmung. Sie suchen das Glück nicht auf Kontoauszügen, sondern auf der Straße. Aber nenn sie bloß nicht Penner. Ein Hobo ist ein Amerikaner, wie er in den alten Büchern steht. Frei, wild, ungezähmt.

Obwohl ich amerikanische Geschichte studiert habe, wusste ich so gut wie nichts von diesen modernen Nomaden. Ich kramte in meinem Gedächtnis und fand schnell alles zur amerikanischen Expansion in den Westen des Kontinents, zur sich ständig verschiebenden Besiedlungsgrenze, die Frontier genannt wurde. Ich erinnerte mich an Huckleberry Finn, diese große Figur der US-Literatur, die symbolisch für den Kampf gegen die sich langsam ausbreitende Zivilisation stand, in jener Zeit, als aus Wildnis erst Territorien und dann Bundesstaaten wurden.

Aber warum wusste ich nichts über die Hobos?

Jetzt im August war ein hervorragender Zeitpunkt, das zu ändern. Ich kam gerade aus einem Bürojob, den ich, entgegen meinen Gewohnheiten, für ein halbes Jahr angenommen hatte, weil die brotlose

Kunst eben brotlos blieb. Die Bezahlung war nicht gut, sondern großartig, morgens gab es kostenloses Frühstück, mittags kochte man zusammen.

Nach zwei Wochen wollte ich mich aus dem Fenster stürzen. Jeden Tag die gleiche Scheiße, immer unter Aufsicht, und dann auch noch ein Chef, der wie ein Rumpelstilzchen durch die Büroräume tobte. Ich schlug drei Kreuze, als ich wieder gehen konnte. Die ganze Zeit hatte ich dabei an die Hobos gedacht. Ihr unbändiger Wille nach Freiheit schien mir das perfekte Gegenmittel zu sein.

»Da wären wir«, sagte der Farmer.

»Bitte?«

»Bisschen in Gedanken, was? Wir sind da. Das ist Britt. In all seiner Pracht.«

Ich schaute an seinem Doppelkinn vorbei durch das Fenster. Eine Straße, so breit wie die Elbe, führte in den Ort. Ein paar Autos standen an der Tankstelle des Casey's General Store, dahinter waren ein Bahnübergang und zwei Getreidesilos zu sehen.

»Danke für die Fahrt. Sehen wir uns vielleicht im Ort? Dann gebe ich Ihnen gerne ein Bier aus.«

Der Farmer grunzte. »Da kriegen mich keine zehn Pferde hin. Ständig sind diese Penner besoffen, schlagen sich durch die Bars, terrorisieren die Bevölkerung, stechen sich gegenseitig ab, und dann stinken sie noch bis zum Himmel. Danke, nein.«

Ich schaute noch mal an seinem Doppelkinn vorbei. Messerstechereien? Die Bevölkerung terrorisieren? Das hörte sich vielversprechend an, sollte man gar nicht meinen bei diesem verschlafenen Örtchen.

»Also, eine Metropole ist Britt aber anscheinend auch nicht gerade.«

»Wem sagst du das. Was glaubst du denn, warum dieses Treffen genau hier stattfindet?«

Ich nickte, ohne zu wissen, warum, stieg aus und holte meinen Rucksack von der Ladefläche. Der Farmer tippte an seinen Hut und drehte mit seinen dicken Fingern die Klimaanlage hoch. Dann fuhr er langsam auf die Straße zurück, nicht ohne noch einen verächtlichen Blick auf das fünf Meter hohe Schild zu werfen, das hinter einer Blautanne in die Luft ragte. Es zeigte die Abbildung eines Hobos mit abgerissenen Schuhen und seiner Habe in einem Bündel sowie in großen fetten Lettern die Ankündigung: »BRITT NATIONAL HOBO CONVENTION 11 – 14 August«.

Ich schulterte meinen Rucksack und überquerte die Straße.

3

Die Main Avenue schnitt durch den Ort wie ein Messer durch warme Butter. Ich ging an der Tankstelle vorbei, kreuzte die Bahngleise und ließ die beiden Getreidesilos hinter mir. Der Wind frischte auf und wirbelte den Sand auf dem Seitenstreifen hoch. Am Heartland Diner hingen im Schaufenster zwei Pappschilder. Auf dem einen stand: »Texas Hobo Mike for Hobo King«. Auf dem anderen: »Vote for Ricardo«. An der Farmers Trust & Savings Bank fuhren die Einwohner von Britt an die Automaten und zogen Geld, ohne das Auto verlassen zu müssen. Die Sonne stieg hoch in den Himmel, die Luft war klar. Die Wettervorhersage versprach Temperaturen um die 30 Grad.

Ich war einen Tag zu früh, aber meiner Erfahrung nach ist es selten schlecht, zu früh aufzutauchen. Wenn Dinge erst mal in Gang sind, kannst du leicht Probleme bekommen, dich in Ruhe zu unterhalten. Und da mein Plan war, jemanden kennenzulernen, um mit ihm (oder ihr) auf Güterzüge zu springen, konnte ich eigentlich nicht früh genug da sein.

Fast alle Gebäude waren einstöckig und aus Backstein. Ich passierte einen Billigladen namens Dollar General, die Bar J & D's Hobnob und den Baumarkt Swenson's Do it Best. Die Parkplätze an der Straße waren schräg angeordnet, und wenn einige Bewohner von Britt aus ihren SUVs und ihren Pick-ups stiegen, ächzten die Wagen und richteten sich dann wieder auf.

Ich ging noch ein paar Schritte und fragte mich, wo diese Hobo Convention denn sein sollte. Von der anderen Straßenseite wehte der Geruch von brutzelnden Burgern rüber. Mein Magen grummelte. Gerade, als ich mich zu dem Lokal begeben wollte, hörte ich hinter mir eine Stimme.

»… Ich kann nicht glauben, dass Iowa Blackie nicht mehr unter uns ist. Der Kerl war zwar nichts anderes als ein Höhlenmensch im Overall, das Gesicht meist schwarz wie die Nacht vor lauter Schmutz, aber er konnte Gedichte schreiben, das konnte er. Gedichte schreiben und Güterzüge reiten.«

Ich drehte mich um nach der weiblichen, aber tiefen Stimme. Zwei Frauen saßen auf einer Bank vor dem Hobo Museum im dunklen Schatten des dreieckigen Vordachs. Ich wäre doch fast daran vorbeigelaufen.

»Gott, er war so verliebt in mich … Eines Tages sind wir gemeinsam auf einen Güterzug aufgesprungen, und er hat mich extra in die falsche Richtung bugsiert, damit er mehr Zeit mit mir verbringen konnte. Blackie … ruhe in Frieden.«

Die Frau, die von einem gewissen Iowa Blackie erzählte, war vielleicht in den späten 50ern und feierlich aufgetakelt wie eine Fregatte kurz vor dem Auslaufen beim Hamburger Hafengeburtstag: die Jeansjacke von oben bis unten voller Aufnäher, die Handgelenke voller bunter Armbänder, auf dem Kopf einen Strohhut, um den sie ein rotes Halstuch gewickelt hatte. Die Frau neben ihr war noch ein Mädchen, trug kurze Hosen und strich sich alle paar Sekunden die schwarzen Haare hinter das Ohr. Ich schätzte sie auf 15 oder 16 Jahre.

»Hallo, Fremder«, sagte die Ältere, »kann ich dir helfen?«

»Tja«, fing ich an, »ich bin, wie soll ich sagen, auf der Suche nach Hobos.«

Die Frau schlug sich auf das Knie unter dem Jeansrock. »Hast du das gehört, Angie Dirty Feet? Er sucht Hobos!«

Ich nickte.

»Ich bin Jewel. Minneapolis Jewel. Viermalige Königin der Hobos. Ich würde sagen, du hast sie gefunden.« Jewel klimperte mit ihren

Augenlidern. Sie sah aus wie eine Frau, die den Schalk im Nacken hatte. Ganz normal kann man ja wohl nicht sein, wenn man auf Güterzüge springt. Das zumindest war meine Hoffnung.

»Hast du Hunger?«, fragte sie mich.

»Aber wie.«

Jewel wandte sich an Angie Dirty Feet, ihre Enkelin, wie ich später erfahren sollte. »Wir sehen uns später. Ich werde den jungen Mann jetzt mit in den Dschungel nehmen.«

»Dschungel?«

»Du weißt ja gar nichts, mein Lieber. Da gibt's was zu futtern, und du kannst dir einen Platz zum Schlafen suchen.« Jewel stand auf, und ich folgte ihr.

Angie Dirty Feet blieb auf der Bank sitzen, nach vorne gebeugt, die Ellbogen auf den Knien. Sie hatte ein sehr süßes Lächeln – jung, unschuldig, frisch – und würde sich bald auf verhängnisvolle Weise in einen jungen Hobo verlieben.

4

Der Hobo war ein Wanderarbeiter und genauso amerikanisch wie der Cowboy. Er tauchte auf der Bühne auf, weil es einen Arbeitsmarkt für ihn gab. Der Begriff leitet sich wohl ab vom Wort hoe für »Hacke« und boy für »Junge«. Manche schreiben über den Hobo, dass Amerika ohne ihn überhaupt nicht möglich gewesen wäre. Er arbeitete auf den Feldern, in Bergwerken, legte Gleise für die Eisenbahn. War obdachlos und unverheiratet, meistens unterwegs nur mit den Klamotten am Leib und einem kleinen Bündel an einem Stock über der Schulter. Immer gab es einen Job in der Ferne, und wenn nicht, dann machte er sich auf und suchte danach.

Und dafür nutzte er dieses neue Transportmittel, die Eisenbahn, deren Gleise von Immigranten, Chinesen, Schwarzen und den Hobos selbst gelegt worden waren, und reiste als blinder Passagier durchs

Land. Die Weite da draußen verwandelte ihn in einen harten, risikofreudigen und radikalen Menschen. Um zu überleben, musste er vielseitig wie ein Schweizer Armeemesser sein. Immer in Bewegung, immer am Improvisieren. Und die Zähmung des galoppierenden Stahlrosses verlieh ihm einen großen Teil seiner Identität. Aus den Hobos wurde eine Bruderschaft, eine der ersten amerikanischen Subkulturen. Sie entwickelten eine eigene Symbolsprache und verschrieben sich sogar einem moralischen Kodex, mit dem sie sich von den Tramps und Bums, den Arbeitslosen und Pennern, abheben wollten. Ein passender Spruch über die Hobos geht so: Wenn es draußen kalt ist, dann nimmt ein Tramp eine Zeitung und stopft sie sich unter die Klamotten. Ein Hobo tut das Gleiche, aber davor liest er die Zeitung noch. Hobos, die Elite des sozialen Kellers.

Mit dem Ende des Bürgerkrieges spülte es Tausende Menschen auf die Straße, nach dem Finanzcrash von 1873 mehrere Millionen. Die Lage beruhigte sich um die Jahrhundertwende, und in den späten 1920ern sah man den Hobo als ein Relikt der Vergangenheit an. Dann brach die Wirtschaft am 24. Oktober 1929, dem Schwarzen Donnerstag, erneut zusammen. Die Große Depression sorgte für Menschenmassen auf den Güterzügen, wie man sie heute aus indischen Vorstädten kennt. Und während der normale Penner an der Straßenecke keine Fürsprecher hatte, wurden die Hobos von großen Namen in Lied und Vers, zwischen Buchseiten und auf Leinwänden verewigt.

Nach Wirtschaftskrise und Weltkrieg wurde der Hobo dann allerdings immer wieder für tot erklärt, und dennoch kam immer wieder eine neue Generation, die dem Wort und dieser Lebensform neue Bedeutung verlieh. In den 1970ern, zum Beispiel, waren es die Vietnamveteranen. Traumatisiert durch den Krieg im Dschungel, konnten sie sich nicht mehr in die Gesellschaft eingliedern und suchten Trost auf den Gleisen, in der Weite der amerikanischen Landschaft und in den Lagern an der Strecke, passenderweise ebenfalls Dschungel genannt, allerdings schon lange zuvor.

Wer bevölkert diese Welt auf und neben den Gleisen heute, fragte ich mich, während ich über die große Wiese wanderte, auf der mich Jewel abgesetzt hatte. Das war also der Dschungel: In der Mitte war eine große Feuerstelle eingerichtet. Dahinter, neben dem Zaun zu den Bahngleisen, stand ein kleiner Schuppen, in dem die Kühlschränke untergebracht waren. Ein paar Meter weiter gegenüber befand sich ein überdachter Aufenthaltsbereich mit Holzbänken und Tischen.

Unter dem Holzpavillon war nichts los, nur ein paar Leute, die eher aussahen, als wären sie auf einem Ausflug mit einem Seniorenheim. Manche von ihnen brauchten fünf Minuten, bis sie sich eine Zigarette aus der Packung gefingert und angezündet hatten.

Auf der anderen Seite der Wiese, direkt neben dem Zaun, der das Gelände von den Gleisen abgrenzte, standen auch noch ein paar Zelte, ein weiteres Feuer brannte, und von einem Dreibein hing ein brodelnder Topf. Drum herum ein kleiner Kreis von Männern, gemischtes Alter. Etwas weiter links auf ein paar Metern Gleisen ein ausrangierter Box Wagon. Dieser geschlossene Güterwaggon, in dem sich die Reiseträume aller Hobos manifestieren, sieht aus wie ein fettes, horizontal liegendes I und hat in der Mitte, oft auf beiden Seiten, eine Schiebetür.

Ich ging hin, grüßte, setzte mich auf einen freien Stuhl und tat erst mal nichts anderes als zuhören. Die Typen hießen Ricardo, Tattooed Slim, K-Bar, Tuck und Aaron.

Tuck hatte einen Zahn unten links und einen unten rechts. Augen so hellblau, dass sie schon fast weiß waren. Ständig eine Zigarette zwischen den Fingern. Ein gefaltetes Halstuch um die Stirn gewickelt.

K-Bars Bauch glich einem Fass. Breite Schultern. Mächtige Bärenpranken.

Tattooed Slim war schmal und aus Arizona. ZZ-Top-Bart. Am Hals stand tätowiert: »Made in America«. Auf der Innenseite der nach oben gebogenen Baseballkappe geschrieben: »I still play with trains«.

Ricardo trug unter seiner Kappe eine getönte Brille, immer lachend, immer entspannt. Geschieden, drei Kinder.

Eins davon war Aaron. Um die 30, schwarzer Walrossschnauzer, dicke Unterarme. Und der sprang nun auf. Wie der Rückkehrer einer erfolgreichen Expedition erzählte er von seinem letzten Ritt, den er mit seinem Vater unternommen hatte.

»Wir saßen also endlich in der Gondel* und genossen die Fahrt, aber dann hielt der Zug an einem Bahnübergang und blieb ewig lang stehen. Ewig! Ich schaute raus, Scheiße! Eine alte Frau steht da mit ihrem Pudel und redet mit einem Polizisten. Und was macht sie dabei? Zeigt immer wieder in unsere Richtung! Kacke, ich dachte, jetzt sind wir dran. Q-Tip, der alte Haudegen – Mann, der Kerl stinkt vielleicht, ist total tollpatschig mit seinen Riesenfüßen, aber er hat echt Eier. Der fährt auch gern mal 1000 Meilen, um diesen einen bestimmten Flipper in dieser einen abgeranzten Bar zu spielen. Jedenfalls, Q-Tip krabbelt um den Waggon herum, um zu hören, was da los ist. Und wisst ihr, was Sache war? Die Alte hat sich einfach beschwert, dass der Zug sie davon abhält, in die Stadt zu fahren!«

Gelächter, Schläge auf die Oberschenkel, Husten.

K-Bar räusperte sich in seinen Weihnachtsmannbart und sagte: »Heutzutage muss man da draußen echt vorsichtig sein. All die braven Bürger und ihre Handys und diese verdammte Paranoia seit 9/11.«

Seit dem 11. September grüßt dich der Spruch »see something, say something« schon am Flughafen, begleitet dich in der U-Bahn und verfolgt dich dann durch das ganze Land.

»Ach«, sagte Tuck, »scheiß auf die ›Bürger‹. Dann geht man halt ein paar Tage in den Knast, was soll's.« Auf dem einen Unterarm ein tätowierter Totenkopf, auf dem anderen eine Dampflok, die aus einem Tunnel schießt. Schmutz unter den langen, breiten Fingernägeln. »Oben in Montana, was war es da kalt. Kälter als das Herz deiner Exfrau. Da haben wir dem Gesetz freiwillig unsere Hände hingehalten und gesagt, los, mach schon, du Drecksack! Three hots 'n' a cot!« Drei warme Mahlzeiten und ein Klappbett. Tuck lachte dreckig. »Du musst

---

* Sieht aus wie ein offener Schuhkarton; kann sich bei Regen schnell in eine Badewanne verwandeln.

doch eher aufpassen, dass dich nicht irgendein Hurensohn im Schlaf umbringt.«

»So wie Sidetrack«, warf K-Bar ein.

»Ja, genau. Ich kann mich noch an eine Nacht in Vancouver erinnern. Drei Tage lang haben wir uns Crystal Meth reingezogen. Wir mussten unbedingt schlafen und sind in einen Waggon auf dem Güterbahnhof geklettert. Wer hing da rum? Sidetrack. Kam gerade aus Kalifornien und meinte, klar halte ich euch den Rücken frei. Die ganze Nacht saß er da mit einer Machete. Der Pisser hätte uns alle abschlachten können. Hat er aber nicht. Keine Ahnung, warum.«

»Ich glaube«, sagte K-Bar, »man hat ihm viel mehr angehängt, als er tatsächlich verbrochen hat. Nie im Leben hat er 37 Hobos umgebracht.«

»Die Scheißmedien haben sich eben auf alles gestürzt, was mit der FTRA zu tun hatte«, erwiderte Tuck.

Die FTRA war eine Bande von Hobos, die in den späten 1980ern und 1990ern ziemlich berüchtigt war. Die Abkürzung steht für Freight Train Riders of America, manche sagen aber auch, Fuck the Reagan Administration würde genauso passen, denn der damalige Präsident hatte in einem neoliberalen Anfall alle Sozialleistungen gekürzt und einen selbst erklärten Krieg gegen »Schattenmenschen« geführt.

»Morgen kommen sie alle schon wieder und wollen irgendwelche Geschichten hören.« Tuck lachte tief und kehlig, gefolgt von einem kurzen Hustenanfall. Er fingerte eine filterlose Zigarette aus der Packung, zündete sie sich an. Dann wandte er sich unvermittelt an mich. »Du.«

»Ich?«

»Jewel sagt, du gehörst auch zu dem Pack. Bist ein Reporter, was?«

»Schriftsteller.«

»Potato, patata. Ich erzähl dir mal was.« Alle Nebengespräche wurden eingestellt. »Vor ein paar Jahren kam dieser Typ her und wollte etwas über Sidetrack wissen, über meinen Kumpel Dogman Tony, über die FTRA und den ganzen Scheiß. Weißt du, was ich dem Hurensohn gesagt habe?« Tuck schaute mich mit seinen stechenden Augen an.

Ich schüttelte meinen Kopf.

»Ich sagte, okay, das Ganze läuft so: Du gehst in die Stadt und holst mir einen Zwölferpack Bier, und wenn du das erledigt hast, erzähl ich dir was.« Tuck zog so stark an seiner Zigarette, dass sie fast in Flammen aufging. »Der Kerl kam wieder, wie hieß er noch mal? Quakenbush, genau. Jedenfalls hatte er das Bier und meinte, okay, was kannst du mir sagen? Ich nahm mir eine Flasche. Weißt du, was ich dir sagen kann? Verpiss dich! Ich rede nicht mit Reportern, und schon gar nicht mit der gottverdammten Polizei! Mach dich weg, du ruinierst sonst noch meinen Ruf.«

Tuck beugte sich nach vorne und hustete einen Grünen aus der Lunge, den er ins Feuer spuckte, wo der Schleim von Tausenden Zigaretten zischend verbrannte.

5

Der Dschungel ist ein Lager, üblicherweise in der Nähe zu einem sogenannten Division Point, einem Bahngelände, wo Züge entweder zusammengestellt werden oder halten, um weitere Loks oder neues Personal aufzunehmen. Er sollte nicht zu weit weg von der Stadt und der Lebensmittelversorgung sein, aber weit genug entfernt, damit man Ruhe vor dem Gesetz, seinen Vollstreckern sowie diversen anderen Leuten hat, die glauben, dass Hobos Freiwild sind. Das Lager kann eine windgeschützte Ecke oder aber eine elaborierte Angelegenheit mit ausrangierten Möbeln und mehreren Feuerstellen sein. Um die Jahrhundertwende und bis in die Zeit nach der Großen Depression hinein waren die Dschungel gefüllt mit Dutzenden Hobos auf der Suche nach Arbeit. Von den Bäumen hingen Rasierspiegel, in einem großen Topf wurde Mulligan Stew gekocht – ein Eintopf, in den einfach alles reinkommt, was man hat –, in einem anderen Wäsche gesäubert. Der Dschungel ist Kommunikationszentrale und auch Schule für die Anfänger, in der die essenziellen Techniken für das Überleben auf der Straße von den Älteren vermittelt werden. Das Lager ist sauber zu halten. Müll gehört ins Feuer. Jeder trägt bei, was er kann. In der Stadt holt sich der Hobo die Vorräte, im Dschungel fühlt er sich zu Hause.

Der Dschungel in Britt war von etwas anderer Sorte, aber das Prinzip war das gleiche, und in den nächsten Tagen wurde er immer voller: Hobos, Freunde und Familie sowie sogenannte Hobos at Heart, Menschen, die eine große Sympathie für diesen Lebensstil hegen, aber selbst nie eine kalte Nacht unter einer Brücke verbringen würden. Pünktlich um 18 Uhr gab es Abendessen, dessen Zutaten ein dafür bekannter Hobo aus Mülltonnen organisiert und in einem auseinanderfallenden Auto hierhertransportiert hatte. Kurz darauf fuhr meist ein Güterzug vorbei, und das versammelte Volk spitzte die Ohren wie ein Rudel Hunde, wenn sie irgendwo einen Wolf heulen hören.

Abends dann Geschichten, Gesang und Musik am Lagerfeuer. Man tanzte den Hobo Shuffle. Ein stockdünner Hobo fiel um, bekam keine Luft mehr, und der Krankenwagen musste kommen. Ein paar Jugendliche nisteten sich im Box Wagon ein und hauten sich mit Drogen weg. Zwei Hobos bezichtigten sich wild gestikulierend gegenseitig des Diebstahls. Die Urne des verstorbenen Hobos Stretch wurde auf dem Hobofriedhof beigesetzt. Einer versuchte, mir zu erzählen, dass er, wenn er nicht auf den Gleisen unterwegs war, mit Prince und Pearl Jam auf Tournee ging. Ein anderer sang so wundervoll a cappella, dass ich ihm sofort einen Plattenvertrag angeboten hätte, wäre das mein Beritt. Ein Sommergewitter fegte durch das Lager, die nur lose befestigten Zelte flogen über die Maisfelder.

Ich freundete mich mit K-Bar und einem weiteren Hobo namens Frog an. Frog war schwul und hatte nur noch ein Bein. Das andere hatte er bei einer sehr hässlichen Angelegenheit verloren. Trotzdem machte er mir Avancen, als wir in der Bar im Ort einen trinken waren.

Es war schön, lustig und machte mich langsam fertig. Morgen fände schon die Krönung statt, und ich wusste immer noch nicht, wie es weiterginge, hatte immer noch niemanden, der mich in diese Welt einführen würde. Mein Gefühl sagte mir ganz klar: Tuck. Warum? Weil er nicht wollte. Weil ich ahnte, dass er eine richtig krasse Straßenschule hinter sich und in seinem Leben bestimmt das eine oder andere Ding gedreht hatte. Außerdem hatte mir jemand gesteckt, dass Tuck mit Jewel, seiner Frau, direkt neben den Gleisen wohnte und aktive Hobos bei ihnen ein und aus gingen, sich ausruhten und verproviantierten, bevor sie sich wieder auf die Gleise begaben. Aber jedes Mal, wenn ich ihm begegnete, fragte er mich bloß zum x-ten Mal, wie ich hieß, und lief dann, ohne eine Antwort abzuwarten, weiter.

Ich ging für ein paar Stunden ins Museum im Ort, brauchte Ruhe.

Um die Wende zum 20. Jahrhundert war Chicago der große Eisenbahnknotenpunkt. Von der Metropole am Lake Michigan gingen 40 verschiedene Eisenbahnen aus, alleine innerhalb der Stadtgrenzen lagen zu jener Zeit mehr Gleise als in Deutschland und der Schweiz zusammengenommen. Die Hobos kamen dort zu Hunderttausenden durch. Entweder auf der Suche nach Arbeit bei den zahlreichen Jobagenturen im Hobohemia genannten Viertel in Downtown oder um zu überwintern. Jedenfalls dachten sich daraufhin ein paar clevere Geschäftsmänner in Britt, dass man diese Burschen doch für ihr jährliches Treffen 400 Meilen weiter nach Nordwesten locken könnte, um die verschlafene Kleinstadt endlich auf die Karte zu hieven. Angeblich soll ein gewisses Maß an Freibier bei der Entscheidungsfindung der Hobos eine Rolle gespielt haben. Seitdem stellt die Stadt ihnen das Gelände an den Gleisen zur Verfügung und veranstaltet gleichzeitig einen Jahrmarkt und Konzerte drum herum. Aber die zwei Welten mischen sich eigentlich nicht, die gefühlte Distanz zwischen beiden ist so groß wie die Zahl der Gleiskilometer damals in Chicago.

Zurück im Dschungel, nickte Tuck wieder mal und ging weiter, also beschloss ich, es bei Spike zu probieren. Spike war Grand Head Pipe. Während der König nur zeremonielle Aufgaben hat, regiert der Head Pipe den Dschungel, achtet drauf, dass niemand über die Stränge schlägt, und schlichtet Streitereien.

Spike war ein sogenannter Bridger, konnte sich also damit rühmen, Dampf und Diesel gleichermaßen geritten zu sein. Er kannte hier jeden.

Soso, du willst also auf Güterzüge springen, ich nickte, und er fügte hinzu, tja, es gebe tatsächlich nichts Besseres, als einen Zug zu reiten, die Rückseite von allen Städten zu sehen, die frisch gewaschene Wäsche in den Gärten der Bürger zu riechen. Ein seliger Ausdruck trat auf sein Gesicht. Einen Moment sagte er gar nichts. Dann verschwand dieser selige Ausdruck so schnell, wie er aufgetaucht war. Spike sah mir tief in die Augen und begann einen zehnminütigen Vortrag über die Gefahren auf den Gleisen (Gewalt, Gefängnis und bei mir als Ausländer auch Ausweisung), den er damit abschloss, dass er mir seinen Zeigefinger gegen das Schlüsselbein stieß und sagte: »Ich rate dir in aller Form davon ab.«

Nice talking to you, fügte er hinzu und ging davon, um die Kandidaten für die morgige Königswahl unter die Lupe zu nehmen.

Eine Weile stand ich vor den Porträts des verstorbenen Stretch, die jemand an eine Holzwand genagelt hatte, und überlegte, wie ich nun weiter vorgehen sollte. K-Bar tauchte neben mir auf, schaute sich die Aufnahmen von Stretch ebenfalls an.

»Na«, sagte er, »hat er dir Angst gemacht?«

»Ach was.«

K-Bars Freund, mit dem er oft auf den Gleisen unterwegs gewesen war, war im vergangenen Jahr in einem Dschungel neben den Gleisen in Arizona gestorben. Die Hobos sagen dazu, he has caught the westbound, er hat den Zug nach Westen genommen, und zwar für immer. K-Bars Augen wurden wässrig. So viele Bilder vor dem inneren Auge, so viele gemeinsame Abenteuer.

Schließlich wandte sich der ehemalige Marine ab und sagte zu mir: »Komm, ich will dir was zeigen.«

Wir gingen um den Holzpavillon herum auf einen kleinen Parkplatz. K-Bar öffnete die Schiebetür zu seinem weißen Transporter und rumorte in einem Armeerucksack herum. In ein paar Monaten würde er in Rente gehen, und dann wollte er nur noch eines machen: reisen.

Wieder auf Züge springen, so wie früher. Der gottverdammten Regierung in Washington den Mittelfinger zeigen.

Aus den Tiefen seines Rucksacks zog er ein weißes fotokopiertes Buch von 120 Seiten. Ich war kurz sprachlos und nahm es in die Hand. Es war der »Crew Change Guide«, von dem mir Justin in Budapest erzählt hatte. Er listet alle Güterbahnhöfe in den USA (plus Kanada) auf, Bundesstaat für Bundesstaat, wo die Züge abfahren, wie man auf das Bahngelände kommt, wo der Personalwechsel stattfindet und wie lange er dauert. Der Personalwechsel ist das A und O der Güterzugfahrerei. Die Lokführer dürfen nur in Schichten von acht bis zwölf Stunden fahren, dann muss eine andere Besatzung auf den Zug. Bei einer Geschwindigkeit von etwa 110 Stundenkilometern und einer Breite des Landes von 4500 Kilometern kann man sich ungefähr ausrechnen, wie oft es zu Personalwechseln kommen muss. Der CCG ist also eine unheimlich wertvolle Ressource, eine Art »Lonely Planet« für Hobos. Und dessen Autor, Traindoc, ist unter allen, die Güterzüge reiten, nichts weniger als eine lebende Legende. Der Kerl weiß mehr über Güterzüge als die Eisenbahngesellschaften selbst.

Ich blätterte durch das Büchlein und blieb bei Iowa hängen. Britt hatte nur Durchgangsverkehr, der nächste Güterbahnhof war in Mason City: »The YD is 2MNW of DT, off mains. YO is at S throat of YD. Go N on Federal, past ball fields (the green bus will get you close). Cross over the mains and wait in trees.«

Das hörte sich kniffliger an, als ich gedacht hatte. Aber vorne drin war ein Glossar, irgendwann würde ich schon dahintersteigen.

»Danke, Mann, ich fühle mich geehrt.«

»Oh nein«, sagte K-Bar und nahm mir den CCG wieder aus der Hand. Der sei nichts für Anfänger, sondern nur für waschechte Typen mit Erfahrung. Den müsse man sich erarbeiten.

Stattdessen gab er mir, man kann schon sagen in feierlicher Weise, eine Landkarte, auf der alle Güterzugrouten verzeichnet waren. Allerdings musste ich ihm versprechen, nichts Dummes zu machen, nicht besoffen auf einen Zug zu springen und mir im besten Fall einen Mentor zu besorgen.

»Alter, was denkst du eigentlich, was ich hier die ganze Zeit probiere?«

»Tja«, sagte er. »Wärst du letztes Jahr gekommen, hättest du bestimmt mit Stretch fahren können ... Traindoc wäre natürlich eine gute Nummer, aber der taucht hier nie auf, ist sicher irgendwo auf den Gleisen unterwegs und aktualisiert den CCG.« K-Bar zuckte mit seinen mächtigen Schultern. »In Britt weiß man nie. Manchmal ist hier ein Dutzend aktiver Hobos, und manchmal gar keiner.«

6

Die Hobotage gingen zu Ende. Ricardo wurde zum neuen König der Hobos gekrönt, eine Frau namens Sunrise zur Königin. Beide hielten nun Hof und trugen Kronen, die aus dem Aluminium einer Familienpackung Kaffee ausgeschnitten worden waren.

»Jeder, der nicht auf der Straße ist, sitzt im Gefängnis«, sagte einer, bevor er aufbrach. »Nur unterwegs erfährt man die wahren, die richtigen Dinge. Man muss sich schon ins Ungewisse begeben.« Er rückte seine Schiebermütze zurecht und ging los. Nach ein paar Schritten drehte er sich noch mal um und rief: »Und vergiss nicht, Jesus war der erste Hobo!«

Ricardo fuhr nach Minnesota, K-Bar nach Texas, Tattooed Slim nach Arizona, Frog nach Montana. Nur ich wusste nicht, wohin. Ich hatte die Hoffnung immer noch nicht ganz aufgegeben, etwas von Tuck zu lernen, aber all meine Annäherungsversuche waren bislang erfolglos geblieben.

Tuck hatte sein Gepäck in einem grünen rostenden Dodge Minivan verstaut, jetzt saß er auf einem Stuhl, einen Fuß auf der Kante, und schnitt sich die Zehennägel. Allerdings hob er jeden einzelnen davon auf, besah ihn kurz und steckte ihn dann in eine durchsichtige Plastiktüte. »Birdman«, sagte er nur, als ich ihn fragend anschaute. »Der Kerl mag merkwürdige Geschenke.«

Birdman wohnte in Indiana und war tatsächlich ganz wild auf Zehennägel, durchtrennte Nabelschnüre, herausgenommene Nierensteine und so weiter. Das Ganze katalogisierte er in seiner Jeffrey Dahmer Body Parts Antiquites Collection, die nach dem von den 1970ern bis in die 1990er mordenden kannibalistischen Serienkiller benannt war, der die Überreste mancher Opfer aufbewahrt hatte.

»Hat mich gefreut«, sagte ich und wollte Tuck viel Glück wünschen.

»Yo, Fredy. Güterzüge reiten ist nicht ohne.« Wieder dieser eisblaue Blick, »Und ich denke, du hast einfach keine Ahnung, was du da machst.«

Ich sah keinen Grund zu widersprechen.

»Schau dich doch einfach mal an.«

Ich schaute mich einfach mal an. »Was meinst du genau?«

»Was zur Hölle soll denn dieser feuerrote Rucksack? Damit sieht dich doch jedes Schwein. Und diese Leuchtstreifen auf der Jacke, die kannst du dir auch gleich überkleben.«

Da hatte er wohl recht. In Europa legt man bei der Outdoorausrüstung ziemlich viel Wert drauf, dass man gesehen wird. In diesem Milieu ist es genau andersrum.

Während ich dumm in der Gegend rumstand, klippte Tuck den letzten Zehennagel, tat ihn in den Beutel und verschloss ihn. Sechs Nägel. Vier seiner Zehen sind bei einem Unfall auf einem Ölfeld in Texas draufgegangen.

»Zeig mir deine Fingernägel«, forderte er mich auf. »Ah«, sagte er, als er sie dicht genug vor den Augen hatte, »richtig schöner Dreck aus Britt. Da wird Birdman im Dreieck tanzen.« Er ließ meine Hand wieder los und reichte mir einen neuen Beutel. »Steck sie hier rein. Schreib was drauf. ›Fingernägeldreck Britt 2016‹ oder so. Und wenn du fertig bist, kommst du mit. Gonna take you to hobo school.«

Ich atmete durch und nahm den Klipper, den er mir hinhielt.

»Hast du eine Frau oder Freundin zu Hause?«

Ich nickte.

»Liebst du sie?«

»Ja, sehr, aber was hat das denn damit zu tun?«

Tuck lachte. Schüttelte den Kopf. »Wenn du erst mal bei 60 Meilen die Stunde aus einem Boxcar gepisst hast, tja, vielleicht hast du dann überhaupt keinen Bock mehr auf dein normales Leben zu Hause. Wärst nicht der Erste.«

7

Ein paar Tage später in Minneapolis, einer Großstadt am Oberlauf des Mississippi im Bundesstaat Minnesota. An einem der Dutzend Bahnübergänge stand ein Güterzug und brachte den Verkehr zum Erliegen.

Tuck und ich waren unterwegs zu einem Baumarkt, um ein paar Ausrüstungsgegenstände für das Leben auf den Gleisen zu besorgen. Weil Tuck am frühen Morgen zwei Joints geraucht hatte, saß ich hinter dem Steuer seines Wagens. Der Aschenbecher quoll über, hinten lagen Angelausrüstung und Schlafsäcke.

Die Sonne hatte den Zenit erreicht, die Luft flirrte über dem Asphalt. Der Zug stand einfach da, ja, er lag geradezu herum wie eine rostige, fast zwei Kilometer lange Schlange, von der nur der Bauch zu sehen war, und bewegte sich nicht.

Die anderen Fahrer neben, vor und hinter uns begannen zu hupen, ließen ihre Fenster runter und formten Hände und Finger zu obszönen Gesten. Der Einzige, der ruhiger zu werden schien, war Tuck.

Er holte einen Dosenöffner aus dem Handschuhfach, setzte ihn an eine Konserve herzhaften Hühnereintopfs und machte diesen mit ein paar Drehungen auf. Dann führte er die Konserve an die Lippen und trank sie in drei Zügen aus. Eines Tages war er in Spokane, Washington, mit sechs Tallboys auf dem Arm erst aus dem Schnapsladen gestolpert, dann auf dem Weg in den Dschungel über die erste Schiene und danach mit dem Mund auf die zweite gekracht. Die paar übrig gebliebenen Zähne tauchten jedes Mal auf, wenn er über die Tatsache lachte, dass zwar seine Kauleiste gelitten hatte, dafür aber keine einzige der sechs 0,7-Liter-Flaschen Bier zu Bruch gegangen war.

Mit dem tätowierten Unterarm wischte er sich die Reste des kalten Eintopfs aus dem Gesicht und stellte die Dose in den Fußraum auf der Beifahrerseite. Dann fingerte er sich eine filterlose Smoking Joe aus einer verbeulten Packung und zündete sie an.

Der Fahrer nebenan lehnte sich mit schweißfleckiger Achsel aus dem Fenster eines bulligen Pick-ups und rief ihm entrüstet zu: »Was macht dieses Stück Scheiße da?«

»Was heißt hier Stück Scheiße? Ich bin dieses Stück Scheiße geritten.«

»Oh yeah?«

»Yeah, war sogar Hobokönig. Coast to coast on a piece of toast*. 25 Jahre lang.«

Der andere Fahrer schaute Tuck kurz ungläubig an, dann richtete er seine Aufmerksamkeit wieder auf den Zug, und die Hand auf der Hupe verlieh seiner Ungeduld erneut Nachdruck.

»Narr«, sagte Tuck zu mir. »Der Zug fährt, wenn er fährt.« Er zog so stark an der Zigarette, dass sie runterbrannte und die Glut die Härchen auf seinen Fingern versengte. Sein Blick glitt über die Länge des Zuges und tastete die Waggons nach dem Grad ihrer Fahrbarkeit ab: suicide, suicide, ridable, cadillac suicide, dirty face, gondola, almost ridable, impossible.

Tucks Lieblingsstrecke war die Highline, berühmt-berüchtigte Strecke der Hobos zwischen Minneapolis und Seattle. Hundertfach war er sie auf und ab gefahren, wie ein Telegramm die Leitung entlangsummt, hin und her, hin und her, bis sich ihm die Geografie der Gleise, aller Obdachlosenunterkünfte, Schnapsläden, Blutspendestellen, Suppenküchen und Dschungel tief in die Matrix gebrannt hatte. Tuck schaute lang und intensiv auf diesen Zug, der alle anderen Verkehrsteilnehmer langsam zur Verzweiflung brachte, und in seinem Blick lag Sehnsucht.

Plötzlich ertönte die Zugsirene und ertränkte mit Wucht das Hupen der Autos, ein T-Rex, der sein Gebrüll über ein prähistorisches Wasserloch erschallen lässt.

---

* Von Küste zu Küste für 'nen Appel und 'n Ei.

Rumpelnd setzte sich der Güterzug in Bewegung, Stahl knallte auf Stahl: menschengemachter Donnergroll. Erneut die Sirene. Kuschend holten die Autofahrer ihre Hände und Arme ein, Fenster wurden kollektiv hochgefahren.

Johnny Cash besang diese Sirene in einem seiner berühmtesten Lieder als »Lonesome Whistle« und stellte den Aufenthalt im Gefängnis dem Motiv des draußen vorbeidonnernden Zuges gegenüber.

Tuck sagte einfach, dieser Pfiff sei das geilste Geräusch der Welt.

Ein paar Minuten später parkte ich den Wagen vor Home Depot, der Mutter aller Baumärkte. Wir stiegen aus und gingen durch die gewaltigen Türen rein. Tuck schlurfte über den glatt polierten Boden, wobei seine Beine immer etwas schneller waren als sein Torso.

»Alright«, meinte er. »Was hat Jewel noch mal gesagt?«

Eigentlich sollten wir uns um meine Ausrüstung kümmern, aber da wir schon mal hier waren, warum nicht zwei Fliegen mit einer Klappe schlagen? Ich hielt den Einkaufszettel in die Luft, den ich mir heute Morgen am Tisch im Hobohaus notiert hatte. Wir brauchten Vogelfutter für die Spatzen, Erdnüsse für die Eichhörnchen und ein Schloss, das in Zukunft Angie Dirty Feet, Jewels und Tucks Enkelin, davon abhalten sollte, sich heimlich Drogen oder Geld aus dem Zimmer ihrer Mutter zu organisieren.

Das Schloss war schnell erledigt. Dann das Vogelfutter. Die Säcke waren zehn Kilo schwer. Wegen seinem Rücken ließ Tuck mir den Vortritt. Es war schon einige Jahre her, da stolperte er betrunken durch Minot, North Dakota, und sammelte Pfandflaschen. Bis er die offene Tür eines Leihhauses bemerkte. Tuck schlich hinein, klaute ein paar Handfeuerwaffen. Wollte mit dem Zug davon und sie später in Spokane, Washington, an eine Motorradgang verkaufen, schlief dann aber betrunken unten am Souris River ein, wurde geschnappt und musste danach einen seiner zahlreichen Gefängnisaufenthalte absitzen. Während des Arbeitsdiensts hob er eine Stiege Obstkonserven über den Kopf. Eine falsche Drehung, ein lautes Knacken. Seitdem kann er weder lange sitzen noch etwas Schweres tragen.

Schließlich widmeten wir uns meiner Ausrüstung.

»Du brauchst ein Paar Handschuhe«, sagte Tuck, »unbedingt, die Griffe sind immer so schmierig, der Stahl schneidet, wie er will, da musst du aufpassen wie ein Fuchs, bloß nicht ausrutschen, sonst bist du schneller in zwei Hälften geteilt, als du den Hobo Shuffle tanzen kannst. Verstehst du mich? Ja? Gut.« Er schlug mir auf den Rücken und lachte auf, wie immer ziemlich dreckig, ein Geräusch, das erst von den Regalen widerhallte und sich dann unter den hohen Decken des Baumarkts verlor.

Tucks schmale Gestalt schlurfte vorneweg und bog in den Gang mit den Gartengeräten ein. Ich mit dem schwerfälligen Einkaufswagen hinterher. Vorbei an den Spitzhacken, vorbei an den Schaufeln. Am Ende der Regalreihe blieb Tuck stehen. Er schaute hoch, kratzte sich den weißen Stoppelbart im Gesicht.

»Weißt du, was für ein Holz das ist?«, fragte er mich und zog einen Axtstiel aus dem Regal. Gedankenversunken ließ er seine Hand über die glatte hellbraune Oberfläche gleiten und neigte dabei den Kopf zur Seite. Dann führte er ein paar Schläge in die hohle Hand aus. Beim Kontakt mit der Haut machte der Stiel ein schmatzendes Geräusch.

Ich verneinte.

»Das ist Hickory. Sehr hartes Holz«, sagte Tuck. Im Schein der Neonlampen glänzte das Holz wie ein polierter Apfel. »Wir sägen den zu Hause noch ein kleines Stück ab, dann passt er perfekt zwischen Rücken und Rucksack. Kann sein, dass du mal Blut drankriegst. Ist aber kein Problem. Steckst du das Ding einfach ins Lagerfeuer.«

Ich schaute den Stiel an, den Goon Stick, wie er auch genannt wird. Dann schaute ich Tuck an.

»Nur eines musst du beachten«, meinte er und gähnte.

»Mich nicht von der Polizei erwischen lassen?«

»Das sowieso. Wenn du einem Polizisten in die Arme läufst und er fragt dich, was du hier machst, dann sagst du immer: Bin nur auf der Durchreise.« Tuck schaute wieder auf den Stiel. »Aber eigentlich wollte ich doch was anderes sagen, was war das denn?«

»Was ich beachten sollte …«

»Richtig. Wird höchste Zeit für einen Kaffee und einen Joint.« Er schlug das Holz ein letztes Mal in die Hand und legte den Stiel, der mit 13 Dollar ausgepreist war, in den Einkaufswagen. »Immer so feste drauf, dass die anderen auf keinen Fall Nachschlag wollen. Immer.«

8

Vor den diversen Kirchentreppen und den Filialen der Heilsarmee drängeln sich in Northeast Minneapolis ein paar der etwa 10 000 Obdachlosen der Stadt an der Essensausgabe. Auf der Lowry Avenue stehen nachts schwarze Prostituierte an den Ecken und treten von einem Fuß auf den anderen, während sie auf Kundschaft warten. Die Nachbarschaft ist ein Mix aus polnischen, russischen und italienischen Einwanderern.

Tucks Straße wird von niedrigen Einfamilienhäusern aus Holz gesäumt, die meisten von ihnen weiß gestrichen, das typische rechteckige Stück Rasen vor der Tür. Tuck und Jewels Hobohaus wächst aus dem Einerlei hervor wie eine 500 Jahre alte knorrige Eiche aus einer Baumschule. Der Mississippi ist eine halbe Meile entfernt, die Gleise nur 50 Meter.

Ich parkte den Wagen am Hintereingang, neben der Garage, zog den Schlüssel ab und stieg aus. Auf den Gleisen brummte eine Lok vor sich hin. Ich öffnete den Kofferraum, hievte mir das Vogelfutter über die Schulter und schleppte es in den Garten zwischen Haus und Garage, durch den nur ein kleiner Trampelpfad führte. Sonnenblumen drehten ihre Köpfe Richtung Himmel, und Bienen schwirrten um die Wildblumen wie Kinder um einen Eiswagen. Ein Dutzend Spatzen flog wild zwitschernd auf. Ich legte das Vogelfutter neben dem Grill ab, der mit einem gestohlenen Eisenbahnschild bedeckt war.

Durch die Hintertür trat Minneapolis Jewel aus dem Haus. Manche nennen sie Ms Pizza, andere Ms Hobo, die meisten aber nur Jewel. Sie kam die kleine Holztreppe runter und stellte sich in den Garten. Die viermalige Königin der Hobos trug einen Jeansoverall, an ihren Ohren klimperte Schmuck. Ihre langen braunen Haare waren von ein paar grauen Strähnen durchzogen.

»Hello, sweetheart«, begrüßte sie mich und wies mich an, Vogelfutter und Erdnüsse auf einen Tisch im Garten zu schütten.

»Sind irgendwelche Hobos vorbeigekommen?«, fragte Tuck.

»Nur Fabio und Andy.« Obdachlose aus der Gegend, die bei Jewel ihre Essensmarken vom Sozialamt gegen Geld tauschen, um sich Schnaps kaufen zu können.

Jewel schaute sich um und sog die Luft ein. Süß wie Honig. Diese halbe Wildnis hatte Krönungspartys gesehen, Hobohochzeiten und Hobobeerdigungen. Auf dem Tisch pickten inzwischen die Spatzen an dem Berg aus Sonnenblumenkernen. »Ein wundervoller Tag.« Jewel atmete tief ein und aus, auf den Lippen ein breites Lächeln.

Die Tochter italienischer Einwanderer arbeitete früher für das Bergbauunternehmen Cleveland-Cliffs. War zweiter Koch auf einem Transportschiff, putzte die Kabinen und schrubbte das Deck. Die einzige Frau unter 28 verwitterten Kerlen. Jeden Morgen sprang sie Seil auf dem Deck. Sicherlich zum visuellen Vergnügen der Seemänner.

Auf dem Schiff wurden Pellets aus Takonit transportiert, geladen in den Minen im Norden Minnesotas und verschifft zu den Große-Seen-Häfen mit Eisenbahnanschluss, wo das eisenoxidhaltige Gestein auf Waggons verladen wurde und seinen Weg zu den Endabnehmern fortsetzte. Jewels Kabine lag direkt unter dem Schiffshorn, und das Schiffshorn war laut. Alles war grob und rau, aber irgendwie auch schön, eine Mischung aus Industrie, Technik und Natur. Der Himmel war immer in Bewegung, diese ganzen Farben, die metallischen Töne, die bunten Blätter, die der Wind im Herbst von weither über das Wasser wehte.

Als Jewel eines Tages, ausgerechnet im Erotikmagazin *Penthouse*, einen Artikel über die Hobotage las, war es nur noch ein kleiner Schritt.

Doch was war da auf den Hobotagen? Genau das Gleiche wie auf dem Schiff. Ein Haufen grimmiger Männer, die keine Frauen im

Dschungel wollten. Alle bis auf einen. Nicht Tuck, sondern Iowa Blackie, der Höhlenmensch im Overall. Der verliebte sich mit einer Vehemenz in Jewel, dass er einen ganzen Band mit Gedichten über sie füllte. »Eine bedingungslose Liebe«; »Liebeswürdiges, aber launenhaftes Du«; »Gott segne dich, Juliana« – das waren nur ein paar der 54 Titel. Man kann den Band, »I Love You More Than Wanderlust«, sowie ein paar Bücher über das Leben auf den Gleisen heute noch kaufen, zum Beispiel im Eisenbahnmuseum in Duluth am Lake Superior. Blackie finanzierte mit diesen Gedichtbänden teilweise sein Hobodasein. Selbst Tuck, der sich immer wieder diebisch darüber freuen kann, dass er am Ende Jewel für sich gewann, attestiert Blackie, ein guter Dichter gewesen zu sein.

Während dieser traurig wie Tannhäuser durch die Gegend zog und weiter Jewel besang, lernte sie auf den Hobotagen 1994 Tuck kennen. Er war zu dem Zeitpunkt noch Trinker und Vollzeithobo, verguckte sich allerdings schon gewaltig in Jewel, aber erst 2000, passenderweise bei der 100-Jahr-Feier, knallten die beiden zusammen wie zwei Güterwaggons beim Rangieren. Und wäre das nicht passiert, wäre Tuck inzwischen tot, wieder mal vollgesoffen irgendwo über die Gleise gestolpert oder in eine jener Streitereien geraten, bei denen schnell mal ein Messer oder eine Pistole gezückt werden.

»Ganz schöner Dschungel hier draußen, was?«, fragte Jewel.

Tuck, der in jedem Bundesstaat mindestens einmal im Gefängnis saß und weiß der Geier wie vielen Leuten eins mit einem Goon Stick übergezogen hat, schaute sich um und erwiderte: »Und was für einer, mein Engel. Besser geht's nicht.«

Eine Weile saßen Tuck und ich auf schiefen Stühlen neben der Garage und beobachteten Güterzüge. Zwischendurch musterte ich diesen Kerl. Wieso hatte er mich nach Minneapolis eingeladen? Was hatte den Ausschlag gegeben? Ich nahm an, dass die Reporter, die Tuck sonst so hasst, nie fünf Tage im Dschungel in Britt verbracht hatten. Dass sie nie mit dieser Bande von Außenseitern einen Sturm unter dem Holzpavillon ausgesessen, sich nie an das Essen aus der Mülltonne gewagt hatten. Ich hatte keine sensationslüsternen Fragen gestellt und nun im Hobohaus auch kein Problem damit, im Keller zwischen Mäusescheiße und klammer Wäsche auf dem Boden zu schlafen.

Als ich Tuck danach fragte, sagte er: »Keine Ahnung, was da passiert ist. Ich mag dich einfach. Aber alles werde ich dir nicht erzählen, sonst wandere ich gleich wieder in den Bau.«

Dann wurde es dunkel, und wir gingen ins Haus. Jewel saß am Küchentisch, auf dem sich Berge von Papier und Lebensmitteln stapelten, und las die Zeitung.

Tuck wollte sich ein Sandwich machen. Er öffnete die Kühlschranktür, und sofort fielen diverse Sachen raus. Ich schaute ihm über die Schulter. Der Kühlschrank war so voll, dass man eine Karte für ihn brauchte. Auch auf der Anrichte, neben der Spüle und am Herd stand alles voller Lebensmittel. Ich geriet gegen eine Schale mit Pfirsichen, und ein Schwarm Fruchtfliegen hob sich in die Lüfte. Der ganze Überfluss ließ sich nur mit ehemaligem Mangel erklären.

»Verdammte Scheiße«, sagte Tuck und warf die Kühlschranktür wieder zu. »Was soll dieses ganze Chaos?«

Jewel schaute von ihrer Zeitung auf und antwortete: »Hey, wenn es dir nicht gefällt, du weißt, wo die Gleise sind.«

Tuck grunzte erst, dann lachte er. Wir gingen ins Wohnzimmer. Über seine Schulter zurück rief er »I love you, honey!« und schmiss sich auf die Couch, um wie jeden Abend einen Film zu schauen.

An der sogenannten Hobowand hingen Tassen mit den Logos der verschiedenen Eisenbahngesellschaften, Waggonminiaturen, Mützen, Bilder. Ein Poster mit alten Hobozinken – Piktogrammen, mit denen die Hobos einst untereinander kommunizierten – und eines, das eine Lok zeigte mit dem Spruch: »Ride Freight – It's Free!«, reitet Fracht, es kostet nichts.

Rauchend lag Tuck auf der Couch, die Augen gebannt auf den Fernseher gerichtet. Entweder ging es um Gesetzlose oder um Züge, oft um beides. So wie dieses Mal. Um mich fortzubilden, schauten wir eine Doku aus den 1990ern. Sie hieß »Long Gone« und folgte drei Gruppen Hobos auf ihrem Weg. Eine war die Bande um Tuck, Dogman Tony,

Iwegian und New York Slim. Dogman Tony war Vietnamveteran und Anführer der Gruppe: großer Schnauzer, Schlapphut, stand mal auf der Most-Wanted-Liste des FBI, wenn auch zu Unrecht. Dogman hatte nach dem Tod seines geliebten Vaters das Leben auf den Gleisen gewählt. New York Slim, weil er seinen Onkel suchte, der ebenfalls ein Hobo war. Und Iwegian hatte keine Lust mehr, per Anhalter zu fahren.

In dieser Doku sieht man die Truppe quer durch das Land reisen. Die Hobos arbeiten hier, betteln dort. Bis Dogman Tony sich in eine Frau verliebt. Die beiden heiraten, er wird sesshaft. Die anderen Hobos lagern im Garten des neuen Hauses der Frischvermählten. Schließlich hat die Frau genug und schmeißt alle raus, inklusive Ehemann. Die nachfolgende Szene ist schwer anzuschauen: Die Bande ist wieder irgendwo am Güterbahnhof, betrunken. Dogman Tony wird immer wütender und wirft Tuck vor, dass er sein Glück zerstört habe. Dann tritt er ihm mit voller Wucht ins Gesicht.

Tuck griff sich eine Zigarette vom Tisch und zündete sie an. »Gott, was hab ich diesen Penner geliebt. Wir dachten, wir wären Frank und Jesse James, zwei Gesetzlose.« Kurze Gedankenpause, Kopfschütteln, Erinnerung an ein Dasein abseits der Gesellschaft.

Tuck wuchs auf in den Sümpfen Louisianas. Die nächste Stadt war 30 Meilen entfernt, die Nachbarn 15, und unterm Bett in dem Haus ohne fließend Wasser stand ein Nachttopf. Der Vater arbeitete zunächst als Koch auf einer Bohrinsel, Tuck und seine Geschwister jagten Wildschweine, aber als die Mutter die Familie verließ, saugten sich die Lippen des Vaters an der Flasche fest. Tuck schlug sich irgendwie durch, verdiente ein paar Kröten mit Zeitungsaustragen, sammelte Nightcrawler, um die Würmer als Köder an die Fischer zu verkaufen, hatte immer was am Laufen, always hustling, wie er das nennt. Die Schule mit ihrem Regelkatalog fand er zum Kotzen. Mit 14 oder 16, so genau weiß er das nicht mehr, beschloss er, seinem Vater nicht mehr auf der Tasche zu liegen.

Tucks erster Güterzug war ein Piggyback, er legte sich unter den huckepack geladenen Lkw-Anhänger, und ab, quer durch West-Texas. Was für ein Land, was für eine Luft, was für eine Art der Fortbewegung. Da war Tuck für die normale Gesellschaft für immer verloren. Er reiste durch die Gegend, bis er in Roseville, Kalifornien, ein paar ältere Hobos traf. Sie nahmen ihn unter ihre Fittiche, und das war eine Art der Schule, mit der sich Tuck einverstanden zeigen konnte, die Schule der Straße. Er arbeitete, wann er arbeiten wollte, fuhr, wann er fahren wollte, schlief, wann er schlafen wollte. War Müllmann, Bauarbeiter, schuftete auf dem Ölfeld, in der Bierfabrik, half bei der Ernte – und alles ohne ein Dach über dem Kopf, mit dem Zug von Job zu Job und dann im Dschungel wohnhaft außerhalb der Sichtweite des Gesetzes. Kupfer von Baustellen geklaut, falsche Identitäten angenommen, um in verschiedenen Bundesstaaten Essensmarken und Sozialleistungen abzugreifen, der sogenannte Stamp Run. Geht heute nicht mehr mit den ganzen Computern.

»Mann, ich hab es ganz schön wild getrieben. Bin die Straße ordentlich hoch und runter marschiert. Viel miese Scheiße erlebt, aber noch mehr geilen Scheiß.« Tuck seufzte, drehte seinen Kopf zu mir und sagte, ein großartiges Leben, yes, Sir. Kurze Pause. »Zumindest der Teil, an den ich mich erinnern kann.«

Wieder diese laute, dreckige Lache, die mir inzwischen samt Besitzer ans Herz gewachsen war. Dann kräftiges Husten. Schließlich sackte sein Kinn auf die Brust, und er schlief von der einen auf die andere Sekunde ein, bekam nicht mehr mit, wie der nächste Güterzug vorbeifuhr und dessen Bass das Haus erzittern ließ. Die Nähe zu den Gleisen war für ihn das beste Beruhigungsmittel weit und breit. Das und der regelmäßige Joint.

9

Die Tage vergingen in dem kleinen Haus am Oberlauf des Mississippi, und während wir auf Hobos warteten, ging ich in die Hoboschule. Abitur, Studium, Journalistenausbildung – nichts davon hatte mich je so interessiert. Wir begaben uns nie ins glitzernde Downtown, aber dafür an jeden Güterbahnhof, und dort erwarteten mich überall die Lehren von Tuck und seiner alten Bande um Dogman Tony. Hier ein alter Dschungel an einem Golfplatz, dort ein altes Versteck neben den Gleisen. Immer stellten wir das Auto mit einem guten Blick auf einen der verschiedenen Bahnhöfe, den Yards, ab. Dann zündete Tuck sich eine Smoking Joe an, erzählte Geschichten, gab Lektionen:

Steck deine Finger nicht in die Türschiene.

Lass die Beine nicht über die Kante baumeln, sonst reißt dich ein Schalter oder ein anderer Zug aus dem Waggon in die Ewigkeit.

Lehn dich nicht gegen die Türen, die können abfallen.

Krabbel niemals unter einem Zug durch.

Nimm nie den leichten Weg zwischen zwei Waggons hindurch, immer drüberklettern.

Mach alles am Rucksack fest, und achte drauf, dass keine Schnüre rumbaumeln.

Trag dunkle Farben.

Nimm immer Essen für drei Tage mit und eine Gallone* Wasser.

Bleib außer Sicht, bis du aus dem Güterbahnhof raus bist.

Wenn der Zug nur eine Lok hat, Ortszug. Hat er mehrere Loks, macht er Strecke.

Schmeiß einen Stein gegen einen Waggon. Hörst du ein Echo, ist er leer.

Schlaf immer mit einem offenen Auge.

Ich hörte zu, stellte viele Fragen. Ich lernte.

Allerdings gab es ein Problem. In der ganzen Woche kam kein einziger Hobo vorbei. Die örtlichen Obdachlosen gaben sich die Klinke in die Hand, sagten hallo, tauschten ihre Essensmarken gegen Geld. Aber Hobos, die sich auf die Highline begeben wollten: Fehlanzeige.

Als wir am Abend wieder mal vor dem Haus saßen und Richtung Gleise schauten, hielt ein Güterzug. Wummerte und brummte, bevor er sich wieder aufmachte, um donnergrollend durch das Land zu ziehen.

---

* Eine Gallone entspricht gut dreieinhalb Litern.

»Hmmm«, brummte Tuck genießerisch. »Die Drecksau hört sich an wie eine frisch gereinigte Dampflok. Jedes Mal, wenn ich diese Power höre, kriege ich einen Ständer. Jedes. Verdammte. Mal.« Der Pfiff der Lok zog ums Haus. Seit 16 Jahren war Tuck nicht mehr auf den Gleisen gewesen. Ohne den Blick vom Zug zu nehmen, sagte er: »Ach scheiß drauf, ich reite mit dir Fracht. Lass mich Ricardo anrufen. Der hat bestimmt auch Lust.«

»Was ist mit deinem Rücken?«

»Lass das mal meine Sorge sein.«

Gerade wollte Tuck zum Telefon greifen, da kam Nachbar Mick vorbei. Früher war er mal Highway State Trooper gewesen, aber nachdem er immer wieder menschliche Überreste vom Asphalt hatte kratzen müssen, machte er nun in Versicherungen. Mick zupfte an seinem T-Shirt – die Luft war schwül – und erzählte was vom Fischen unten am Fluss.

Yeah, yeah, sagte Tuck und verkündete dann, dass wir morgen auf einen Güterzug springen würden.

»Living the life, ha?«, sagte Mick, an mich gewandt, und ich erwiderte, das hoffte ich doch. Dann griff er mit seinen Händen eine Stuhllehne. »Mein Enkel ist letztens auch auf einen Zug. Wollte damit in die Schule fahren, ein kleines Abenteuer.« Er packte die Lehne fester, seine Knöchel wurden weiß. »Hat auch ganz gut geklappt. Bis zum Abstieg. Da ist er nicht schnell genug weg, und ein Steigbügel hat ihn am Kopf erwischt.« Mick löste seinen Griff von der Stuhllehne. »War auf der Stelle tot.« Er schüttelte seinen Kopf, sagte »euch 'nen schönen Abend noch« und verschwand in die Nacht.

Jedes Jahr werden mehrere Hundert Leichen auf und neben den Gleisen gefunden. Gott sei Dank sind die Zahlen runtergegangen – zwischen 1901 und 1905, zum Beispiel, gab es unglaubliche 23 000 Tote, dazu ebenso viele Verletzte. Dennoch bleibt die Anzahl der Opfer abschreckend hoch.

Tuck zuckte mit den Schultern. Der Zug gibt, und der Zug nimmt.

10

Kurz vor Mitternacht im Süden Minnesotas, dem Land der 1000 Seen, das im Sommer auch als Land der 1000 Moskitos bekannt ist. Der 24-jährige Basket steckte eine Hand unter sein T-Shirt und kratzte sich, während er mit der anderen Hand über die Straße auf den Hals des Rangierbahnhofs zeigte, jene Stelle, auf die hin sich alle Gleise des Geländes verjüngen und wo sie in einem Schienenstrang münden.

Auf dem Güterbahnhof in Waseca, etwa 70 Meilen südlich von Minneapolis und 40 von Ricardos Wohnort St. Peter entfernt, knallten die Waggons aneinander und zerrissen die Stille, die über der Kleinstadt lag. Tuck, Ricardo, Basket und ich befanden uns, von einer Landstraße getrennt, auf der anderen Seite des Geländes, auf einem Parkplatz am westlichen Ende Wasecas. Tuck lag auf dem Boden, weil er Rücken hatte.

Ricardo holte eine halb gerauchte Zigarette aus dem Saum seiner Kappe und zündete sie an. Tatsächlich hatte er sich sofort begeistern lassen. Vor allem, nachdem er sich in seiner neuen Funktion als König mit der Stadt Britt hatte rumschlagen müssen. Einige hatten sich über die Jugendlichen beschwert, die Druffies aus dem Box Wagon, die durch die Stadt gezogen und den Bürgern zugerufen hatten: Kündigt eure Jobs! Fahrt mehr Güterzüge! Boykottiert Coca-Cola! Legalisiert Marihuana!

Basket klärte uns über diesen Yard auf, mit dem er sich bestens auskannte, weil er alle Strecken in der Gegend schon Dutzende Male gefahren war. Außerdem arbeitete er derzeit auf einer Milchfarm in der Nähe, wo seine Aufgabe darin bestand, Kuhdung zu entsorgen. Aber eigentlich wollte er Schriftsteller werden. Tuck und Ricardo hatten ihn in Britt kennengelernt.

Gegenüber fuhr der Zug immer wieder aus dem Bahnhof, dann wieder rein, um andere Waggons aufzunehmen. Stahl auf Stahl, wieder und wieder, ein herrliches Donnerwetter im Gelände. Basket bekam glasige Augen. Fehlte nur noch, dass er auf die Knie fiel. Dabei ist die

Rede hier von stinknormalen Güterzügen. Diese Güterzüge werden irgendwo mit Waren beladen und transportieren diese irgendwohin. Das ist doch kein Grund, gleich auszuflippen, oder?

Um das zu verstehen, muss man wissen, dass die Eisenbahn in den USA eine völlig andere Bedeutung als in Deutschland oder irgendeinem anderen europäischen Land hat. Die Besiedlung des amerikanischen Westens wird zwar immer romantisch über die Planwagentrecks vermittelt, aber tatsächlich erledigte das die Eisenbahn, erst sie verteilte die große Zahl an Menschen über das Land. Dass überhaupt eine Transkontinentale gebaut wurde, war dabei überhaupt nicht selbstverständlich. Keiner wusste, wozu man die gebrauchen könnte. Von der ersten Idee bis zum tatsächlichen Baubeginn vergingen 21 Jahre. Aber als sie dann 1869, vier Jahre nach Ende des verheerenden Bürgerkriegs, fertiggestellt wurde, da heilte sie sogar diese Wunden, weil sie die Teile des Riesenlandes verband.

Während in Deutschland das Eisenbahnnetz über bestehende Siedlungsstrukturen gelegt wurde, war es in den USA genau andersrum. So wurde aus vielen Orten überhaupt erst ein Ort. Andere verdoppelten über Nacht ihre Größe, manche verschwanden wieder von der Bildfläche.

Das Land war erfüllt von den Schlägen der Hämmer auf die Nägel, drei Schläge pro Kopf, vier Balken die Minute. Billiger Stahl befeuerte den Boom der Eisenbahn, und zu Hochzeiten dieser Ära lagen rund 410 000 Kilometer Gleise überall im Land. Ein kostenloser eiserner Pfad für diejenigen mit Butter in den Knien und dem Willen, auf jeglichen Komfort zu verzichten.

Aber in den 1950ern liefen die Autobahnen und die Flugzeuge der Eisenbahn den Rang ab, so wie sie einst die Dampfschifffahrt auf den großen Flüssen abgelöst hatte. Die Güterzüge übernahmen die frei werdenden Gleise. Dennoch sprechen die Namen der wenigen Passagierzüge immer noch Bände über das Selbstverständnis und die Geschichte eines Bewegungsmittels, das das Land zu einer Nation gemacht hat: Empire Builder, Texas Eagle, California Zephyr. Wie heißen die Züge in Deutschland? Weiß das überhaupt jemand? Ich weiß es, weil ich mich jedes Mal darüber aufregen kann, dass man Millionen Euro investiert und verbaut und dann die Züge einfach Torgau, Lichtenfels oder Magdeburg nennt.

Eine Stunde verging, dann zwei. Die Carknocker, die den technischen Zustand des Zuges überprüfen, liefen ihn ab, ein paar weitere Waggons wurden angehängt, dann passierte eine Weile nichts. »Gewöhn dich ans Warten, mein Freund.« Tuck stand auf und streckte seinen Rücken durch. Es knackte so laut wie zwei aufeinanderprallende Kupplungen. Dann legte er sich wieder hin.

Ein Polizeiwagen fuhr an uns vorbei. Noch einer in die andere Richtung, raus auf die Landstraße. In Ricardos Tasche befand sich eine Pillenbox, in der keine Pillen, sondern acht Joints versteckt waren, die er bei sich zu Hause vorgedreht hatte.

Dann, endlich, ließ die Lok ihren lang ersehnten Pfiff los.

Tuck stand sofort kerzengerade da, schulterte seine Tasche. Ricardo klatschte in die Hände und sagte: »Alter, auf dem Zug werden wir uns aber so was von wegschießen.«

Mit seinem Wagen setzte uns Basket eine halbe Meile weiter vorne im Gelände ab. Obwohl es dunkel war, konnte man problemlos den anhaltenden Glanz in seinen Augen erkennen. Am liebsten hätte er alles hingeschmissen und wäre mitgefahren.

Wir stiegen aus und duckten uns zwischen ein Maisfeld und ein Getreidesilo. Die Nacht war sternenklar, das zurückkehrende Polizeiauto deswegen leicht zu erkennen. Tuck und Ricardo stolperten ins Feld, schmissen sich hin.

Moskitos flogen auf. Die Polizei fuhr weiter.

Der Zug zog aus dem Bahnhof, und das Licht der Lok näherte sich unserem Standort. Die Gleise begannen zu singen. Der Schotter tanzte im Gleisbett. Ein weiterer Pfiff. Der Ruf der Wildnis. Mein Herz klopfte so schnell wie schon lange nicht mehr. Es war kurz nach Mitternacht.

11

Drei Uhr morgens, und wir standen immer noch. Glockenwach lag ich in meinem Schlafsack und rauchte eine Zigarette, schaute durch das Loch in den Sternenhimmel wie vielleicht umgekehrt ein Astronaut aus der ISS auf die Erde.

Das Versteck war überraschend groß. Man konnte sich fast ganz langmachen, fast ganz aufrichten. Ricardos und meine Kajüte waren durch eine Wand abgetrennt, allerdings gab es darin ein weiteres, ein großes Loch – das da auch sein sollte –, und dadurch konnte ich sehen, wie er im Schneidersitz an ebendieser Wand lehnte und langsam wegnickte.

Der Stahl unter mir kühlte ab. In der Dunkelheit schob ich die größten Brocken zur Seite. Auch dafür hat man Handschuhe. Es roch nach Abwasser und Kacke. Egal, wie obskur oder klein eine Eisenbahnlinie ist, man kann sich *immer* sicher sein, dass ein anderer sie schon gefahren ist.

Vom Waggon nebenan drang laut Tucks knurriges Schnarchen herüber.

Ein Zischen ging durch den Zug, es war genau 3:30 Uhr. Das Geräusch kam immer näher. Es wanderte von Bremsschlauch zu Bremsschlauch, erreichte schließlich unseren Waggon. Ricardo wurde wach, schaute mich an und rief: »Jetzt geht's lo-hos!«

Die Sirene ertönte zweimal. Abfahrt.

Mit einem mächtigen Ruck setzte sich der Zug in Bewegung und zwang die Waggons kraft aller Pferdestärken der Dieselmaschine, ihm zu folgen. Die ganze Welt war Lärm, scheiße, war das laut. Der Lokführer beschleunigte, und waagrecht flogen das Maisfeld und das Getreidesilo vorbei, unser altes Versteck.

Tuck schlief weiter.

Ricardo sah mich durch das Verbindungsloch unserer beiden Kajüten an, schrie durch den Lärm, nicht leicht zu verstehen: »Schön, den

Wind wieder im Gesicht zu spüren!« Auf seinem Gesicht lag ein spitzbubenhaftes Lächeln. Er zog einen Joint aus der Pillenbox hervor und zündete ihn an. Atmete ein, atmete aus. Der Rauch tanzte kurz in dem Versteck, dann riss der Sog ihn nach draußen, und er verflüchtigte sich über den Maisfeldern.

Ich schaute aus meinem Loch auf die zuckelnden Kupplungen. Sie haben immer etwas Spiel, und die Waggons entfernen sich voneinander, wie eine Kette, die man in die Länge zieht. Bis der Lokführer Gas gibt. Dann knallen alle Waggons ineinander, und der Zug springt einen halben Meter nach vorne wie jene wilden Mustangs der Comanchen. Du wirst geschüttelt, gerüttelt und umhergeschmissen. Slack Action nennt sich das, und der »Crew Change Guide« warnt eindringlich davor. Wenn du keinen guten Stand hast, keinen guten Platz ... dann darfst du dich einreihen in die Horden jener, die von so einem Zug neben die Gleise oder, schlimmer noch, zwischen die Räder gefallen sind. Auf einem Güterzug zu reiten ist Rock 'n' Roll in seiner ursprünglichen Bedeutung.

Der Himmel hellte auf, und die Sonne verdrängte das bläuliche Licht der Nacht. Über den Feldern lag Nebel. Am Kopfende des Zuges betätigte der Lokführer bei jeder Zufahrt auf einen Bahnübergang die Sirene.

Ricardo fingerte den nächsten Joint hervor.

Silbern drehten sich die Räder auf den rostroten Gleisen. Als wäre die moderne Gesellschaft untergegangen und dies die einzige Möglichkeit, um fortzukommen.

Im anderen Waggon, ole dirty face fahrend, steckte Tuck seinen Kopf durch das Loch. Der Wagen war eierschalenweiß. Neben Tucks Guckloch befand sich der Bremszylinder und ein großes Rad für die Betätigung der Waggonluken. Eine rostige schwere Kette hing herab und wackelte mit jeder Bewegung des Zuges.

Tucks weißer Pferdeschwanz flatterte im Wind. Er rieb sich kurz die Augen, dann klemmte er sich eine Zigarette zwischen die Lippen. Er war etwa zwei Meter entfernt, ich hatte einen guten Blick auf ihn. Seine topasblauen Augen tasteten gierig die Gegend ab: die kleinen Orte, die Menschen, die in ihren Autos zur Arbeit fuhren, die Lippen an einem Kaffeebecher, kollektive Müdigkeit. Andere parkten vor den Frühstückscafés, bestellten Eier sunny side up mit Bacon und gebuttertem Toast. Die Ampeln an den Bahnübergängen blinkten rot und klingelten hell. Dann wieder Landschaft. Dunst lag über den Bäumen, die den Minnesota River flankierten. Vögel stiegen auf und schwangen sich in den Himmel.

Irgendwo zwischen Mankato und New Ulm kam der Zug knirschend zum Stehen. Einfach so. Vielleicht musste er auf ein Durchfahrtssignal warten, vielleicht einen anderen, wichtigeren Zug durchlassen, vielleicht war etwas kaputt. Es gibt viele mögliche Gründe für den plötzlichen Halt eines Güterzuges. Fakt war: Er stand. Um uns herum nur Wald. Die Sonne brannte den Dunst aus der Luft. Stille wie nach einem Schusswechsel.

Tuck kletterte aus seinem Loch, stellte seine Füße auf zwei dünne Streben, zwischen denen es nur noch runter ins Gleisbett ging, und pinkelte vom Zug, natürlich mit einer Zigarette im Mundwinkel.

Der Zug zischte. »Luft ist drauf!«, rief Ricardo.

»Motherfucker«, sagte Tuck, vollführte einen kleinen Tanzschritt und ließ sich wieder mit den Füßen zuerst in das Loch gleiten, just in dem Moment, als der Zug bockend und lärmend einen halben Meter nach vorne sprang. Ein paar Sekunden eher, und es hätte Tuck vom Waggon gehauen.

»Elegant, aber knapp!«, rief ich.

Tuck lachte schallend: »Ich kenn mich mit der Zugzeit aus, Scheißkerl!«

Langsam und in allen Gelenken stöhnend, nahm der Zug wieder Fahrt auf.

»Hey, Ricardo«, rief Tuck. »Schnell, wirf mir einen Joint rüber!«

Sich selbst zündete Ricardo die dritte Tüte an, rauchte. Ab und zu schaute er mich an und reckte den Daumen in die Höhe. Die meiste Zeit ließ er seinen Blick aber einfach in die Weite der Landschaft schweifen. Das Grün des Waldes, das Blau des Flusses und die immer heller strahlende Sonne.

Ein Hippie war er einst, wollte die Welt verändern. Ist heute noch der festen Überzeugung, dass jemand Kennedy umgebracht hat, weil der gegen den Vietnamkrieg war. Die USA sollten ihre Nase nicht weltweit in Dinge stecken, die sie nichts angehen, nicht überall lauthals Demokratie einführen wollen, während im eigenen Land die Kacke am Dampfen ist. Ricardo träumt von einem Stück Land, mitten im Nirgendwo. Am besten das Haus in den Boden gegraben, damit man den Besitzer und das Grundstück auch mit einem Hubschrauberüberflug nicht ausfindig machen kann. Owned by noone, free as a bird. Keinem untertan und frei wie ein Vogel. Mit Aaron auf ein paar Züge springen und hoffen, dass der eines Tages seinen Vater als König beerben und die jüngere Hobogemeinde so wieder den Weg nach Britt finden wird.

Wie Tuck und so viele andere Hobos auch hasst Ricardo die Regierung, aber er liebt dieses Land. Sie alle sehnen sich nach dem Amerika, wie es mal war, bevor die Zäune hochgingen und die Büffelherden verschwanden und stattdessen in jedem Ort das Gesetz auftauchte und die gottverdammte Steuerbehörde.

Auch Tuck war jetzt hellwach. Ich dachte, dass es weniger an den Folgen des tödlich starken Kaffees lag, den er ständig braute und natürlich auch auf dem Zug mithatte, sondern an der Tatsache, dass er die Zähmung dieses Stahlbiestes als das wahre Leben erachtete.

In zwei Stunden würden wir unsere Rucksäcke im von deutschen Einwanderern gegründeten New Ulm vom Zug schmeißen und über den vom Tau glitzernden Rasen durch ruhige Wohnviertel latschen. Tuck würde sich die Hügel zur Hauptstraße hochkämpfen. Dort gäbe es, groß und breit, McDonald's, Perkins Restaurant & Bakery und Papa Murphy's Pizza. Mit aufgerissenen Augen sähen die Leute aus den Fenstern zu uns herüber, und Ricardo würde sagen: »Gewöhn dich an die gaffenden Blicke.«

Tuck würde rumschimpfen: »Fuck a duck. Meine Beine tun scheißweh«, und ich beginge die Dummheit, ihm zu raten, er solle öfter laufen, das sei gut für den Rücken. Tuck würde mich streng anschauen und entgegnen: »Der letzte Ritt hat mich fast umgebracht, und das war jetzt wirklich das letzte Mal. Ich bin offiziell in Rente und werde für den Rest meines Lebens einfach nur noch faul sein.« Und wenn er dann irgendwann von der Bühne abtreten sollte, dann bitte die Asche aufteilen: die eine Hälfte auf den Hobofriedhof nach Britt, die andere irgendwo neben den Gleisen der Highline verstreuen.

Aber jetzt war es noch nicht so weit. Jetzt donnerte der Zug noch über die Gleise, pfiff, damit sich alles aus seinem Weg begebe. In den Löchern des zehnten Getreidewaggons von hinten hockten drei Hobos, von denen zwei einen Joint nach dem anderen rauchten und der dritte unbedingt einen klaren Kopf behalten wollte.

Bald wäre Tuck wieder zu Hause, im Irrenhaus, wie er es manchmal nennt, draußen die Obdachlosen, die Schlange stünden, um ihre Essensmarken gegen Bares einzutauschen.

Alles egal. Nichts davon zählte. Jetzt galt: Zugzeit.

Ich schaute zu Tuck rüber und konnte keinen kaputten Rücken erkennen. Auch keine kaputten Zähne, keine kaputten Ohren. Ich konnte noch nicht mal mehr die einhundert Falten in seinem Gesicht sehen: Der Fahrtwind glättete ihm einfach die Haut.

In der einen Hand eine Tasse schwarzen Diesels, in der anderen eine Smoking Joe, sah Tuck 20 Jahre jünger aus.

12

Die Bilder und die Geräusche dieses ersten Ritts ließen mich tagelang nicht los, sie tun es immer noch nicht. Ständig taucht der Güterzug vor deinem Auge auf und rüttelt dich durch, schmeißt dich umher, die Landschaft fliegt vorbei, es ist laut, schmutzig und anstrengend, aber da sind auch die satten Farben der Natur, nur du und die Welt, so hast du sie noch nicht gesehen, und du willst mehr.

Die Tür in diese Welt stand nun sperrangelweit offen. Dachte ich. Doch wie sich rausstellen sollte, höchstens einen Spaltbreit, und ich würde mich mit aller Wucht dagegenschmeißen müssen, um sie ganz aufzustoßen.

Dass Tuck nichts mehr reiten würde, war klar. Ricardo wäre gerne, musste sich aber um seinen kranken Hund kümmern. Im Hobohaus kam auch die nächsten Tage niemand vorbei, also verfrachtete ich mich nach Kalifornien, ans andere Ende des Landes. Dort gab es einen Ort, von dem Tuck und Ricardo meinten: Da musst du hin, da kann man jede Menge lernen, da findest du auch die jüngere Generation, ein toller Ort, einzig und allein der Bruderschaft der Hobos gewidmet, nicht der Nostalgie wie Britt. Da würde ich sicherlich jemanden finden, der bereit wäre, mit einem Tenderfoot* aus Übersee durchs Land zu reisen. Tuck stellte mich sogar der Frau vor, die diesen Ort mit ihrem Freund betreibt. Sie hieß Dre, war jung, nett und gerade dabei, ihren Doktor zu machen.

Kurz vor meiner Abfahrt kam mir außerdem zu Ohren, dass sich Traindoc, legendärer Autor des CCG, irgendwo im Westen rumtrieb.

Unterwegs zu jenem Ort in Kalifornien legte ich einen Zwischenstopp im knapp 1100 Meilen westlich von Minneapolis gelegenen Helena in Montana ein, einem Bundesstaat von der Größe Deutschlands, der aber weniger Einwohner als München hat. Dort lebte Frog, den ich in Britt kennengelernt hatte.

An meinem ersten Morgen bei ihm weckte mich ein lautes Zischen. Allerdings nicht das trockene einer Luftbremse, sondern das nasse einer sich öffnenden Bierdose. Es war neun Uhr, und Frog führte sich das erste Pabst Blue Ribbon an die Lippen. Dabei schaute er von seinem Sofa durch das Fenster hinaus, wo sich ein unwirklich weiter Himmel über Helena spannte. Am Ausgang des 19. Jahrhunderts war es – Gold Gold Gold! – eine der reichsten Städte der USA. Heute hängen in den wenigen öffentlichen Bussen Schilder, die darauf hinweisen, dass abstoßende Körpergerüche verboten sind. Die Straßen heißen Last Chance Gulch und Prospect Avenue.

---

* Ein unerfahrener Neuling.

An Letzterer wohnte Frog mit seinem asthmatischen Chihuahua Izzy, doch es war gar nicht der weite Himmel mit den wie hingemalten Wolkeninseln, auf den er seinen Blick geworfen hatte, den sieht man in Big Sky Country fast überall, sondern die Gleise des Güterbahnhofs, wo gerade ein Zug hielt, dessen Flachwaggons mit großen Flugzeugteilen für die Boeing-Fabriken in Seattle an der Westküste beladen waren.

»Willst du ein Bier?«, fragte Frog und hustete so stark, dass es seinen schmalen Körper durchschüttelte wie Würfel in einem Becher. Frogs Kinnbart war akkurat gestutzt, das karierte Flanellshirt fleckenfrei. Auf dem Tisch lag eine Ausgabe der *GQ*. Das linke Bein steckte in einer Armeehose; rechts war der Stoff aufgerollt bis zum Stumpf. Wenn er aus dem Haus ging, versteckte er darin sein Portemonnaie.

»Bisschen früh.«

»Es ist niemals zu früh für ein PBR.«

»Auch wieder wahr. Holst du mir eins?«

Frog schaute mich mit seinen immer leicht glasigen Augen an. Dann lachte er und sagte, nicht schlecht, nicht schlecht. Er drehte sich eine Zigarette aus billigem Pfeifentabak. Bald standen die Rauchschwaden so dick im Wohnzimmer, dass Izzy einen Hustenanfall bekam.

Obwohl ich zuversichtlich war, in Kalifornien auf die richtigen Leute zu treffen, nutzte ich jede Gelegenheit, die sich mir bot, und deswegen fragte ich auch Frog, ob er nicht jemanden kenne, der noch Vollzeit auf den Gleisen unterwegs sei.

»Klar«, antwortete er, »aber leider hast du Traindoc knapp verpasst.«

»Traindoc war hier???«

»Yeah, den haben sie geschnappt, als er sich mit einem Bolzenschneider an einem Zaun zu schaffen gemacht hat, zwei Wochen ist das jetzt her. War dann ein paar Tage hier, Mann, der Kerl hat mir das Ohr blutig gequatscht.«

Ich bat Frog, ob er ihn nicht anrufen könne, und er tat es, bekam aber keine Antwort. Vielleicht war Traindoc gerade auf einem Zug oder doch für ein paar Tage in einem Bezirksgefängnis. Frog meinte, wird schon, er werde es später noch mal probieren. Dann öffnete er sich das nächste PBR, drehte sich noch eine Zigarette – wobei er so viel Tabak hineinstopfte, dass er die Kippe kaum zubekam –, zündete sich den Brummer an und erzählte mir von jenem verhängnisvollen Tag 1995 in North Dakota.

Frog lag in einem Dschungel neben der Bahnstrecke, sah eine kleine Gruppe Jugendlicher in seine Richtung kommen. Sie trugen Kappen, Sportkleidung, Baseballschläger. Vielleicht waren sie auf dem Weg zum Training oder Spiel. Die Gegend war leicht hügelig, und sie verschwanden wieder aus seinem Blickfeld.

Plötzlich tauchten sie hinter ihm auf. Das Spiel fing an, und es war von vornherein klar, wer der Verlierer sein würde. Es ging nur noch darum, wie hoch der Verlierer verlieren würde.

Ein Schlag auf den Kopf, und Frog verlor das Bewusstsein.

Die Ambulanz schaffte ihn ins 30 Meilen entfernte Fargo. Neben dem zertrümmerten Bein hatte er Kopf- sowie fünf Stichwunden im Rücken. Die rührten von einem Taschenmesser her, waren also nicht besonders tief, sonst hätte er jetzt nicht auf dem Sofa in Helena gesessen und sich immer noch darüber aufgeregt, dass die Polizei die Sache damals als ein Verbrechen unter Obdachlosen deklarierte, obwohl er doch ganz genau wusste, dass Teenager im Sportdress ihn fertiggemacht hatten, einfach so, aus Spaß.

Mit 51 ist Frog dann runter von den Gleisen. Genau 31 Jahre nachdem er, aus purer Abenteuerlust, sein liebevolles Heim in Neuengland verlassen hatte. Das Bein war zu schwach geworden, wurde immer schwächer, die alten Verletzungen entzündeten sich ständig, und schließlich musste es abgenommen werden.

Draußen schallte der Pfiff eines Güterzuges. Frog drehte wieder den Kopf zum Fenster. Eine lange Karriere hatte er dort draußen auf den Gleisen gehabt. Was war das Leben denn jetzt, hier in diesem Wohnkomplex am östlichen Ende der Stadt, wo die nächste Bushaltestelle eine Meile entfernt war? Aber ich hörte Frog nicht ein einziges Mal jammern. Er würde sofort wieder auf die Gleise. Aber das ging nun mal nicht. Er sei mit sich selbst im Reinen, sagte er, aber bevor der Bestatter komme, solle man ihm unbedingt eine Zigarette zwischen die Lippen stecken.

Ich wurde rastlos, Kalifornien rief. Frog versprach, sich zu melden, sobald er was von Traindoc hörte, und gab mir noch eine Ausgabe des »Crew Change Guide« mit auf den Weg. Frog sah das nicht so eng wie K-Bar damals in Britt.

Ich legte einen kurzen Stopp in Portland ein und staunte über das Heer von Obdachlosen, das sich mit Einbruch der Dunkelheit überall auf den Straßen in der Innenstadt ausbreitete. Danach streckte ich wieder mal den Daumen raus, um schneller voranzukommen.

Ein langhaariger Typ nahm mich in seinem Dodge Van mit. Den Zündschlüssel hatte er verloren, stattdessen startete er den Wagen mit einem Schraubenzieher. Er lebte in seinem Auto, fuhr die Küste hoch und runter, arbeitete mal auf dieser Marihuana-Plantage, mal auf jener, und fiel damit in die Kategorie der Rubber Tramps. Das Wort rubber steht dabei für den Gummi der Reifen. Der Kerl lief immer barfuß und hatte nicht die geringste Eile. Auf halbem Weg ging uns das Benzin aus, und er sagte, tja, dann stellen wir uns mal an die Ecke und betteln ein bisschen. Wir waren nicht die Einzigen. Zerzauste Jugendliche saßen auf den Rasenstücken vor den Tanken und hielten Pappen in die Luft (»Travelling and Hungry«; »Hungry Hippies«; »Need Gas Money«).

Nach etwa 950 Meilen kam ich in Nordkalifornien an. Unterhalb eines hohen Berges lag ebenjener Ort zwischen Kiefern tief im Wald versteckt, aber trotzdem unweit einer Gleisstrecke.

Ich wurde freundlich empfangen. Neben der offenen Küche saßen ein paar Hobos auf den zusammengewürfelten Sofas und Sesseln, Alter so zwischen 20 und 40, tranken Bier, rauchten und redeten über Züge, was sonst.

Der Ort war mir augenblicklich sympathisch. Hier war ich richtig.

Ich stellte mich vor, erzählte von Tuck und Ricardo und hoffte, dass schon die Nennung ihrer Namen mein Türöffner sein würde. Später kam sogar Dre persönlich. Allerdings schien sie mich erst nicht zu erkennen, dann ignorierte sie mich.

Schließlich aber saßen wir mit einem Bier an einem der Holztische unter freiem Himmel, und sie meinte: »Ich hätte dir das damals schon sagen sollen.«

Ihr Freund, der Eigentümer des Grundstücks, setzte sich zu uns: »Wir mögen hier Leute wie dich nicht.«

»Was für Leute wie mich denn?«

»Die Medien. Hatten zu viele Probleme. Die Sache ist immer noch illegal, und wir haben keinen Bock drauf, dass zu viele Leute davon wissen.«

»Moment mal, ich bin mit Tuck und Ricardo Güterzü–«

»Jaja, die da drüben im Osten wollen vielleicht reden, wir aber nicht. Wir sind die Echten, the real deal. Wir nennen uns auch nicht Hobos, wir sind Train Riders. Wenn du dich vielleicht vorher gemeldet hättest, hätten wir uns drauf einstellen können. Aber so …«

»Also, ich saß vor einiger Zeit mit Dre am Tisch, und sie hat kein Wort –«

»Ja, das tut mir leid«, unterbrach sie mich. »Du siehst aus wie ein netter Kerl.«

»Aber wir mögen keine Außenstehenden«, fügte ihr Freund hinzu.

Das Ganze stank zum Himmel wie ein Box Wagon voller Bum Spray, Bierschiss. Das sagte ich natürlich nicht. Ich blieb ruhig, verständnisvoll, obwohl ich innerlich kochte. Sie stellten mich hin, als wäre ich ein Reporter von Fox News, der sofort eine Eilmeldung rausgäbe, wie damals in den 1990ern, als man immer sensationslüstern über die FTRA berichtetet hatte. Und das alles ging noch dazu von Leuten aus, die selbst nicht in eine Ecke gestellt werden wollen, sich immer abzugrenzen versuchen von denen, die high und voll bis Oberkante Unterlippe auf den Zügen rumturnen. Egal. Ich würde einfach geduldig wie ein Hobo sein müssen.

Doch es nutzte nichts. Immer wenn ich einem Gespräch zu nahe kam, verstummte man. Und von Dre dauernd der Spruch: Redet nicht über illegale Sachen, wir haben einen Journalisten in unserer Mitte. Nach drei Tagen und drei Nächten war klar, dass wir nicht zusammenkommen würden.

Scheiß auf die Penner.

Ich packte zusammen, da klingelte mein Telefon. Am anderen Ende der Leitung hörte ich das Zischen einer sich öffnenden Bierdose und dann die rasselnde Stimme von Frog. »Ich hab Traindoc erreicht«, sagte er. Im Hintergrund hustete Izzy.

Bingo. Traindoc, die Legende. Es gab nur wenige, von denen ich mehr lernen könnte.

In den späten 1860ern wurde Oakland nach jahrzehntelangem Hickhack als der westliche Endbahnhof der transkontinentalen Eisenbahn ausgewählt. Heute hat die Stadt, die San Francisco an der Bucht im Osten gegenüberliegt, einen geschäftigen Hafen, Schiffswerften, eine gesunde Autoindustrie und in der 43. Straße eine gut gehende Tacqueria, das Los Cantaros, und in dieser saß Traindoc, vor sich einen halb aufgegessenen Burrito in einem Plastikkorb und eine aufgeschlagene Ausgabe der *New York Times*. Auf seinem Pullover prangte ein großes Logo der Southern Pacific, und in seinem Mund waren noch ein paar Zähne vorhanden. Er trug eine Brille und schaute immer ganz leicht an mir vorbei.

»Aha«, sagte er, »ja, wirklich interessant, hm, muss ich mal nachdenken, wieso eigentlich nicht? Natürlich fahre ich eigentlich immer alleine, aber man könnte, man müsste, schön, dass man mich auch in Deutschland kennt, die nächsten Tage fahre ich mit dem Hotshot* nach KC.«

Es war ein gutes Gespräch. Traindoc erkundigte sich nach den Güterzügen in Deutschland (ein Trauerspiel; fast der gesamte Verkehr wird mit Lkws abgewickelt; das Land ist klein, ohne Personalwechsel fährt man von Nord nach Süd, schockierend).

»Vielleicht kann ich mitfahren nach Kansas City?«

---

* Ein schneller Prioritätszug, üblicherweise beladen mit Schiffscontainern.

»Ja, vielleicht, vielleicht. Keine so schlechte Idee. Ich fühle, da ist eine Verbindung zwischen uns, vielleicht, in der Tat.«

Am Ende sagte er ab.

Teil II: Blinde Passagiere

I inhale great draughts of space;
The east and the west are mine,
and the north and the south are mine.
  Walt Whitman; Song Of The Open Road

Do you know how the Hobo feels?
Life is a series of dirty deals.
This is the song of the wheels.
  Altes Hobolied; Herkunft unbekannt

1

Shoestring drückte den Zaun nach unten, zwischen den Zähnen ein kaltes frittiertes Kotelett von der letzten Tankstelle am äußersten Rand von Shreveport, Louisiana, ein paar Meilen die dunkle, dampfende Landstraße zurück. Der libanesische Besitzer kannte den Hobo und hatte uns zwei Tüten mit Frittiertem aus der heißen Theke kostenlos als Wegzehrung mitgegeben. Ein Wachmann hatte uns mit einem Zehndollarschein und zwei Flaschen Cola versorgt. Mitnehmen in Richtung Güterbahnhof hatte uns allerdings keiner wollen.

Der Zaun sicherte die Zufahrt des Güterbahnhofs der Kansas City Southern Railroad. Hinter den üblichen »Betreten verboten«-Schildern brannte sieben Meilen außerhalb der Stadt Licht in einem Container für die Arbeiter. Daneben standen ein paar Bagger rum, Waggons knallten ineinander.

Shoestring nahm das Kotelett kurz aus dem Mund, drückte den Maschendraht weiter nach unten und sagte: »Los, steig über den Zaun.«

»Aber da ist doch Licht an.«

»Das Licht ist immer an. Und jetzt beeil dich, bevor ein Auto uns von der Straße sieht.«

Ich schmiss meinen Rucksack auf das Gelände. Er landete mit einem dumpfen Geräusch auf dem Boden. Danach gab mir Shoestring seinen, und ich warf auch den Armeerucksack in Tarnfarben, an dessen Seite eine Machete steckte, hinüber. Shoestrings Rucksack war bestimmt doppelt so schwer wie meiner und stand in starkem Kontrast zu seiner schmalen, fast schon hageren Gestalt. Außerdem schleppte er noch eine Handwerkertasche – liebstes Stück seiner geringen Habe, in deren Außentaschen eine ganze Reihe von Eddingstiften klemmten, damit er kreuz und quer im Land seine Anwesenheit markieren konnte – sowie einen Eimer voller Lebensmittel.

Dann machte ich rüber.

Hinter dem Container war es im Arbeitsbereich tatsächlich still: Die Bagger schliefen, das Werkzeug lag auf alten Öltonnen, Jacken hingen an Nägeln in der Holzdachkonstruktion. Ein BBQ zeugte davon, dass wir im Süden waren. Louisiana, Land der Alligatoren und des Voodoo – Shoestrings Heimat vor langer Zeit, bevor die Straße diese Rolle übernommen hatte. Tuck wuchs in den Sümpfen auf, Shoestring in der Stadt.

Obwohl seine Sehkraft schon lange nicht mehr bei 100 Prozent lag, ging er zielstrebig auf eine Tür am dunklen Ende des Bereichs zu, öffnete sie und machte Licht. Es war die Toilette. Allerdings suchte er etwas ganz anderes als Erleichterung: Strom. Sein Handy war leer – ein Zustand, der für Shoestring nicht zu ertragen war –, und er legte eine der Dosen aus dem Toilettenhäuschen auf den Asphalt und steckte sein Ladekabel hinein, damit er weiterhin Maps, Facebook und die Wettervorhersage nutzen konnte.

Aus der Handwerkertasche kramte er seine Lesebrille hervor und setzte sie auf. In der Hocke saß er hinter einem kleinen Betonquader, das blaue Licht des Bildschirms erleuchtete das Kotelett zwischen dem grau-schwarzen Bart und seiner Kappe mit der Aufschrift »US«.

Auf der Landstraße fuhr immer mal wieder ein Auto vorbei, aber hinter dem Betonstück konnte uns das Licht ihrer Scheinwerfer nicht erfassen. Ich wollte gerade unsere Wasserflaschen auffüllen, da ging eine Nachricht auf Shoestrings Telefon ein. Wieder nahm er das Kotelett aus dem Mund, und in seiner ihm eigenen Mischung aus Texas Drawl, Arkansas Redneck und Cajun – nennen wir es mal Südstaatensingsang oder auch Schlappmaul – sagte er, der Scheiß sei so hart, dass man damit glatt einen Zug zum Entgleisen bringen könnte. In hohem Bogen schmiss er das Kotelett durch die laue Nacht.

Da er auf einem Ohr so gut wie taub war, kommunizierte er am liebsten über Sprachnachrichten, die aber gingen so schnell hin und her, dass es einem fast wie ein Telefongespräch vorkam.

Am anderen Ende war Ron, sein bester Freund, ebenfalls Streuner, Hobo. Er meldete sich aus Alaska. »Wieso treffen wir uns nicht in Denver?«, fragte Ron. »Von dort könnten wir durch Nevada, die tollen Mülltonnen hinter dem Alberstons-Supermarkt in Elko klarmachen und dann durch die Wüste.«

»Was hast du bloß immer mit der Wüste?«

»Die Wüste ist doch wunderschön.«

»Aber es gibt in Nevada einen Haftbefehl gegen mich!«

»Und ich werde in Wyoming gesucht. Komm schon. Keiner sieht dich. Es ist die scheiß Wüste!«

»Ich will auf keinen Fall in den Knast.«

»Wie auch immer, meine Ausrüstung ist gepackt, und ich bin bereit.«

Shoestring überlegte kurz. »Okay, dann nehmen wir die KCS in den Norden und kreuzen dann von KCMO nach Denver.«

»Alter, ich kann's kaum abwarten!«

Die beiden verabschiedeten sich voneinander, und Shoestring legte das Telefon auf den Boden zurück, damit es in Ruhe weiter laden konnte.

Die Kansas City Southern Line (KCS) verläuft, grob gesagt, von Mexiko über Kansas City, Missouri (KCMO), nach Chicago, Illinois. Ebenfalls eine Möglichkeit: von hier, Shreveport, weiter nach Westen fahren, via Texas, und dann hoch in den Norden, um sich mit Ron schließlich in der Hauptstadt Colorados, der Mile High City, zu treffen (seit Cannabis dort legalisiert wurde, hat der Spitzname Denvers eine lustige Doppelbedeutung bekommen). Allerdings war erst vor ein paar Tagen ein besoffener Hobo auf einem Waggon ausgerutscht und vom Zug in zwei Hälften zerteilt worden. Seitdem war die Lage in der Gegend um Dallas brenzlig, too much heat, sagte Shoestring und meinte damit Sicherheitspersonal und Polizei. Dann fügte er lapidar hinzu: »Wir haben da eine Redewendung: Der Zug siebt auf natürliche Weise die Schwächlinge aus.«

Von den Gleisen hinter den Bäumen strahlte der kalte Schein von ein paar Flutlichtern herüber. Wir ließen unser Gepäck an der Toilette, die Telefone am Strom und gingen über den Schotter zu den Gleisen. Auf der Main, dem Hauptgleis, kam ein IM zum Stehen. Ein Intermodal-Zug als Double-Stack, zwei aufeinandergepackte Schiffscontainer pro Flachwaggon. Er stand mit der Lok nach Westen, fuhr also Richtung Dallas. Die Container waren wahrscheinlich in den Häfen von Baltimore oder New York angekommen.

IMs rollen sehr geschmeidig auf den Gleisen, und im besten Falle bieten sie zwischen Container und Ende des Flachwaggons einen ausreichend großen Platz zum Verstecken. Shoestring mochte sie nicht. Die Container sind oft voller Konsumwaren und können leicht aufgebrochen werden, weswegen sie stärker überwacht werden als sogenannte Junk Trains – Züge, die gemischte Fracht wie Holz, Pellets und Getreide transportieren.

Wir kletterten die Leiter eines Flachwaggons hoch, querten die Plattform und stiegen auf der anderen Seite wieder runter. Ein ewig langer Güterbahnhof. Der Turm der Leitstelle war weit weg. Blick nach rechts, Blick nach links: niemand zu sehen. Vor uns stand jetzt ein Zug nur mit Ölwaggons. Ein ganz mieser Ritt, tauglich bloß im äußersten Notfall und bloß für Kurzstrecke. Auf der Plattform, eigentlich nur eine Katzenleiter, ist man zum einen viel zu sichtbar, und zum anderen muss man die ganze Zeit stehen.

Die Griffe waren schmierig. Ich trug Handschuhe. Shoestring nicht. Er wollte den Stahl fühlen. Trittsicher bewegte er sich über die schmalen Metallplanken.

Wir erreichten das dritte Gleis. Es war ein Uhr nachts. Plötzlich hatten wir den Strahl einer Taschenlampe im Gesicht.

2

An dem Tag, als ich den Hobo Shoestring getroffen hatte, schmissen die USA die »Mutter aller Bomben« auf Afghanistan, ich verdiente fünf Dollar beim Aufräumen eines Stadtparks und sah einen Schwarzen, der ausdauernd den Asphalt vögelte, weil er sich mit Crystal Meth in eine ganz andere Welt geschossen hatte.

Es war ein denkwürdiger 13. April 2017 in Longview, Texas, einer Stadt, die am Rand eines der größten Ölfelder der Erde liegt, bekannt für die Big Inch Pipeline, die zwischen 1943 und 1945 über 261 Millionen Barrel Rohöl an die Ostküste und damit direkt in die US-Kriegsmaschine leitete.

Als sich die Nacht langsam herabsenkte und die breiten Straßen Longviews von den wagengroßen Neonschildern der Schnellimbisse und Supermärkte erhellt wurden, waren es immer noch 28 Grad. Hinter dem Kroger-Supermarkt, im Schatten der Mülltonnen und Laderampen, stand Shoestring mit seiner Ausrüstung und futterte Zitronenkekse. Über die Knöchel seiner rechten Hand war das Wort »Hobo« tätowiert. Er trug eine helle Flecktarnhose und ein ärmelloses T-Shirt. An seinem Rucksack hing ein Stück Pappe, auf dem in dicken, mit Edding geschriebenen Lettern stand: »1988 Army Vet in Need«.*

»Jesus, das schleppst du alles mit dir rum?«, fragte ich.

Schulterzucken. »Ist meine ganze Habe.«

»Hast du Hunger? Da drüben ist ein Burger King …«

Unter den schiefen Blicken der Angestellten und anderen Gäste auf unsere Ausrüstung bestellten wir das Billigste auf der Karte: 10er Nuggets für 1,49; drei Pfannkuchen für 0,89. Die Dollarmenüs der Schnellimbisse sind das Zweitbeste nach der Suppenküche.

Zu diesem Zeitpunkt war ich bereits wieder mal quer durchs Land gefahren, von Kalifornien nach Miami, musste dann nach Deutschland zurück, um mich um eine Familienangelegenheit zu kümmern, und arbeitete über den Winter an meinem ersten Roman. Im Frühjahr schickte ich ihn meiner Agentin und machte mich wieder über den Großen Teich nach Amory in Mississippi, wo ich bei einem Eisenbahnfestival ein weiteres Mal vergeblich auf aktive Hobos hoffte, aber nur Ricardo und K-Bar traf, und die beiden kannte ich ja bereits.

---

* Veteran der Armee, 1988, braucht Hilfe.

Es war eine weitere Enttäuschung, allerdings bei Weitem nicht so schlimm wie die Ereignisse in Memphis. Dort wollte ich mir gerade einen Schlafplatz irgendwo am breiten Mississippi suchen, als ich nur knapp einer Schießerei an der Promenade entkam. Die Sonne ging langsam unter, und ich wollte ein Foto vom glitzernden Fluss machen, da fielen Schüsse. Spaziergänger stoben auseinander und schmissen sich zu Boden. Das Auto neben mir bekam einen Querschläger ab. Das Herz schlug mir bis zum Hals. An eine Nacht auf der Straße war nicht mehr zu denken. Ich flüchtete in ein billiges Motel, trank ein Bier in zwei Zügen aus und legte mich aufs Bett. Nach einer Weile beruhigte ich mich wieder und schaltete die Nachrichten ein: Im Kugelhagel kam eine unbeteiligte Passantin ums Leben. Zwei Gangmitglieder, eins davon gerade mal 17 Jahre alt, wurden ermordet.

Dann beging ich den Fehler, meine E-Mails zu lesen. Eine war von meiner Agentin, und es ging um mein Manuskript. Monatelang hatte ich mich nur an den Schreibtisch zurückgezogen, alle anderen geldbringenden Aufträge abgelehnt, meine Geliebte mit meinen Launen genervt und alles auf eine Karte gesetzt. Aber nun las ich die vernichtende Meinung meiner Agentin, und am Ende fragte ich mich, was das Schicksal mit mir vorhatte, mich erst bei der Schießerei davonkommen zu lassen, um mich dann durch ihre Worte niederzustrecken.

Jetzt rückte dieser Abschuss allerdings in den Hintergrund, als ich Shoestring kennenlernte und er mir im Burger King in Longview davon erzählte, dass er gerade aus Alaska kam, wo er in den Wintermonaten ausgenüchtert war; zum ersten Mal seit mehr als 20 Jahren war er trocken. Die Wohnung dort war eingerichtet, alle Konserven standen ordentlich in Reih und Glied, doch er hatte begonnen, die Wände hochzugehen. Was tun den ganzen Tag? Fernsehen? Scheiße, nein!

Ich war auf Shoestring aufmerksam geworden über ein paar Videos bei Youtube. Ich schrieb ihn an. Keine Antwort. Doch wenig später schickte er mir eine Nachricht mit dem Verweis auf jemand anderen. Das war Ron. Ron und ich schrieben eine Weile hin und her, dann telefonierten wir, und im Gegensatz zu vielen anderen, die mir reserviert entgegentraten, war er Feuer und Flamme und wurde zum Verbindungsoffizier zwischen mir und Shoestring, hielt mich über dessen Strecke auf dem Laufenden und sagte schließlich, Shoestring sei nach einer Woche in Palestine, wo er sich in einem Box Wagon vor dem texanischen Frühjahrsregen versteckt habe, auf dem Weg nach Longview.

»Ich muss mich ein bisschen ausruhen«, sagte Shoestring jetzt. »Alles tut weh. Wird bestimmt eine Woche dauern, bis ich wieder in Form bin.« Er stöhnte. Lehnte sich zurück gegen den Stuhl. Rieb sich die Augen. Sieben Monate abseits der Gleise und des täglichen Überlebenskampfes.

Dann redeten wir über Züge. Höchstens zwei, drei Minuten lang. Plötzlich richtete er seinen Oberkörper auf. Mit wachen seeblauen Augen schaute er mich an und sagte: »You wanna catch out tonite?«*

»Ich dachte, du willst dich ausruhen.«

»Jaja, aber das ganze Gerede über Züge hat mich total heiß gemacht.«

3

Der Arbeiter mit der Taschenlampe stieg von seiner Honda, einer Art Quad, mit dem man gut auf den kleinen Pisten an den Zügen entlangbrettern kann. Er trug eine Weste in Neonorange, einen Sicherheitshelm sowie einen Schnauzer, der so breit war wie ein Motorradlenker.

»Guten Abend, Sir«, sagte Shoestring.

Der Arbeiter baute sich vor uns auf. »Was macht ihr hier?«

Shoestring deutete auf die Gleise neben sich. »Sind die heiß?« Er wollte wissen, ob sie in Betrieb waren, und gleichzeitig dem Arbeiter zu verstehen geben, dass er es mit jemandem zu tun hatte, der wusste, was er tat, der sich nicht umbringen würde wie der Junge in Dallas.

---

* To catch out: auf einen Güterzug springen, sich einen Güterzug schnappen.

Der Arbeiter schaute uns abwechselnd an. Wir waren weder betrunken noch breit. Er entspannte sich. »Wir sind nur zu dritt heute Nacht. Tote Hose.«

»Verstehe«, sagte Shoestring. »Wir sind unterwegs nach KC über Pittsburg. Wissen Sie vielleicht, wann einer in die Richtung fährt?«

Von Angesicht zu Angesicht einem Bahnarbeiter gegenüberzustehen kann für einen kleinen Panikschub sorgen. Einige Arbeiter helfen den Hobos allerdings. Solange man höflich ist, sie respektvoll behandelt und vor allem nicht besoffen über Zug und Gleise torkelt. Die Loyalität gegenüber dem Arbeitgeber hält sich da in Grenzen: immer geringere Löhne, mehr Arbeit, weniger Pausen. Natürlich gibt es auch den umgekehrten Fall. Allerdings dürfen die Arbeiter einen nicht festhalten, müssen den Yard Bull, den Sicherheitsmann beziehungsweise den Eisenbahnpolizisten, oder gleich den Sheriff rufen. Im besten Falle ist man bei deren Ankunft wieder über alle Berge. Es kommt auch darauf an, um welche Eisenbahngesellschaft es geht. Die einen sind toleranter, die anderen strikt. Die ehemalige Norfolk Southern zum Beispiel, die mittlerweile in BNSF Railway aufgegangen ist, war auch unter dem Spitznamen Nazi Southern bekannt.

»Moment mal!«, sagte der Arbeiter. »Ich habe dich doch schon mal gesehen, oder?« Er fuhr mit der Taschenlampe hoch, leuchtete aber am Gesicht von Shoestring vorbei, sodass der Kegel die dunkle Wand eines Petroleumwagens traf. »Scheiße, Mann! Du bist Shoelace!«

»Shoestring.«

»Genau, genau. Du machst doch diese Videos auf Facebook. Die sind großartig, ich glaube, ich habe jedes gesehen.«

»Das ist sehr nett, Sir. Bin seit 1994 auf den Gleisen unterwegs. Der Zug hat mich nie enttäuscht.«

»Wahnsinn. Wenn ich das meinen Kollegen erzähle. Ein waschechter Hobo!« Der Arbeiter stemmte die Hände in die Hüften und schüttelte seinen Kopf.

Seit 1994 … Da war Bill Clinton gerade mal ein Jahr im Amt, das Internet steckte in den Kinderschuhen, Handys waren so groß wie Backsteine. Es folgten Bush Junior, der 11. September, Afghanistankrieg, Irakkrieg, der Crash 2008, der erste Schwarze als Präsident der Vereinigten Staaten, schließlich auch noch der erste Immobilienmakler – und die ganze Zeit fuhr dieser Mann Güterzüge, überlebte mindestens vier Entgleisungen, Knast und Intensivstation, verlor weder Finger noch Zeh, fast so, als würden ihm die Gleise Amtszeit um Amtszeit gönnen.

Das Funkgerät des Arbeiters kratzte. »Ich muss los«, meinte er, gab uns aber noch ein paar Flaschen Wasser aus dem Heck seiner Honda. »Ich sag euch was. Heute Nacht passiert höchstwahrscheinlich nichts mehr. Wir bauen noch ein paar zusammen, aber die bleiben alle stehen. Morgen Abend, Gleis vier, wenn ich mich recht erinnere. Das ist euer Zug.« Er stieg auf die Honda und blendete auf.

»Vielen Dank, Sir«, Shoestring beugte sich kaum merklich mit dem Oberkörper vor, »das war sehr freundlich.«

»Keine Ursache«, sagte der Arbeiter. »Shoestring, Mann, wenn ich das meinen Kollegen erzähle …«

Am nächsten Morgen wachte ich in einem Dschungel auf, an dem Minneapolis Jewel große Freude gehabt hätte: Monarchfalter, die über dem hohen Gras tanzten, zwitschernde Spatzen, ein strahlend bunter Teppich aus Wildblumen. Dichter Baumwuchs. Von den 50 Meter entfernten Gleisen konnte man uns nicht sehen, und es gab auch keine Zufahrtsstraße.

Unsere Schlafsäcke lagen auf Planen unter einer Zeder, um sie vor der Feuchtigkeit zu schützen, und unsere Lebensmitteltüten hatten wir an ein paar Äste gehängt, damit die Ameisen nicht an unsere Vorräte gelangten. Ein Zelt schleppt so gut wie kein Hobo mit. Zu umständlich, bevor das abgebaut ist, ist der Zug schon lange weg.

In der Nacht hatte Shoestring noch einen kleinen Ausflug gemacht, wollte in eine Lok einsteigen. Unit Raid nannte er das: als Beute Leuchtfackeln und ein sogenanntes Crewpack, da sind Pflaster drin, Taschentücher und Ähnliches. Die Fackel brennt bei 750 Grad, damit kriegt man selbst im Regen ein Feuer an. Die Lok war allerdings abgeschlossen, und nachdem wir ein Stück die Gleise runter unser Lager bezogen hatten, schlief ich unter dem beständigen Fluchen Shoestrings über die sogenannten Dirty Kids ein: Bestimmt hätten die jungen Rumtreiber wieder mal ein paar Aufnäher mit dem Logo der Eisenbahngesellschaft aus den Sitzen im Führerstand geschnitten und machten so die Sache für alle schwerer.

Heute Morgen war Shoestring außerdem der Meinung, zwischen den Zügen nachts ein Pärchen beim Vögeln beobachtet zu haben.

Die Sonne stieg schnell in den Himmel empor, und auch der Bahnhof erwachte zum Leben. Immer wieder wurde das fröhliche Gezwitscher der Vögel vom hellen Klingeln der Yard Dogs übertönt, der Lokomotiven, die auf den Gleisen die Waggons hin und her schieben.

Shoestring stand auf, nahm seine Wasserflasche und wusch sich, wie jeden Morgen, erst den Bart, dann bürstete er ihn aus.

Die Stunden vergingen. Wir lagen auf unseren Planen und schauten in die Baumkronen. Manchmal, wenn ihm die Sache zu lange dauerte, rief Shoestring im Tower an, gab sich als Fotograf des *Trains Magazine* aus und fragte, wann denn diese eine bestimmte Lok rausfahren werde.

Auf dem Gelände knallten die Waggons ineinander, da war Lärm, da war Bewegung. Eine Gravitationskraft, der Shoestring nicht widerstehen konnte, und er lief rüber: Züge anschauen, mit dem einen oder anderen Arbeiter reden. Vielleicht fuhr ja *doch* ein Zug früher ab. So genau weiß man das nie, sagte Shoestring, das ist wie bei der Post oder bei Aktien, da hat man keine Ahnung, was am nächsten Tag los sein wird, was der Markt verlangt, ja, so ist das mit den Zügen, die machen, was sie wollen, bis später, aber bitte iss nicht den ganzen Catfish auf, ich liebe Katzenwels.

Also schaute ich einfach in den Himmel, steckte mir einen Grashalm zwischen die Lippen und wurde wieder schläfrig, vor meinem inneren Auge die Ereignisse der letzten drei Tage in Momentaufnahmen.

Longview: aufwachen im Güterbahnhof neben den Gleisen und einem Jasminbusch. Allerdings auch neben einer Lok, die so hoch neben uns aufragte wie die Freiheitsstatue. Der Fahrer lehnte sich aus dem Fenster und sagte: »Guten Morgen.« Shoestring erwiderte höflich den Gruß, dann meinte er zu mir, wir sollten uns besser vom Acker machen.

Unterwegs: zu Fuß auf einer langen Straße, vielleicht würde jemand anhalten, uns mit nach Marshall nehmen. Sieben Uhr morgens, alles noch feucht von der Nacht, dampfend, aber die texanische Sonne würde den Tau bald wegbrennen. Vor einem zerfallenen Haus eine schwarze Frau in Shorts, die Haare zu einem Dutt aufgetürmt, im Mundwinkel eine Zigarette baumelnd und in der linken Hand eine Gallone billigen Rums, die bis auf vier Fingerbreit leer war.

»Hey, was treibt ihr da?«

»Nur auf der Durchreise.«

»Wollt ihr 'nen Schluck?«

»Nein danke, bisschen früh.«

»Früh? Es ist schon spät, ihr Schlappschwänze. Kommt schon, seid Männer!«

Bedrohliches Schwanken ihrerseits, schnelles Weitergehen unsererseits.

Um acht Uhr schon am Schwitzen, gerade mal anderthalb Meilen geschafft. Der ganze Raum der USA, verteilt in den Kleinstädten.

Dann ein Pick-up, auf der Ladefläche unübersichtlicher Trödel, in der Kabine ein grinsender Typ Mitte 20. Aus den Lautsprechern lauter Jesus-Rock.

»Mein heutiger Plan sieht vor, Highway 80 rauf und runter zu fahren. Steigt ein.«

Gaspedal, Lautstärkeregler, Gesang. Wahrscheinlich breit oder gläubig, vielleicht sogar beides.

Typ: »Macht's euch was aus, wenn ich mir ein Tallboy kaufe?«

Ich: »Wie viele hattest du heute schon?«

»Nur eins.«

»Eins ist keins.«

Schlürfendes Trinken, wieder lautes Mitsingen. »I am high on your love.« Kurzer Senderwechsel. »Like a drifter, I was born to walk alone.« Wieder zurück zum Christen-Rock. Gegröle aus vollem Hals. »Jesus, your love gets me high, up to the sky.«

Schließlich Ankunft in Marshall. Ausstieg zwischen Kroger und McDonald's.

Typ: »Komm schon, Mann, gib mir 'ne Umarmung!«

Der Ausdruck absoluten Terrors auf Shoestrings Gesicht. Augen zu und durch. Dankbarkeit, sehr wichtige Sache.

Typ (mehrfach): »God bless you!« Abgang.

Erleichterung auf Shoestrings Gesicht.

Rumhängen hinter dem McDonald's, zwischen Bäumen, Müll und Feuerameisen. Kasse machen vor dem McDonald's. Das Schimpfen einer Frau auf Shoestring in seinen Militärklamotten, warum schmeißt ihr Penner Bomben auf Afghanistan?

Wieder Nacht. Suche nach einem Schlafplatz. Ein Wasserhahn neben einem verlassenen Getreidesilo unten am Bahnhof.

Shoestring: Eimer füllen, Spüli rein, Klamotten ausziehen.

Auf dem Parkplatz knutschendes, kiffendes Pärchen: Nackter Penner, ekelhaft, weg hier.

Großes Geplansche. Erste Dusche seit Alaska. Frische Klamotten. Shoestring selig. »Ah, fühle mich zwei Kilo leichter.«

Lager auf einem Betonquader zwischen Getreidesilo und Gleisen. Shoestring in seinem Armeeschlafsack. Gedanken an den Typen im Pick-up vor ein paar Stunden.

»Mann, ich dachte schon, er will, dass ich ihm einen blase. Alles schon passiert, weißt du. Meistens sage ich, dass ich HIV habe. Aber da draußen sind so viele Verrückte unterwegs. Einmal hat so ein Typ mit Frau und Kind angehalten und gesagt, klar nehm ich dich mit. Aber du musst auch was für mich tun. Was denn, hab ich gefragt, und er sagte: meine Frau vögeln.«

»Quatsch.«

»Doch. Da war ich unterwegs nach Billings, Montana, gerade von einem Zug runter, und litt unter ziemlich schwerem Alkoholentzug. Ich dachte, die wollen mich irgendwie übers Ohr hauen, aber dann fährt er tatsächlich zum Yellowstone River runter und versteckt sich in den Büschen, während sich seine Frau auszieht.«

»Scheiße.«

»Aber hallo. Ich hab ihr gesagt, ich stinke wie ein Waschbär, lass mich wenigstens kurz in den Fluss steigen, aber sie meinte, sie will es jetzt, und machte die Beine breit.«

Ungläubiges Staunen: wildes Seemannsgarn oder einfach nur die Wahrheit?

Hand durch den Bart. »Tja, jedenfalls konnte ich nicht. Die Lady wurde immer wütender, los, komm schon, besorg's mir! Aber ich habe keinen hochbekommen, wegen der Entzugserscheinungen. War eine ziemlich peinliche Situation, vor allem der arme Kerl, der zwischen den Büschen stand und sich einen runterholte zu einer Show, die abgesagt wurde.«

»Wow.«

»Yeah, die haben mich trotzdem mitgenommen. Das war dann doch anständig von ihnen.«

Waren es wirklich erst drei Tage? Es fühlte sich bereits wie mehrere Wochen an. Dabei lag die große Strecke bis zur Westküste noch vor uns. Vor mir taten sich nun die Bilder weiter Landschaften auf, von der Prärie Colorados, den zackigen Rocky Mountains, der Wüste, diesem Ozean aus Licht und Sand. Aber dann wurden meine Gedanken von einem Geruch unterbrochen, der überhaupt nicht in diese Wald- und Wiesenlandschaft passen wollte, das genaue Gegenteil von wilder Morgenfrische. Aus dem Dickicht trat ein junger Bursche und ging vorsichtig durch das hohe Gras der Lichtung. Ein paar Falter flogen auf und an seinen schweren Stiefeln entlang, landeten kurz auf den Flecken seiner Shorts und schwebten dann weiter.

Eigentlich sollte ein Hobo (oder Tramp) seine Anwesenheit durch ein deutliches »Hobo walking!« ankündigen, hatte mir Tuck beigebracht, aber Elliot fragte direkt nach Tabak. Immerhin blieb er stehen, bis ich ihn einlud, sich zu setzen und sich eine Zigarette zu drehen. Mit dem vor Dreck fast schon steifen Halstuch wischte er sich den Schweiß von der Oberlippe. »Mein Road Dog schläft dahinten unter dem Baum. Wir sind letzte Nacht reingekommen«, sagte er. Also hatte Shoestring tatsächlich was in der Dunkelheit zwischen den Zügen gesehen.

Elliot war um die 20, und seine Sätze waren von den Füllwörtern like und whatever durchsetzt. Er stammte aus Indiana, war kurz auf dem College gewesen, hatte das Studium aber abgebrochen, um, auf einer Mandoline musizierend, durchs Land zu ziehen. »Ich bin ziemlich schlau, weißt du. Literatur, Kunst, Musik, alles kein Problem für mich.« Er schwafelte weiter durch die Gegend, während er die Zigarette rauchte, redete von seinem Plan, nach San Diego zu fahren, weil dort ein Freund von ihm einen neuen Wurf Katzen habe. Ich bemühte mich derweil, mir nicht die Nase zuzuhalten. »Ich will eine von den Katzen haben und sie darauf trainieren, mit mir auf die Züge zu springen.« Das war eine herrlich verrückte Idee, und er wurde mir dann doch sympathisch. »Dann fahren wir in den Nordwesten und schneiden da Gras oder whatever.«

Shoestring kam zurück. Schaute sich Elliot an, nickte kurz und nahm im Schneidersitz Platz, ohne ein Wort zu sagen. Er hat nichts übrig für Dirty Kids, Crusty Kids, Gutter Punks, Oogles und wie sie alle heißen. Für ihn sind es durch die Bank stinkende Jugendliche, die ständig besoffen durch die Yards fallen, die Eisenbahn schänden und sich im Winter wie Weicheier in den Süden verpissen. Gerade dann, wenn sich die Orte da oben von den Bettlern erholen und das Mitleid bei der Kälte einwandfrei funktioniert; gerade dann, wenn die Lebensmittel in den Mülltonnen nicht in der Hitze verfaulen. Allerdings stand Elliot mit seinem Wunsch, im Nordwesten auf einer der Farmen zu arbeiten, die Marihuana anbauen, ganz in der Tradition der Wanderarbeiter, Weichei hin oder her.

Aus dem Dickicht schälte sich nun auch Elliots Road Dog, seine Reisepartnerin. Sie streckte den Rücken durch und kratzte sich am Oberschenkel unter dem kurzen Lederrock. Sascha stammte aus Puerto Rico und lebte jetzt in Oregon. Um den Hals trug sie Knochen an einer Kette, die Haare waren zu Dreadlocks verfilzt, und auf ihrem Kinn waren drei schwarze Linien tätowiert. In Alabama hatte sie ihre Tochter besucht. Als das erledigt war, traf sie in Birmingham auf der Straße Elliot, wie er vor einem Laden saß und auf der Mandoline spielte. Sie setzte sich dazu, dann sprangen beide auf den nächsten Zug und landeten hier, wo sie nun auf einen IM nach Dallas warteten. Sascha war 30 und ihr Rock so kurz, dass ich ihre blaue Unterhose sehen konnte, was ihr nichts auszumachen schien.

Elliot packte seine Mandoline aus und spielte eine Weile. Er war nicht besonders gut. Shoestring schaute immer wieder genervt von seinem Handy auf. In vergangenen Zeiten gab es für solche Situationen ein unmissverständliches Zeichen: Man reichte dem Störenfried einfach ein Streichholz, was so viel hieß wie: Mach dir irgendwo dein eigenes Feuer. Da wir aber weder ein Feuer am Laufen noch Streichhölzer hatten, steckte ich Elliot verbal, dass mein Freund ein Einzelgänger sei, nichts Persönliches, du verstehst schon.

»Okay, whatever«, sagte Elliot, ohne beleidigt zu sein. Er und Sascha standen auf und gingen durch das hohe Gras zu ihrem eigenen Lager zurück.

Nachdem sich Shoestring auf seinem Telefon vergewissert hatte, wo sich sein Kollege John Burns und dessen Hund Bandit derzeit rumtrieben (in Oklahoma von der Polizei aufgegriffen und an der Staatsgrenze zu Texas abgesetzt), legte er es zur Seite und fingerte sich durch die Handwerkertasche, holte schließlich drei Dosen Poppy Seeds, Mohnsamen von Kroger, hervor, auf deren Rückseite stand: »Auf Brötchen, Brot, Kekse und Gebäck streuen; für Kuchenbelag; zerkleinern zum Süßen von Torten- und Teigfüllungen; zu gekochten Butternudeln, grünen Erbsen, weißen Kartoffeln, Rosenkohl, Hüttenkäse und Salatsoßen«.

Shoestring gab die Samen in eine Plastikflasche, bis sie etwa drei viertel voll war, und füllte den restlichen Platz mit Wasser auf. Dann begann er, die Flasche zu schütteln, um sich in Eigenarbeit ein opiumhaltiges Schmerzmittel für Arme herzustellen, da er seinen Monatsvorrat des ihm verschriebenen Medikaments wie immer nach zehn Tagen bereits verbraucht hatte.

Nach 15 Minuten hielt Shoestring die Flasche in das Licht der untergehenden Sonne und kniff die Augen zusammen. Ein schlammiger Film Flüssigkeit hatte sich an der Oberfläche gebildet. Perfekt.

Er trank das Gebräu, und danach war sein Bart voller schwarzer Punkte. Shoestring schüttete den übrig gebliebenen Mohn aus der Flasche auf den Boden, und die Reste sahen aus wie kleine Ameisenhügel. Dann stand er auf, wusch sich den Bart, bürstete ihn erneut aus, setzte sich wieder. Eine Weile saß er mit geschlossenen Augen im Schneidersitz da und strich sich durch den nun sauberen Bart wie ein Mönch, der ein spirituelles Problem zu lösen hat. Schließlich öffnete er die Augen, schaute in die Ferne und begann einfach zu reden.

»Ich frage mich«, sagte er, »warum ich ausgerechnet in dieser Zeit geboren bin. Warum nicht in einer anderen? Und was wäre ich dann gewesen? Ein Indianer, ein Entdecker?«

So war er einfach. Immer wenn ich es nicht erwartete, haute er auf einmal einen philosophischen Gedanken raus oder eine Geschichte aus seiner Vergangenheit.

»Vielleicht hätte ich bei Lewis und Clark mitgemacht. Es ist doch alles schon recht merkwürdig, finde ich. Warum ausgerechnet jetzt und hier?«

Lewis und Clark, das war die größte organisierte Entdeckungsreise auf dem nordamerikanischen Kontinent. Der Ort, an dem wir uns gerade befanden, gehörte am Anfang des 19. Jahrhunderts noch zu Frankreich. Die Kolonie Louisiana umfasste ein gigantisches Gebiet vom heutigen Bundesstaat am Golf von Mexiko bis weit hoch in den Nordwesten, dem späteren Montana. Als sich Napoleons Kriegskasse leerte, verkaufte er die Kolonie 1803 im berühmten Louisiana Purchase an Thomas Jefferson, einen der Gründerväter der USA und ihr dritter Präsident. Jefferson verstand, dass das Schicksal der noch jungen Nation in ihrer westlichen Expansion lag, dass es eine »Voyage of Discovery« geben müsse, um Wesen und Zugang der Frontier zu erforschen. Er beauftragte seinen jungen Sekretär Merriwether Lewis, eine Expedition vom Missouri bis zur nordwestlichen Pazifikküste und zurück zu führen.

Von 1804 bis 1806 war Lewis gemeinsam mit seinem Co-Captain William Clark sowie einem Shoshonen-Führer und weiteren 32 Männern unterwegs; der Trupp kartografierte Flüsse, folgte den großen

Wasserwegen bis zum Meer und machte Anspruch geltend auf die Territorien Idaho, Washington und Oregon. Die Berichte über die Wildnis, die Indianer und die schier unermessliche Tierwelt beflügelten bald die Vorstellungskraft vieler Menschen im Osten. Aus den USA wurde eine Nation, die nach Westen drängte.

Ich konnte mir gut vorstellen, wie Shoestring einst in diesem Corps of Discovery in der Aufgabe, eine Passage in den Nordwesten zu finden, aufgegangen wäre. Jetzt war er halt ein Einzelkämpfer, aber nichtsdestoweniger Entdecker, er entdeckte eben nur andere Sachen. So wie diesen Dschungel zum Beispiel. Dabei arbeitete er sich immer von hinten nach vorne, kam irgendwo an, fand wieder einen Weg raus, forschte nach der nächsten Wasserstelle, dem nächsten Laden, um seine Vorräte aufzustocken, und das war dann auch der Weg wieder zurück auf das Gelände.

Ein Zug pfiff, und Shoestrings Augen weiteten sich, wurden groß und rund wie Teller. »Pack deine Sachen«, sagte er.

Wir verließen den Dschungel und gingen durch das hohe Gras auf die Gleise zu. Elliot und Sascha standen am Waldrand und pflückten wilde Himbeeren. Ich rief ihnen einen Gruß zu und wünschte viel Glück.

Shoestring, der den beiden vorhin noch verschlossen gegenübergesessen hatte, rief nun fröhlich: »Passt auf euch auf!« Der Abschied war ihm fast immer lieber. Abschied heißt Aufbruch, und Aufbruch heißt Bewegung. Das ist das Evangelium und Shoestring sein eifrigster Apostel.

Tatsächlich, wie vorausgesagt stand auf Gleis vier unser Zug. Gemischte Fracht, hauptsächlich Getreidewaggons, sogenannte Grainers, dazwischen ein paar Tankwaggons, aber leider keine Boxcars. Shoestring trottete das Gleis entlang zum Ende der Zuges und hielt nach dem EOT, dem End of Train Device oder Freddie, Ausschau. Eine rot blinkende Leuchte, die das Ende des Zuges signalisiert und an die Bremsen gekoppelt ist. Kein EOT am Zug heißt: keine Fahrt.

Freddie war dran. Das war unser Zug raus aus Louisiana und durch Arkansas und Oklahoma nach Missouri.

Vier Waggons von Freddie entfernt fanden wir unseren Ritt. Eine fast schon saubere Plattform am Ende eines Grainer, allerdings in Windrichtung, ole dirty face, was aber bei den warmen Temperaturen kein Problem sein sollte.

Wir schmissen unser Gepäck auf die Plattform, die genügend Platz bot, dass zwei ausgewachsene Männer sich auf ihr langmachen konnten. Auch nach vorne hatte die Plattform eine kleine Wand, etwa 30 Zentimeter hoch. Von der Seite sieht diese Mitfahrgelegenheit deshalb aus wie ein Gesicht, das die Unterlippe vorschiebt. Manche nennen diese Art des Waggons Sidewallgrainer oder Cadillac. Shoestring nennt die Plattform kurz und knapp »Negerlippe«.

Zwischen den Gleisen stand Brackwasser, und aus dieser Brühe stieg eine Bande Moskitos auf, die uns die Freude an der Lippe madig machen wollten. Ansonsten war niemand zu sehen auf dem Gelände, und wir warteten zuerst stoisch die Angriffe ab, schlugen uns aber bald selbst grün und blau.

Shoestring postierte sich neben Freddie und bat mich, mit seinem Telefon ein paar Bilder von ihm und dem rot blinkenden Gerät zu machen. Was für den Hobo aus alten Tagen die Wände der Wassertanks an den Gleisen waren, sind heute die sozialen Medien. Es vergeht eigentlich kein Tag, an dem Shoestring nicht ein Foto auf Facebook stellt, um die Welt da draußen über seinen aktuellen Aufenthaltsort zu informieren, über seinen Fortschritt, die Meilen, die er abreißt. In diesem Sinne führt er ebenso ein Logbuch über seine Reisen, wie das damals Lewis und Clark getan haben, nur eben digital. Er berichtet über Witterungsbedingungen, über Tief- und Höhepunkte, den Stand seiner Ausrüstung, sein Befinden und den Bestand an Vorräten.

Zurück an unserem Waggon setzte ich mich auf die Plattform und zündete mir eine Zigarette an. Es wurde dunkel. Shoestring blieb auf dem Schotter stehen, lehnte sich an den Stahl, auf seinem rechten Oberarm sah ich eine Tätowierung des Millenium Falcon, des Raumschiffs Han Solos, des Schmugglers aus den »Star Wars«-Filmen. Auf dem anderen Oberarm ein Schienenstrang in den Sonnenuntergang hinein, darüber stand: »Outlaw Rider«.

Wieder einmal begann Shoestring, ohne dass ich ihn gefragt hätte, zu erzählen, so, als müsste er sich erklären:

»Sobald ich anfing, Fracht zu fahren, 89 war das, bin ich einfach los. Hab mir Essen und Wasser für vier bis sechs Tage eingepackt, und ab quer durchs Land. Absteigen, Vorräte aufladen und wieder zurück, Ost–West, Nord–Süd. 1994 hatte ich bereits 48 Staaten durch, Delaware im Osten war der letzte. So ging das die ersten sechs Jahre, da hab ich wahrscheinlich 2000 Meilen die Woche gemacht. Ich weiß, dass mein Bruder und meine Cousins meine Videos schauen. Aber meine Mutter nicht. Die sagt immer, ich hätte alles im Leben werden können, alles, aber nein, ich wollte es wegschmeißen. Aber was weiß die schon, so oft wie die sich hat scheiden lassen. Und mein Vater auch nicht anders. Der lebt in Mississippi, aber ich hab ihn schon ewig nicht mehr gesehen. Das Letzte, was er zu mir sagte, war: Warum suchst du dir nicht einen Job, du nutzloses Stück Scheiße? Dachte, ich würde aus den Zügen rauswachsen, von wegen. Es ist, wie es ist.«

Ich schwieg und schaute ihn an. Shoestring hob die Mütze vom Kopf und wischte sich den Schweiß aus den kurzen Haaren. Dann pfiff die Sirene, einmal, zweimal. Shoestrings Augen weiteten sich erneut. »Yeah«, sagte er, zog die Mütze wieder auf und stieg auf die Plattform. »Let's roll.«

Der Zug knirschte in den Gelenken. Dann ein gigantisches Krachen, und er machte einen Satz nach vorne, zog aus dem Bahnhof wie ein schwankender Elefant.

4

Der Unfall konnte vor nicht allzu langer Zeit passiert sein. Wahrscheinlich hatte der Fahrer in einer nassen Kurve die Kontrolle über den Wagen verloren und war frontal gegen einen Baum gekracht. Zwei Polizisten, von deren breiter Hutkrempe der Regen tropfte, nahmen den Unfall auf, standen mit ihren Klemmbrettern neben dem Highway

259 in den Wäldern der Ouachita-Berge in Oklahoma. Schwerer Dunst lag wie ein weißes Laken auf den Baumkronen, ein Gewitter war uns die ganze Nacht gefolgt.

In De Queen, Arkansas, gut 120 Meilen von Shreveport Richtung Norden, war plötzlich der Himmel zerrissen. Erst pflanzten sich die Blitze horizontal fort, als wollten sie einen elektrischen Zaun um den Bundesstaat legen, dann schlugen sie vertikal ein, mit der Frequenz eines Stroboskops, sodass der Wald, durch den wir fuhren, tatsächlich taghell wurde und man die verschiedenen Grüntöne der Laubbäume ausmachen konnte. Shoestring hatte auch hier einen Haftbefehl laufen, aber bei dem Wetter würden selbst die motiviertesten Polizisten laut in ihren Betten schnarchen.

Bei einem kurzen Halt wechselten wir dank Shoestrings weiser Voraussicht den Waggon, um nicht direkt durch den Regen zu fahren, und nahmen den direkt gegenüber unserer Negerlippe. Der Platz war krampfig klein, da auf dieser Plattform die Luftzylinder für die Bremsen angebracht waren, plus ein paar ungünstig platzierte Rohre. Shoestring stellte seinen Rucksack auf den Zylinder und rollte seine Matte zur Hälfte aus. Ich hockte mich auf meinen Wasserkanister. Nass wurden wir trotzdem. Der Regen sammelte sich an den Kanten, tropfte dann herunter und bildete Pfützen auf der Plattform.

Die Räder quietschten, als wir jetzt an den zwei Polizisten mit ihren Klemmbrettern vorbeifuhren. So langsam und so nah, dass sie uns auf jeden Fall gesehen hätten. Aber sie standen beide mit dem Rücken zu uns. Doch selbst wenn nicht – man muss schon gezielt nach zwei Hobos schauen, vor allem, wenn sie sich nicht bewegen und verharren wie zwei Statuen. Bevor das Gehirn sich fragen kann, ob man da etwas erblickt hat, ist der Zug schon vorbei.

Ich schaute zu Shoestring rüber. Der Wind musste auf seiner Seite viel stärker gewesen sein: Sein Schlafsack war triefend nass, die Isomatte lag in einer großen schwappenden Lache. Die Knie auf der Plattform und den Oberkörper über den Bremsluftzylinder gebeugt, verschlief Shoestring die kleinen Ortschaften, die verfallenen und doch bewohnten Häuser, in deren Abgeschiedenheit man hervorragend

Crystal Meth kochen kann, diese billige, schnell abhängig machende Droge, die das Land überschwemmt und aus vielen Amerikanern Zombies gemacht hat. Shoestring verschlief das Trump-Wähler-Land, eine verlassene, abgehängte Gegend, aber wozu auch, er hatte sie ja schon Hunderte Male gesehen.

In meinem Fall war das anders. Mit weit aufgerissenen Augen saß ich auf der Plattform und schaute in die Landschaft.

Heavener in Oklahoma ist einer dieser Orte, die nur aus einer Hauptstraße zu bestehen scheinen. Die Gleise verliefen direkt neben dieser einen Hauptstraße, der 1st Street.

»Bei Gott, ich hasse diese Stadt«, sagte Shoestring, als der Zug kreischend zum Stehen kam. »Als ich das letzte Mal hier war, haben mich die Bullen für unrechtmäßiges Benutzen von Strom verknackt.« Das macht die Polizei ab und zu ganz gerne: einen Obdachlosen drankriegen, weil er irgendwo, ohne zu fragen, sein Telefon eingesteckt hat.

Mit dem größten Widerwillen – die Ausrüstung war aber nun mal nass, und auf dem Zug würde sie in dem Wetter bestimmt nicht trocknen – sprang Shoestring um sieben Uhr morgens vom Zug.

Nur ein paar Autos waren um diese Zeit unterwegs, aber wer den Blick aufmerksam nach rechts wandern ließ, sah zwei Hobos, die sich verbissen durch das Schilf und den Matsch am Gleisbett kämpften, um so schnell wie möglich und unerkannt vom Bahngelände wegzukommen.

In einer Tankstelle füllten wir dampfenden Kaffee in Styroporbecher und zahlten mit dem Kleingeld aus Marshall bei der jungen Frau hinter dem Tresen, die wie eine Walküre in rosa Shorts aussah, doppelt so breit und doppelt so groß wie Shoestring, aus dessen Bart immer noch Wasser tropfte. Dann begaben wir uns zum lokalen Waschsalon, wo aus den Verkaufsautomaten schon vor Jahren das letzte Snickers gezogen worden war und ein paar betrunkene Mexikaner Wäsche wuschen.

»Diese Stadt fährt zur Hölle«, sagte Shoestring und steckte seinen Schlafsack, seine Jacke, seine Hose, die Isomatte und auch die Pappe in den Trockner. Eine Weile standen wir einfach nur davor und schauten zu, wie das Schild hochgewirbelt wurde und wieder runterfiel, wie die Buchstaben anfingen, auf dem Karton zu tanzen.

Auf dem Weg zu Marvin's Foodstore passierte uns ein Polizeiwagen.

Shoestring blieb stehen und schaute ihm misstrauisch hinterher. Drehte er um?

Nein. Die Reifen schleuderten weiter die Nässe in die Luft.

Im Supermarkt kauften wir uns ein paar Müsliriegel, ein paar Dosen Chili und setzten uns dann draußen auf die Bank, die für die rauchenden Mitarbeiter gedacht war. Sie stand etwas außer Sichtweite, aber wir konnten hier sicherlich nicht den ganzen Tag rumhängen.

Eine Frau mit Schürze setzte sich neben uns und steckte sich eine Newport an. Platinblonde Haare, randlose Brille, breit in den Schultern, und wie es nur Amerikaner können, redete sie ohne Einführung drauflos und erzählte mir, dass sie eben eine ganze Stiege Chilidosen hochgehoben habe, kein Problem, da habe nichts geknackt, sie habe es immer noch drauf, auch noch mit 60 Jahren.

So wie Elliot im Dschungel von Shreveport seine Sprache mit whatever und like weichgespült hatte, so pfefferte die Lady ihr Englisch mit bitch und fuck. Sie war mir augenblicklich sympathisch.

»Ihr seid auf der Durchreise?«, fragte sie.

»Yes, Ma'am.«

»Wie kommt ihr rum?«

»Per Anhalter«, antwortete Shoestring, der Fremden ungern die Wahrheit sagte.

»Dann passt hier mal schön auf. Die Bullen haben nichts Besseres zu tun, als Ärger zu machen. Korrupte Schwanzlutscher sind das mit einem sehr nervösen Finger. Versteht ihr?«

»Yes, Ma'am.«

»Ich muss es wissen, denn ich war selbst Polizistin. Hielt es aber einfach nicht mehr aus. Jetzt arbeite ich im Supermarkt und fülle Regale auf und achte drauf, dass alle Etiketten nach vorne ausgerichtet sind. Mir geht es viel besser. Ach, wo wir vom Teufel reden …«

Diesmal kreuzte der Polizeiwagen auf der anderen Straßenseite. Er war also doch zurückgekommen. Der Bulle schaute durch die feuchte Fensterscheibe zu uns rüber.

Die Lady steckte sich eine neue Newport zwischen die Lippen. Ich gab ihr Feuer, und die Flamme tanzte kurz in ihren Augen auf. »Observe and report. Beim dritten Mal wird er euch auseinandernehmen«, sagte sie und nickte.

Wir schwiegen eine Weile. Hielten Ausschau nach dem Polizeiauto.

»Seht ihr den Holzzaun da hinter dem Markt?«

»Yes, Ma'am.«

»Geht an den Mülltonnen vorbei, dann kommt ihr zu einer kleinen Tür. Dahinter liegt der Friedhof. Da gibt es eine ehemalige Kapelle. Dort seid ihr außer Sichtweite.«

»Das ist sehr nett von Ihnen, Ma'am.«

»Keine Ursache. Lauft diesen Schwanzlutschern bloß nicht in die Arme.«

Die Luft war feucht und warm, der Boden gesättigt vom Regen der letzten Tage, überall standen kleine Pfützen und flossen nicht ab.

In der Kapelle – sie war offen nach allen Seiten, hatte aber ein Dach und mehrere Sitzbänke – schlugen wir uns die Zeit um die Ohren. Shoestring holte aus der Mülltonne des Supermarktes eine Wassermelone, und wir schnitten sie mit dem Messer auf und aßen sie. Danach ging ich zum Family Dollar ein paar Blocks weiter südlich und kaufte zehn Paar Socken. Die Hälfte gab ich Shoestring, und in meinem ganzen Leben habe ich noch keinen Menschen gesehen, der sich so echt über Socken freute.

»Oh Mann«, sagte er, »das ist wie Weihnachten, danke, Mann!« Er zog sie gleich an, trug immer mindestens drei Paar übereinander.

Auf dem angrenzenden Friedhof fuhren die Autos in bester amerikanischer Manier direkt bis zum Grab vor. Die Menschen stiegen aus ihren hohen Pick-ups, legten Blumen hin, stiegen wieder ein, und nach einem Tritt aufs Gas schmissen die Reifen Erde auf. Ein an sich friedlicher Ort, schön sogar, weil einige Teile des Friedhofs nicht gemäht wurden und die Wiesen deswegen voller blauer Lupinen und Indianerpinsel waren, die sich im leichten Wind hin und her wiegten. Wenn man nur nicht ständig das Gefühl gehabt hätte, etwas Falsches zu tun, aus der Reihe zu tanzen, ein Aussätziger zu sein, den man sofort allen Übels verdächtigte.

Ich ging auf dem Friedhof spazieren, irgendwie musste ich mir die Zeit bis zum Sonnenuntergang vertreiben. Die Gleise lagen nur 150 Meter entfernt, auf der anderen Seite der Hauptstraße, aber alles war so offen und einsehbar, dass nicht daran zu denken war, uns am helllichten Tag dort hinzubegeben. Wir würden auffallen wie zwei Schwarze bei einem Treffen des Ku-Klux-Klans.

US-Flaggen überall, auf den Grabsteinen die Namen von Indianern, von jungen Sporthelden aus der Highschool, die vielleicht zu betrunken Auto gefahren waren und deren nun unvollendetes Potenzial betrauert wurde.

An einem Grab auf einem Hügel stand ein blauer Ford Laredo Pickup. Der Fahrer beäugte mich im Rückspiegel. Er trug eine Brille.

Ich lief an dem Wagen vorbei.

Er fuhr ein paar Hundert Meter vor, hielt an, schaute wieder in den Rückspiegel.

Was sollte das?

Ich drehte um und ging wieder Richtung Kapelle. Dann dachte ich: Vielleicht solltest du die Aufmerksamkeit nicht auch noch auf Shoestring lenken. Ich lief deswegen an unserem Unterschlupf vorbei zum Supermarkt, um mir ein kaltes Getränk zu kaufen. Ich trat durch die Tür, ging ein paar Meter, dann drehte ich mich um.

Der Mann mit der Brille parkte nun unmittelbar vor der Eingangstür. Von seinem Hochsitz aus starrte er mich an.

In den tausend Gängen suchte ich nach einer Cola. Als ich sie nach fünf Minuten gefunden hatte, ging ich zur Kasse, zahlte mit geschenktem Kleingeld und ging raus auf den Parkplatz.

Vor der Eingangstür stand kein Auto mehr.

Ich öffnete die Cola und schaute mich um. Ein paar alte Cadillacs, ein paar Toyotas, einsam rumstehende Einkaufswagen.

Doch, er war immer noch da. Weiter vorne auf dem Parkplatz, zur Hauptstraße hin. Starrte mich immer noch an.

Wer war der Penner? Ein selbst ernannter Sittenwächter?

Ich schmiss die Cola auf den Boden und rannte los, direkt auf ihn zu. Es waren vielleicht 50 Meter bis zu dem blauen Laredo.

Plötzlich überlegte es sich der Fahrer wohl anders, haute den Gang rein, bog auf die Hauptstraße und fuhr in südlicher Richtung davon. Ich bekam nur noch sein Nummernschild zu sehen, auf dem, wie zum Hohn, »Explore Oklahoma« stand.

Am frühen Abend parkten immer mehr Autos auf dem Friedhof, ausgerechnet in Nähe der Kapelle. Alle starrten uns an.

Bevor das Wort Hobo um 1890 offiziell wurde, fasste man alle Vagabunden unter dem Begriff Tramp zusammen, und nach dem Finanzcrash von 1873 und der folgenden Depression gab es verdammt viele davon, ungefähr drei Millionen. Durch die Eisenbahn waren sie zum ersten Mal nicht dazu verdammt, stationär vor Ort zu bleiben, sondern zogen quer durch das Land. Was all den Sesshaften und guten Bürgern natürlich nicht passte. Wobei »nicht passen« eine maßlose Untertreibung ist. Vorher noch vernachlässigbar, weil ihn seine Routen weit in die westlichen Bergwerkgegenden und Stätten des Eisenbahnbaus führten, verwandelte sich der Tramp nun von einer Last zu einer Bedrohung. Die *Chicago Tribune* zum Beispiel veröffentlichte 1877 den Rat, einfach etwas Strychnin oder Arsen in das Fleisch zu tun, das man dann den bettelnden Horden geben solle. Farmer schlugen vor, dass man sich doch die Russen mit ihrem Sibirien zum Vorbild nehmen könnte. Obdachlosigkeit als Verbrechen. Obwohl es ein durch die Verfassung verbrieftes Recht auf freie Bewegung gibt. Man hielt Anti-Tramp-Konferenzen ab, auf denen beraten wurde, wie am besten vorzugehen sei. Andere wurden da gleich wesentlich konkreter. Im *Newburyport Herald* schrieb einer, man solle die ganzen Tramps doch in eine Zisterne stecken und Wasser einfüllen, ein anderer im *New York Herald,* dass das beste Mahl, das man einem Tramp geben könne, eines aus Blei sei. Ein alter Reim aus England schallte über das Land: Hark, hark, the dogs do bark, the beggars are coming to town.*

Shoestring strich sich durch den Bart und sagte: »Ich krieg langsam ein ganz mieses Gefühl. Ich fühl mich wie eine Zielscheibe auf einem Schießstand am Jahrmarkt.«

»Geht mir nicht anders. Wahrscheinlich haben wir bald das Gesetz am Hals. Könnte mir gut vorstellen, dass der Kerl im Laredo die Bullen gerufen hat.«

»We need to get out of Dodge.«**

»Aber wohin?«

Shoestring schaute die Straße hoch. Wir befanden uns am Ende des Ortes, und da war nichts anderes mehr übrig als eben Straße. Eine halbe Meile weiter stand ein Baum am Gleis, aber das war ein unnötiges Risiko. Wenn wir jetzt groß »Das Wandern ist des Müllers Lust« spielten, provozierte das nur die Polizei. Da würde uns auch nicht die Ausrede helfen, dass wir den berühmten Runenstein von Heavener sehen wollten, von dem keiner eine Ahnung hat, wie zum Teufel er in das weit vom Meer entfernte Oklahoma gelangt ist.

Der Catch Out Spot war ja genau gegenüber, höchstens 100 Meter entfernt, aber der Weg zu der Stelle, wo man auf den Zug springt, hätte genauso gut über ein Minenfeld führen können.

Wir schulterten unsere Rucksäcke. Unter den Blicken der Friedhofsbesucher gingen wir wieder zum Supermarkt und zu der Bank, an der wir die nette Lady getroffen hatten. Schauten uns um. Daneben waren ein Subway und eine Tanke, auf der anderen Straßenseite ein heruntergekommenes Motel und der Autoteileladen O'Reillys.

Wenn ich jetzt darüber nachdenke, dass wir tatsächlich einen Plan erarbeiteten, um die Straße zu überqueren und zu den Gleisen zu gelangen, wird mir noch mal klar, was für ein absurdes Gefühl es war, in den USA mit dem Rucksack unterwegs zu sein, ohne die Sicherheit

---

* Frei übersetzt: Gell, gell, der Hunde lautes Gebell, die Bettler kommen in die Stadt.
** Dodge City, Kansas, war im Wilden Westen für seine Schlägereien und Schießereien berüchtigt. To get out of Dodge: sich einer brenzligen Situation entziehen.

und den damit verbundenen Status eines Autos. Während sich in Deutschland keiner auch nur einen Dreck darum schert, ob man einen Rucksack aufhat oder nicht, während es total normal ist, überall hinzulaufen, ja, sogar schon fast verpönt, mit dem Auto zu fahren, waren wir dort drüben zwei grellrote Bojen in einer grauen gefährlichen See.

Wir gingen in Richtung Motel, so könnten wir immer noch sagen, wir suchten eine Unterkunft für die Nacht. Einmal hatte die Polizei Shoestring tatsächlich bis zur Rezeption begleitet, um zu sehen, ob er auch die Kohle dafür hatte. Im Prinzip ist es in den USA verboten, kein Geld bei sich zu haben. Haste 50 Dollar in der Tasche, kannste ein Mörder sein, interessiert keinen.

Zwischen dem Motel und O'Reillys gab es einen kleinen Weg zu den Gleisen, eigentlich perfekt. Allerdings lag zwischen beiden Gebäuden und den Schienen eine Senke, die durch und durch mit Matsch gefüllt war.

An der Rückseite von O'Reillys hingen außerdem zwei Kameras und schauten uns mit ihren kalten Augen an. »Fuck«, sagte Shoestring und drückte sich näher an die Wand. Dann spähte er um die Ecke, ich lauschte nach Autos auf der Straße. Als der Moment richtig war, nickten wir uns zu. Wie zwei Einbrecher in einem Cartoon auf Zehenspitzen schleichend, stahlen wir uns zum nächsten Gebäude: einem BBQ-Laden, der bereits geschlossen war.

20 Uhr. Die Sonne ging unter, und die Flutlichter am Gebäude von O'Reillys an. Wir warteten ab, bis das Auto des letzten Mitarbeiters unter knirschendem Kies den Parkplatz verließ. Dann liefen wir noch ein paar Meter Richtung Gleise und warfen uns ins kniehohe Gras.

In diesem Moment rückte die Polizei mit zwei Wagen an.

Wir schoben vorsichtig die Grashalme beiseite und schauten Richtung Straße. Das Gesetz war 50 Meter entfernt. Wuchtige Geländewagen. Schwarz-weiß. Hohe Antennen. Sirenen hinten und vorne. Einer stellte sich bei O'Reillys auf, der andere in unserer Sichtachse Richtung Supermarkt.

Wir robbten Richtung Gleisbett. Vom Gras ging es in die matschige Senke. Frösche quakten. Ein paar Hobos vor uns waren auf die gute

Idee gekommen, Querbalken auszulegen. Wir rutschten so weit runter, dass man uns von der Straßenseite auf keinen Fall mehr sehen konnte. Auch von den Gleisen her waren wir gut geschützt. Die Stelle war zu beiden Seiten von hochwachsenden Büschen eingerahmt.

Im Bahngelände weiter nördlich knallten Waggons an Waggons, und Loks kommunizierten miteinander wie Priester und Gemeinde in einer Gospelkirche.

Es wurde dunkel. Sich in die Schatten stellen zu können heißt, unsichtbar zu werden. Jeden Tag begrüßten wir die Dunkelheit wie einen guten, schon lange nicht mehr gesehenen Freund.

Wir warteten. Ich erzählte Shoestring von Europa. Davon, dass in den Städten die Menschen zu Fuß unterwegs sind und du nicht auffällst mit einem Rucksack. Er konnte es nicht fassen. Für mein persönliches Leben zu Hause interessierte er sich kaum, aber zu diesem Thema stellte er ein halbes Dutzend Fragen.

Ein Zug fuhr ein, hielt an. Shoestring stand auf, sagte, ich solle nach dem Gepäck schauen, und lief den Zug ab. Zehn Minuten vergingen, dann eine Viertelstunde. Ich begann, mir Sorgen zu machen. Lauschte nach seinen Schritten auf dem Schotter, hörte aber nichts.

Schließlich kam er zurück, kopfschüttelnd. Stöhnend setzte er sich wieder hin. »Gott«, sagte er, »mir tut alles weh.« Es waren stechende, für seine ausgeheilte Hepatitis C typische Schmerzen in den Hüft- und Schultergelenken. Er schob sich etwas Tabak in die Backe, spuckte aus, schaute in die Dunkelheit.

Die Bremsen des Zuges zischten, er setzte sich in Bewegung und fuhr davon.

Als es wieder still war, sagte Shoestring: »Ich sollte schon lange tot sein. Wie oft habe ich mich einfach krank irgendwo in den Busch gerollt und gedacht, jetzt ist es wohl so weit. Irgendein Auto hätte mich am Straßenrand umfahren können. Ich hätte bei einer Entgleisung draufgehen können. Irgendwie habe ich immer Glück.« Kurze Pause. »Gott, diese scheiß Schmerzen.« Er kramte durch seine Handwerkertasche, holte ein paar Benedril heraus und schmiss sie sich in den Mund wie Gummibärchen.

Um kurz nach Mitternacht wurden die quakenden Frösche durch den einrollenden Zug übertönt. Sechs Loks schoben sich an uns vorbei. Jede Menge Power und Zugkraft, ein untrügliches Zeichen: Der Zug wollte Strecke machen.

Das hintere Ende kam knirschend direkt vor uns zum Stehen.

»Polizei immer noch da?«, fragte Shoestring.

Ich spähte durch das Gras zur Straße. »Nein, beide abgehauen.«

Wir richteten uns auf. Es war dunkel, die Polizei verschwunden, die 1st Street leer. In aller Ruhe suchten wir nach einem passenden Waggon.

Der Tag auf dem Schießstand hatte uns wahnsinnig ermüdet. Aber als der Zug dröhnend eingefahren war, wir die Sirene hörten, da war es plötzlich wie ein Wind auf hoher See nach drei Tagen Flaute. Das Versprechen eines anderen Ortes, das metaphorische nächste fruchtbare Tal hinter der kargen Bergkette. Dem Gesetz und dem besorgten Bürger ein Schnippchen geschlagen, ein wichtiger Bestandteil im Leben eines Hobos, manchmal nichts weniger als ein Elixier.

Als der Zug losfuhr, streckte Shoestring der Stadt den Mittelfinger hin und sagte: »Fuck you, Heavener.«

Wir waren beide knallwach. Der Himmel hatte sich schick gemacht, die Sterne funkelten. Ich lag in meinem Schlafsack auf meiner Pappe. Sie war wunderbar weich, und ich konnte gut verstehen, dass Iowa Blackie neben seinen Oden an Jewel auch Gedichte über diese billige Form der Wärmeisolation geschrieben hatte. Shoestring stand an der Leiter, den einen Arm zur Sicherheit durch zwei Sprossen gehängt, und schaute hoch zum Mond.

Der Zug ratterte und dröhnte, rumpelte über die Gleise und durch die Nacht. Der Fahrtwind wirbelte uns um die Ohren, und ich zündete mir eine Zigarette an: Sie schmeckte fast so gut wie nach anderen Tätigkeiten, die man in der Horizontalen ausführt.

5

Am Morgen war Shoestring guter Dinge und furzte laut.

In der Nacht hatten wir den Arkansas River überquert: eine große Brücke, ein noch größerer Abgrund. Der Arkansas ist mächtig, tief und lang, aber sein Gurgeln war nicht zu hören.

Weiter durch das Mittelgebirge, entlang an kleinen, klaren Flüssen. Während unsere Mitfahrgelegenheit von rostroten Tönen, von schwarzen und fettigen Farben dominiert war, leuchtete der Wald in wundervollem lebendigen Grün. Dann wurden aus den Bergen erst Hügel, und schließlich flachte das Land ganz ab. Links und rechts der Gleise erstreckten sich nun Felder. Auf manchen waren Traktoren unterwegs, andere lagen in aller Stille da und warteten darauf, bestellt zu werden. Im Schneidersitz saßen wir auf der Plattform wie auf einem fliegenden Teppich. Die Sonne schien, der Wind spielte mir um die Nase. Ich rauchte, Shoestring verschlang Gummibärchen. Der Zug holperte über die Gleise, wir waren in Kansas.

An den Bahnübergängen in Ortschaften und Städten Dutzende Autos. Gedanken an die paranoiden Amerikaner und ihre nervösen Telefonfinger mit direkter Leitung zum Sheriff gingen mir durch den Kopf. See something, say something. Total sinnlos, diese Angst. Alle Köpfe über die Bildschirme der Telefone gebeugt: see nothing.

Es war ein gigantisches Gefühl: da zu sein und nicht gesehen zu werden. Aber, und das ist ein großes Aber, wie oft geht es einem selbst so im Leben? Da hat man etwas Bemerkenswertes direkt vor der Nase, doch man nimmt es nicht wahr, weil man zu beschäftigt mit anderen Dingen ist.

Wir waren die blinden Passagiere auf den Güterzügen. Alle Arten von Insekten waren die blinden Passagiere auf unseren Körpern: Raupen, Ameisen und eine Spinne, die ich tagelang nicht loswurde, während sie sich in meiner Hose versteckte und mir die Beine zerbiss.

Shoestring indes kämpfte mit der Verdauung. Seinen Eimer hatte er in einem alten, schon seit zwei Jahren nicht mehr benutzten Lager neben den Gleisen in Pittsburg, Kansas, abgestellt, und nun waren wir unterwegs in die Stadt, von der er sagte, hier habe er immer gut Kasse gemacht. Am Rande einer ruhigen Häusersiedlung mit Rutschen und Schaukeln in den Gärten kamen wir aus dem Gelände. Shoestring blieb stehen.

»Was ist los?«, fragte ich.

Er verzog das Gesicht.

»Was ist los?«

»*Das* war kein Furz«, sagte er. In Norddeutschland heißt es: Da kam Land mit.

Shoestring hockte sich ins Gebüsch und machte sich mit Babytüchern sauber. Jeder von uns hatte eine Familienpackung davon im Rucksack. Ich stand neben einem Mann, der in seinen Taschen alles, aber keinen Haustürschlüssel hatte, und rauchte.

Aus dem Gebüsch Shoestrings Stimme: »Mann, einmal ist mir das hinter dem Walmart passiert, aber da gab es zwei Pfützen, und ich hab mich wie ein Vogel geputzt, erst in die eine Pfütze, dann in die andere. Oder damals in Washington, D. C., ich glaube, das war in der King Street, da gab es nichts außer einem Martin-Luther-King-Denkmal, ungefähr brusthoch, hab mich dahintergeduckt, und los ging's. Hab mich wie ein Neandertaler gefühlt.«

Schließlich zog er sich die Hosen wieder hoch, streckte sich und schulterte seinen Rucksack. »Schon viel besser«, sagte er, und wir liefen die Straße hinauf.

Die Sonne stand in unserem Rücken, fiel auf die gemähten Rasenflächen vor den Häusern und brachte den Tau zum Glitzern. Nach ein paar Minuten passierten wir einen Kindergarten zur Linken, die Kleinen tobten über den Hof. Als sie uns sahen, kamen sie zum Zaun gerannt. Shoestring winkte ihnen zu, zog Grimassen. Die Kinder sprangen auf und ab.

Shoestring liebt Kinder. Kinder und Hunde. Das sind die Einzigen, die ihm vorurteilsfrei begegnen.

An einer Drogerie bogen wir rechts auf den Broadway, schon ragten in etwa einer halben Meile Entfernung die Schilder von Walmart,

McDonald's und Starbucks in luftige Höhen. Shoestring lief links von mir, immer direkt an der Straße, sodass die Autofahrer die Pappe über den bedürftigen Armeeveteranen lesen konnten, die er für solche Gelegenheiten hinten am Rucksack befestigte. Er schritt stramm dahin. Seine Kraft, von der er einiges in Alaska verloren hatte, kehrte wieder zurück.

Eine Frau hielt an, fragte durch das offene Fenster, ob wir auf der Durchreise seien. »Yes, Ma'am«, sagte Shoestring. Sie warf ihm einen Beutel mit Wechselgeld zu, mit der Entschuldigung, dass es nicht viel sei. Shoestring verbeugte sich, »Gott segne Sie.« Eine spätere Zählung würde den Inhalt auf 20 Dollar beziffern. Der Tag fing gut an.

In einer schattigen Ecke neben dem Walmart wechselte Shoestring seine Hose und zog sich ein Armeeteil an. »Mann«, sagte er, »hoffentlich kann ich einen schnellen Zehner machen, um Mohn zu kaufen.« Er ließ die Schultern rotieren, den Nacken knacken. »An die Arbeit.«

Er stellte sich etwa 20 Meter vom Haupteingang des Walmart auf, platzierte den Rucksack vor seine Füße und richtete das US-Fähnchen her, das an der Seite steckte. Er nahm einen breitbeinigen, militärischen Stand ein, die Hände über Kreuz, in der einen den Wasserkanister.

Es heißt, dass die härtesten Jahre für einen Hobo die zwischen 40 und 60 sind, denn da ist er schon zu alt, um die Sympathie zu bekommen, die einem Straßenkind zusteht, aber noch zu jung, um als hilfsbedürftiger alter Mann durchzugehen. Shoestring war 46 Jahre alt. Nie sprach er jemanden an, immer stand er still da, vielleicht mal ein Nicken hier, ein Nicken dort, mit einem »Good day to you, Ma'am« oder einem knappen »Sir«. Früher hatte er noch ordentlich getrickst, sich eine kaputte Brille gekauft und aufgesetzt oder die Schuhe mit Klebeband geflickt, obwohl sie es nicht nötig hatten. Nicht, dass er heute nicht mehr tricksen würde, aber inzwischen verleihen ihm der Rauschebart und sein militärischer Aufzug eine gewisse Seriosität an den Straßenecken und vor den Supermärkten des Landes. Meistens.

Eine Frau in einem weißen T-Shirt in Übergröße walzte mit einem Einkaufswagen voller Tiefkühlspeisen an Shoestring vorbei, Richtung

Parkplatz. »Ich kann diesen Scheiß echt nicht mehr sehen«, sagte sie zu ihrer Tochter, die neben ihr ging.

»Was für einen Scheiß?«, fragte Shoestring.

Einen Ausdruck der völligen Verachtung auf dem Gesicht, lief die Frau einfach weiter.

»Ma'am«, rief Shoestring ihr hinterher, »welchen Scheiß???«

Trotzdem machte er Kasse, innerhalb einer Stunde hatte er schon 20 Dollar zusammen, einen McDonald's-Gutschein sowie ein gutes Dutzend Kuchen der Marke Debbie, die ein Lieferant ihm dagelassen hatte.

Auf dem Behindertenparkplatz direkt vor ihm stand ein Wagen, dessen Kennzeichen den Fahrer als Überlebenden des Zweiten Weltkriegs auswies. »Mann«, sagte Shoestring. »Der Kerl muss alt sein. Ich würde gerne mit ihm reden.«

Eine halbe Stunde später – da hatte er einen weiteren Zehner kassiert – kam ein grauhaariger Mann sehr langsam auf den Wagen zu, die Haut um seinen Hals war faltig wie die eines Truthahns.

»Entschuldigen Sie bitte, Sir, sind Sie Veteran?«, fragte Shoestring.

»Yes, Sir.«

»Wo haben Sie gedient?«

»In Pearl Harbour, auf einem Zerstörer.«

Shoestring mag vieles sein – Überlebensstratege, Gauner, Landstreicher, Träumer, herzlich, großzügig, weise, neugierig –, aber Small Talk ist nicht seins. Er sagte einfach nur: »Wow.« Und nach ein paar weiteren Sekunden des Überlegens: »Well … thank you for your service, Sir.«

Die drei Loks auf dem Nebengleis wummerten 24 Stunden, Tag und Nacht: Dieselmaschinen im Leerlauf – das ist billiger, als sie auszuschalten. Für Shoestring ein so bekanntes Hintergrundgeräusch wie für die Anwohner einer Ampelkreuzung der Verkehrslärm.

Eine halbe Meile südlich einer Brücke gingen wir durch das hüfthohe Präriegras, überquerten die Gleise und duckten uns dann in der Nähe des Gütergeländes zwischen ein paar Pappeln um die Ecke eines

Betonquaders. Shoestring lud die Tüten mit Würstchen und Steaks, Äpfeln und Süßigkeiten ab, ein Lächeln auf den Lippen, das immer dann auftauchte, wenn er ordentlich Kasse gemacht und sein Tagesziel erreicht hatte. Es ist das Spiel des Sichdurchschlagens, und wie viele andere Hobos auch schafft es Shoestring, eine gewisse Befriedigung aus diesem Spiel zu ziehen.

Mit Schwung zog er die Machete aus ihrer Scheide und schlug den Wuchs des letzten Jahres wieder zurück. Hackte morsches Holz entzwei und schichtete es neben der Feuerstelle auf. Erzählte, früher sei es üblich gewesen, dass die Vorgänger im Dschungel, wenn sie das Lager verließen, ein paar Bier und ein paar Dollar für den Nächsten daließen. Aber diese Zeiten seien vorbei.

In einer Ecke des Lagers, schon fast überwuchert vom Dickicht, lag ein Berg leerer Bierdosen. Milwaukees Best Ice und Steel Reserve. Letzteres hatte Tuck in seinen ganzen Erzählungen flüssiges Heroin genannt, aufgrund des hohen Alkoholgehalts von 8,1 Umdrehungen.

»Sind das deine?«, fragte ich Shoestring, der das Holz entzündete. Das Feuer verbrannte sofort das Gras ringsum. Bevor sich die Flammen weiter ausbreiten konnten, trat Shoestring sie aus. Schließlich zog sich ein schwarzer Streifen um die brennende Feuerstelle.

»Yeah«, sagte er. »Ich habe mir jeden Tag etwa 30 Dosen eingefahren. Nachts bin ich dann nach vier Stunden Schlaf aufgewacht, weil sich da schon die Entzugserscheinungen gemeldet haben. Aufgewacht und mir sofort ein Bier gegriffen. Angefangen hat das 94 oder 95, eigentlich, weil die anderen Hobos auch am Saufen waren. Da musste ich jeden Tag wesentlich mehr Geld machen als heute; 800 Dollar jeden Monat nur für Alk. Und wenn ich dann auf der Intensivstation oder im Knast gelandet bin, hat man mir jedes Mal schwere Schmerzmittel für den Entzug gegeben. Es war ein verdammter Teufelskreis.«

Die Temperatur betrug ungefähr 26 Grad, und der Wind wehte aus wechselnden Richtungen. Das Resultat war eine Rauchdusche, doch Shoestring sagte: »Einfach zulassen. Immerhin riechst du dann besser als buttcrack und nutcheese.«

Ich konnte fünf Minuten lang nicht aufhören, über die Wörter Poritze und Hodenschmalz zu lachen. Shoestring ebenso wenig. Es war herrlich im Gebüsch. Schließlich packte er, immer noch lachend, die Lebensmittel aus.

Ein Hobo kann sich tagelang von kaltem Chili ernähren, von Müsliriegeln und dem allgegenwärtigen billigen Fast Food, auch mal gar nichts essen – ab und zu muss es aber ein bisschen Luxus sein. Auf dem Menü der Hoboküche stand heute Steak mit Chicagogewürz, aufgeschnittener geräucherter Wurst, grünem Spargel und Zwiebeln. Das Ganze gestapelt und dann verfeinert mit einer großzügigen Menge Sweet European Cream Butter, für Shoestring der Inbegriff gehobener Küche. Zum Nachtisch gäbe es Bratäpfel, in deren Mitte Shoestring vorher Zimtbonbons drückte, plus Geheimzutat, also wieder Sweet European Cream Butter.

Das Steak verzehrte Shoestring später wie das Kotelett in Louisiana, er lutschte es. Das Feuer knisterte und briet unterdessen die Äpfel. Der Wind strich durch die Blätter der Pappeln, und an der Brücke summten die Loks wie ein Apartmentkomplex voller Bienenstöcke.

Shoestring leckte sich die Butter von den Fingern. Ich lehnte mich gegen einen Baumstumpf und sagte: »Mann, das ist das Leben, was?«

»Oh ja, ich würde nicht anders leben wollen, hab es schon zu oft versucht«, antwortete Shoestring und wickelte einen der nun fertigen Bratäpfel aus dem Aluminium. Der rote flüssige Zucker rann ihm über die Finger, und auch den leckte er genüsslich ab.

Dann, in Mannschaftsstärke, kamen die Zecken.

Es waren noch fast 900 Meilen bis nach Denver, und zwischen uns und der Mile High City lag der größte Güterbahnhof der Welt: Bailey Yard in North Platte, der aufgrund seines Ausmaßes auch das ökonomische Barometer Amerikas genannt wird. Elfeinhalb Quadratkilometer Gesamtfläche, 3,2 Kilometer breit und 13 Kilometer lang; 200 Gleisspuren, auf denen täglich im Schnitt 139 Züge mit 14 000 Waggons abgefertigt werden. Knotenpunkt für Züge nach Ost, West, an die Golfküste sowie die kanadische und mexikanische Grenze. Bailey Yard ist also alles andere als übersichtlich. Shoestring wollte ihn um jeden Preis vermeiden. Fast überflüssig, zu sagen, dass da bei einem Personalbestand von 2600 Mitarbeitern ein paar Sicherheitskräfte zu viel rumlaufen.

»Die haben null Toleranz gegenüber Hobos«, sagte Shoestring, als wir am nächsten Morgen wieder unterwegs in die Stadt waren. »Und warum? Wegen diesen ganzen dreckigen Kids. Die fahren zu elft auf einem Waggon, lassen sich von den Leitern hängen, in jeder Hand noch einen Hund am Schwanz, sind besoffen und grölen rum, und dann wundern sie sich, wenn man sie vom Zug schmeißt.«

Die vergangene Nacht mit der wutentbrannten Zeckenmiliz war kein Spaß gewesen. Ich holte Shoestring zwei von den Blutsaugern aus dem Bart, wo sie zappelnd nach Halt suchten. Eine war in meiner Achselhöhle, eine zwischen den Beinen. In der Dunkelheit standen wir auf dem Betonquader, beide mit heruntergelassenen Hosen im Mondschein, die Taschenlampe zur Untersuchung noch dazu. Bei dem armseligen Anblick hätte uns wahrscheinlich selbst der eifrigste Polizist in Ruhe gelassen.

Wir mussten den Dschungel verlassen und verlegten unser Lager auf eine Asphaltfläche in einer ruhigen Ecke des Gütergeländes. Am Morgen dann überall Autos, sie fuhren kreuz und quer. Alleine wäre ich aufgeregt wie ein Huhn ohne Kopf durch die Gegend gelaufen, aber Shoestring sagte: »Sind nur ein paar Arbeiter, die machen nichts.«

Wieder beruhigt, schälte ich mich aus dem Schafsack und wischte mich notdürftig mit einem Haufen Babytüchern ab, zog mir frische Socken an und schmiss die alten weg. Es war billiger, neue zu kaufen, als mit dem Gestank der getragenen umzugehen.

Jetzt liefen wir also wieder in die Stadt. Pittsburg war vor Kansas City die letzte Gelegenheit für Shoestring, ordentlich Kasse zu machen. KC war bummed out, von der Obdachlosenkonkurrenz abgegrast, Denver noch schlimmer.

Erst mal frühstücken, den 15-Dollar-Gutschein ausgeben für den mörderischen Hunger Shoestrings. Mehrere Cheeseburger, zwei Sausage Burritos, einen McMuffin und Eiscreme: alles in kürzester Zeit vernichtet und mit einem großen Kaffee mit sechs Milch und sechs Zucker runtergespült. Sein Körper, sagte Shoestring, sei so sehr daran gewöhnt, hohe Zuckermengen mit dem Alkohol aufzunehmen, dass er jetzt eben den trockenen Alkohol brauche.

Danach ließ er einen Furz fahren, so laut, dass er die Mauern des Weißen Hauses zum Einsturz hätte bringen können.

Shoestrings Arbeitstag begann. Eine Weile stand er wieder vorm Walmart, wechselte dann zum Family Dollar, schließlich stellte er sich gegenüber dem Drive-in-Ausgabefenster von Starbucks auf.

Ich setzte mich rein, um ihm durch meine Anwesenheit keine Konkurrenz zu machen, schrieb ein paar Zeilen in mein Notizbuch, beobachtete ihn durch das Fenster. Keiner in den Autos gab ihm was. Eine Stunde verging, dann kam er in den Laden, wo ein Dutzend junger Frauen in Shorts und die Daumen über den Bildschirmen der Handys um ihn rumschwirrten. Shoestring gab seine Bestellung auf, dann stand er in diesem Gewimmel aus hoffnungsfrohen und zuversichtlichen jungen Menschen, wie aus der Zeit gefallen.

Die Frau hinter dem Tresen rief seinen Namen. Shoestring hörte nichts. Stand einfach da im Auge des jugendlichen Sturms, die Hände vor dem Schoß gekreuzt, um ihn herum Geschnatter und das fauchende Zischen von Kaffeemaschinen. Ab und zu kratzte er sich am Hosenboden. Alle hielten etwas Abstand zu ihm. Ohne feindselig zu sein, eher in einstudierter Ignoranz. Er war unsichtbar, seine Erscheinung war ohne Esprit – aber da draußen in der Wildnis würde er, wenn es hart auf hart käme, all die jungen Dinger mit ihren schicken Sonnenbrillen und den Kreditkarten überleben.

Die Verkäuferin rief erneut seinen Namen. Er hörte nichts.

»SHOESTRING!«, schrie ich quer durch den Laden. Jetzt reagierte er, sagte »oh«, nahm sich seinen Eiskaffee, und wir setzten uns raus.

»Ich muss mehr Geld machen«, meinte er.

»Wie viel Uhr haben wir?«

Shoestring schaute auf den Schatten eines Stuhlbeins und sagte: »15:08 Uhr.«

Es war 15:06 Uhr.

»Reiche Leute sind die schlimmsten«, fügte er hinzu und trank seinen Eiskaffee (sechs Milch, sechs Zucker) in drei Zügen leer.

Wir wechselten den Ort und gingen zu einem Supermarkt in der Nähe der Pittsburg State University. Shoestring stand in der prallen Sonne rechts vor dem Eingang. Auf der anderen Straßenseite lief eine Gruppe Frauen in leuchtenden Shorts an einem perfekt manikürten Rasen vorbei: das Amerika der Möglichkeiten, das Amerika der Zukunft, das Amerika der – ach, keine Ahnung. Es war auf jeden Fall nicht Shoestrings Amerika.

Sein Amerika war es, vor dem Eingang von Ron's Supermarket auf eine gute Seele zu warten. Eine, die weiß, wie dunkel es im Keller der Gesellschaft sein kann. Eine, die Mitleid hat und etwas von ihrem Wohlstand abgibt. So eine gute Seele war der General der Armee im Ruhestand.

»Bist du Veteran?«, fragte er Shoestring.

»Jawohl, Sir, Hubschraubermechaniker.«

»Dann hör mal zu: Du gehst da jetzt rein und nimmst dir, was immer du willst.«

»Jawohl, Sir. Danke, Sir.«

»Und lass die Finger von dem billigen Zeug!«

Wieder aus dem Markt raus, beladen mit Tüten, ein Lächeln auf den Lippen. Jetzt war seine Erscheinung doch voller Esprit. Mit einer Ladung Cliffbars, Orangen, Chili mit Steak, Twizzlers, Gummibärchen, Babytüchern, Insektenspray und weiteren Lebensmitteln im Wert von 65 Dollar gingen wir zurück zum Lager und luden uns und die Beute auf dem Betonquader ab. Es gab nur ein Problem. Abgesehen von den Zecken. Der Supermarkt hatte keinen Mohn mehr gehabt.

Shoestring holte sein Telefon raus, ging in die Hocke und wählte eine Nummer.

»Hier ist Kroger, wie kann ich Ihnen helfen?«

»Ja, hallo, hier ist David Stevens.« Shoestring benutzte nicht nur einen falschen Namen, sondern verstellte auch seine Stimme. »Meine Frau ist gerade zurück vom Laden und meinte, dass es überhaupt keine

Mohnsamen mehr gibt. Aber sie will unbedingt an dem Kuchenverkauf ihrer Kirchengemeinde teilnehmen, braucht also eine anständige Menge.«

Ich hielt mir den Mund zu, um nicht laut loszulachen.

»Können Sie mir sagen, wann Sie Mohn wieder vorrätig haben?«

»Oh, das tut mir leid. Aber das weiß ich leider nicht genau. Die Lieferung sollte eigentlich heute schon da sein. Vielleicht rufen Sie morgen noch mal an?«

»Mach ich. Danke, Sir.« Shoestring legte auf. Zwirbelte mit den Fingern den Bart, schloss die Augen.

Ein Kohlenzug fuhr an uns vorbei, unterwegs von den Minen in Virginia nach Südwesten zu den Kraftwerken in Dallas. Die nach oben offenen Waggons waren fast bis zur Kante gefüllt, und die schwarze Masse schimmerte im Abendlicht.

Es dauerte mehrere Minuten, bis das Ende des Zuges uns passierte und das Grollen der schweren Ladung in der Ferne verschwand. Aus unserem Versteck konnte ich nun wieder auf die andere Seite der Gleise schauen. Dort fuhr ein Eiswagen von Haus zu Haus und kündigte seine Leckereien mit einem blechernen Lied an. Die Kinder kamen aus den Häusern gerannt und tanzten voller Freude um den Wagen.

Das Singen der Gleise, der melancholische Pfiff der Sirene, Kinderlachen, der Wind in den Kronen der Pappeln: ich glaube, das waren für Shoestring die schönsten Klänge von allen. Und genau so saß er da, wie ein Fakir im Schneidersitz, sein Gesicht voller Ruhe, die Augen immer noch geschlossen.

Er öffnete sie erst wieder, da war es schon dunkel, und begann, ebenfalls typisch für ihn, von etwas ganz anderem zu reden.

»Weißt du, es ist nicht so, als hätte ich nie gearbeitet. Aber irgendwann wurde es einfach zu schwer wegen dem ganzen Alkohol. Ich habe Dächer und Schindeln gereinigt, Möbel geschleppt, habe all diese Zwangsvollstreckungen gesehen. Die ganzen Leute haben ihren Scheiß einfach dagelassen. Jesus im Himmel! Wie viel die hatten! So viel Zeug. Wofür das alles? Wofür braucht man so viel … Zeug?«

Der Pfiff eines weiteren Zuges, der Ruf der Gleise, unterbrach Shoestring. Ich schnellte hoch aus der Hocke, um meinen Rucksack zu schultern.

»Hörst du die Kolben, wie sie wie verrückt knarren?«

Was ich hörte, war: Lärm.

»Die wurden nicht gewartet. Für die kurze Strecke gibt es nicht die gleichen Sicherheitsbestimmungen wie für die Langstrecke. Das ist ein Ortszug.«

»Verstehe.«

Ich setzte mich wieder hin, lehnte mich mit dem Rücken gegen meinen Rucksack. Shoestring kehrte zurück zum Thema Geld.

»Oder schau dir mal diesen Clown von Präsidenten an. Gibt damit an, 17 Milliarden zu haben. Wow. Wer braucht so viel Geld? Mir würden 17 000 genügen. Aber die Menschen hier haben eine Mikrowellenmentalität, wollen alles schnell schnell schnell. Und sie wollen Zeug, jede Menge Zeug.«

»Okay, sagen wir mal, wir gewinnen 1000 Dollar im Casino in Kansas City. Was machst du mit deinem Teil?«

Shoestring strich sich durch den Bart. »Hm, vor einem Jahr hätte ich noch gesagt, ich haue es für Alkohol und Koks raus.«

»Und jetzt?«

»Ein neues Paar Stiefel wäre toll.«

Ein Zug nach dem anderen rumpelte an unserem Lager vorbei, aber am nächsten Morgen waren wir immer noch in Pittsburg. Mussten erneut das Lager verlassen, weil wir anstatt des erhofften Zuges Richtung Kansas City ein Gewitter bekommen hatten. Wir retteten uns unter die nächste Brücke, eine halbe Meile weiter südlich. Der Himmel war grau, und die Temperatur fiel in den Keller.

Neben der Brücke befand sich eine Zementfabrik, wo man still und heimlich seine Wasserkanister auffüllen konnte.

Es begann zu regnen. Shoestring zog sich seine Pelzmütze aus Alaska auf, ich mir meine Jacke über. Der Wind peitschte den Regen unter die Brücke, und wir deckten unsere Rucksäcke mit Karton ab.

Wie so viele Brücken und Betonflächen war auch diese über und über mit Graffiti verziert, allerdings zeigten die Sprüche ganz deutlich, dass wir immer noch im Bibelgürtel waren: »Gott hasst Schwuchteln«, »Du brauchst Jesus«.

Der Regen wurde heftiger. Wir krabbelten den Abhang unter der Brücke hoch und hockten uns unter die niedrigste Stelle. Ein Obdachloser kam von der Straße runter, rauchte eine Zigarette, bot uns ein Bier an.

Shoestring sah ihn lange an. Dann lehnte er dankend ab.

Die Stunden vergingen. Die Kälte kroch mir unter die Jacke. Ich zitterte. Shoestring wickelte ein Bonbon aus der Plastikverpackung, lutschte es genüsslich und schaute sich auf seinem Telefon den neuen »Star Wars«-Trailer an, bestimmt drei- oder viermal, und die Geräusche von Lichtschwertern und donnernden Raumschiffen hallten vom Beton über uns wider. Ein ganzes Buch hat er im Leben noch nicht gelesen, Enzyklopädien ja, da könnte er stundenlang drüber brüten, aber kein Buch von vorne bis hinten, dafür reiche, wie er sagte, seine Konzentration einfach nicht.

In einer Regenpause kroch ich unter der Brücke hervor, stieg über die Leitplanke und ging die Straße entlang Richtung Stadt. In fast jedem Schaufenster war das Maskottchen der Footballmannschaft der Uni zu sehen, ein Gorilla. Das Motto: Welcome to the Jungle.

Ich öffnete die Glastür von Harry's Café, ging hinein und setzte mich auf einen Stuhl am Tresen. Ich schaute in den Spiegel an der Wand und sah, dass mein Bart wuchs, meine Stirn dreckige Flecken aufwies, meine Haare fettig wurden. Meine Augen wirkten müde, mein Gesicht war zerknautscht. Langsam vergaß ich, wer ich war. Langsam vergaß ich die Normalität meines Lebens auf der anderen Seite des Atlantiks; die warmen Mahlzeiten, die warmen Duschen, die warmen Berührungen meiner Geliebten. Es schien mir alles so fern. Ich erinnerte mich an einen Spruch aus vergangenen Zeiten, als die USA noch zum großen Teil wild waren: Ein Jahr in den Bergen ist wie ein ganzes Leben unten in der Siedlung. So war die Zeit mit Shoestring, so war die Zeit auf den Gleisen.

Ich duckte mich gerade wieder unter die Brücke und versuchte mit den beiden Kaffees in der Hand, auf der steilen Böschung nicht auszurutschen. Shoestring hing über seinem Telefon, vertieft in die Wettermeldungen. Ein Dutzend Stürme zog in unsere Richtung, wir waren hier ziemlich direkt in der berüchtigten Tornado Alley, aber in KC schien die Sonne.

»Fuck«, sagte Shoestring. »Wir schnappen uns das nächste rauchende Teil. Selbstmord oder Kohle, ist mir egal.« Dann rief er erneut bei Kroger an, aber die Lieferung hatte sich, leider, so sorry, aufgrund des Sturms verzögert. Shoestring bedankte sich höflich, legte auf, fluchte. Morgen würden sich die Entzugserscheinungen melden.

Aus dem Mittag wurde Nachmittag. Die feuchte Kälte fraß sich durch Pittsburg, und ich machte ein paar Hampelmänner.

Da! Die Sirene! Wir duckten uns neben unsere Rucksäcke hinter den Brückenpfeiler.

War Shoestring bislang die meiste Zeit ein bewundernswerter Vertreter des Stoizismus gewesen, begann er nun wieder zu fluchen: »This bitch-licking, ass-kissing, nigger-fucking local! Ich bin fast so weit, dass ich mich in die Bar setze und mir ein Bier bestelle!«

Ein Ortszug ist nie besonders lang. Das rostige, knirschende Biest würde direkt an unserem alten Lager halten, eine Meile weiter nördlich. Ich war nicht weniger gefrustet als Shoestring, doch sein Ausbruch beruhigte mich ein wenig. Allerdings ahnte ich nicht, dass es noch viel schlimmer kommen würde.

Es dämmerte, und die Temperatur fiel um ein paar weitere Grad. Shoestring überlegte. »Wir könnten den Notruf wählen und denen sagen, dass wir gleich Selbstmord begehen. Die fahren dich sofort den ganzen Weg bis nach KC, weil es hier keine Intensivstation gibt. Das hat immer ganz gut geklappt.«

»Das kaufen die dir vielleicht ab, aber bestimmt nicht so einem Anfänger wie mir.«

Shoestring zuckte mit den Schultern. Könnte sein, sagte er. »Oder wir klauen ein Auto, schieben es ganz still und leise aus der Auffahrt und lassen es dann sehr sauber am Ziel stehen.«

Auch das schien mir etwas riskant, obwohl es verlockend war. Ich wollte schon immer wissen, wie man ein Auto kurzschließt.

Mit dem abnehmenden Licht kam aber eine dritte Möglichkeit daher. Der heulende Pfiff einer Sirene.

»Endlich«, sagte Shoestring, als der Zug einfuhr, gemischte Fracht. »Meine Gebete wurden erhört.«

Zwei offene Boxen zogen an uns vorbei. Weiter und weiter und weiter. Dann blieb der Zug stehen, eine halbe Meile entfernt. Direkt neben einem Park in Sichtweite ein paar schöner, teuer aussehender Häuser mit großen Fenstern. Shoestrings Kollege John Burns war dort neulich von der Polizei erwischt worden. Eine besorgte Bürgerin hatte den Sheriff gerufen.

Wir schulterten die Rucksäcke und rannten aus der Deckung der Brücke in den Regen hinein. Am Bahnübergang standen ein paar Autos. Wir liefen einfach an ihnen vorbei. Das Ende des Zuges war immer noch 500 Meter entfernt. Zehn Minuten würde er stehen, sicherlich nicht länger. Wir knirschten durch den Schotter. Ein Getreidewaggon nach dem anderen, alle ohne Plattform.

Schließlich war der Park zu unserer Linken. »Los, auf die andere Seite«, sagte Shoestring. Der Zug könnte jede Sekunde losfahren, und ich umgriff mit doppelter Kraft die schmierigen Sprossen. Weiter durch den Schotter. Rechts von uns eine Spedition, Flutlicht. Ein Lkw wurde an einer der Rampen beladen. Die Arbeiter waren mit Paletten beschäftigt und bemerkten uns nicht.

Endlich waren wir an einer der beiden Boxen. Aber auf dieser Seite war sie zu. Shoestring kletterte wieder zwischen zwei Waggons hindurch auf die andere Seite. Ich ihm hinterher. »Gott sei Dank«, sagte er, als wir vor der offenen Tür des Schiebewandwagens standen, allerdings auch genau in der Sichtachse der Häuser mit den großen Fenstern. Ich schmiss meinen Rucksack in den Waggon. Dessen Tür bot einen 50 Zentimeter offenen Spalt. »Hoch mit dir«, sagte Shoestring, »schnell.«

Die Plattform eines Box Wagon ist etwa brusthoch. Ich suchte mir mit beiden Händen zur Linken und zur Rechten der Tür einen Griff, sprang hoch, setzte erst das eine Knie auf die Plattform, dann das zweite. Dann rollte ich rein und übernahm Shoestrings Rucksack. Die Bremsen zischten.

»Komm schon«, sagte ich. Shoestring antwortete nicht, sondern suchte zwischen dem Schotter irgendwas. Schließlich richtete er sich wieder auf, in der Hand zwei Eisenbahnnägel. Er schmiss sie in die Box, und in dem leeren Schuhkarton hallte es von den Wänden wider. Endlich zog sich Shoestring ebenfalls hoch. Der Zug rumpelte. Ich versteckte unser Gepäck in den Ecken.

Mit einem Stein haute Shoestring die beiden Nägel in die Türschiene, damit die Schiebewand nicht zufiel. Es gibt genügend Geschichten von Hobos, die im Winter erfroren sind oder im Sommer durchgebacken wurden. Wie Donnerschläge hörte sich der Vorgang an, und ich war mir sicher, dass man ihn noch in den schönen Häusern, die etwa 100 Meter entfernt waren, vernehmen würde.

Der Zug nahm Geschwindigkeit auf. Die Nägel waren ordentlich verbaut. Shoestring legte sich auf seine Isomatte, ich mich auf das kalte Metall. In dem ganzen Gerenne hatte ich meine Pappe verloren. Innerhalb von Minuten war es so laut, dass wir uns nicht mehr unterhalten konnten.

Es wurde dunkel, und draußen zogen die Straßenlaternen von Pittsburg an uns vorbei, während Shoestring ein Bonbon nach dem anderen aß und sich auf die Entzugserscheinungen vorbereitete.

Meine Blase drückte. Es war mein erster Box Wagon. Dieses sagenumwobene Boxcar der Hobos, kostenlose Kutsche durchs Land, Schutz vor Wind, Wetter und neugierigen Blicken. Mitfahrgelegenheit mit eingebautem Breitbildfernseher, ein immer wechselndes fesselndes Programm.

Ich dachte an die Millionen Hobos, die mit solchen Waggons durchs Land gefahren waren, gerade mal zwei Dollar in der Tasche. Ganz am Anfang tatsächlich oft unter dem Wagen. Riding the rods, nannte sich das. Da legten sie sich längs auf die Eisenstangen, die unterhalb des Waggons verliefen, wie ein Schaschlikspieß auf dem Grill, immer in der Hoffnung, dass der Zugführer sie nicht gesehen hatte, sonst würde er nämlich einen Stahlbolzen an einem Seil befestigen und ihn in das Gleisbett hüpfen lassen, bis er die Schreie der Hobos und schließlich ihren Sturz von den Streben hörte.

Damals war die gängige Devise: Um Hobos von Güterbahnhöfen fernzuhalten, solle man einfach jede unbefugte Person auf dem Gelände zusammenschlagen und alles im Dschungel zusammenschießen, Löcher in die Pfannen, jeden Verschlag niederreißen und die Klamotten ins Feuer werfen.

Die alten Hobos ritten trotzdem auf den Waggons, sie ritten auf den Kupplungen, auf dem Stoßfänger der Lok, versteckten sich im Kohlehaufen, der für den Ofen der Lok gedacht war, rieben sich die Schultern an Schafen und Kühen. Die Züge waren damals noch nicht so schnell wie heute, aber dafür hatte es wesentlich schlimmere Konsequenzen, erwischt zu werden. Im Prinzip lernten die Hobos, ihre Art von Pferd wie ein Indianer zu reiten: in jeder Position.

Die linke Tür war, wie gesagt, geschlossen, die rechte etwa 50 Zentimeter weit offen. Nun kann man auf Nummer sicher gehen und einfach an die geschlossene Tür pinkeln, so in etwa, dass erst alles an der Wand runterläuft und dann durch den freien Spalt in die Welt da draußen verschwindet. So machte ich es zunächst auch. Aber danach wurde bestimmt noch keiner süchtig, und schließlich war es ja auch Teil meiner Aufgabe, nachzuprüfen, ob solche Aussagen wie die von Tuck überhaupt haltbar waren.

Also stellte ich mich beim zweiten Mal an die offene Tür, suchte mir einen guten Halt mit der linken Hand. Der Wagen rumpelte und zuckte, draußen flog in der Dunkelheit Kansas vorbei. Ich öffnete den Reißverschluss und pinkelte aus dem Box Wagon raus. Eigentlich ziemlich dumm, muss man sagen. Ein ordentlicher Schlag, und du liegst da draußen und wirst geschreddert vom Schotter. Aber die Sache war die: Güterzüge fahren ist wie eine neue Sprache zu lernen. Erst quälst du dich, und alles liegt quer, dann steigst du langsam dahinter, und das Ganze fängt an, einen Spaß zu machen, den du vorher nicht für möglich gehalten hattest. Ob man allerdings gleich nach dem ersten Mal süchtig wird und gleich sein Leben umschmeißen will? Keine

Ahnung, vielleicht war es dafür noch zu früh. Aber es war ein verdammt guter Anfang.

6

Traindoc ist eine Ikone der Hobos. Eine bisweilen nicht leicht zu ertragende Person, weil er dir mit seinem Wissen eine ordentliche Bulette ans Ohr labern kann, aber dennoch eine Ikone. Einer, der gleichzeitig die Bilder von Vermeer liebt und seinen Bolzenschneider, mit dem er sich in besonderen restriktiven Bahnhofsgeländen den Weg freikämpft.

Mit dem größtmöglichen Stolz sagt der 70-jährige Vietnamveteran von sich: noch nie ein Auto besessen, keine Kreditkarte, weder Alkohol noch sonst eine Droge. Familie und Kinder schon mal gar nicht. Auf keinen Fall. Alles Ballast, unnötiger Ballast, ich sag's dir.

Im Winter wohnt Traindoc in Minneapolis. Aber wenn der Sommer kommt, begibt er sich mit seinem Marschgepäck, das einiges wiegen muss, wenn man sich seine breiten Schultern anschaut, auf die Gleise, um den Untergrundführer zu aktualisieren, der ihn unter Hobos landesweit bekannt machte.

In den 1980ern schlich sich Traindoc ohne Ausweis in die Bibliothek des Massachusetts Institute for Technology in Boston und schaute sich die großen Karten an. Stück für Stück trug er Informationen über die Güterbahnhöfe Amerikas zusammen. Begann, diese Info in einem Computer aufzuschreiben, katalogisierte die Güterbahnhöfe nach den Bundesstaaten, und irgendwann entstand so die erste Version jenes berühmten »Crew Change Guide«. Einer Art Reiseführer für Hobos, der weder an Neulinge noch Außenseiter weitergegeben werden darf. Wo ist der Dschungel, wo kann man lagern? Wie sieht es mit den Sicherheitsleuten aus? Ist der Yard heiß oder nicht? Wurde er vielleicht zugemacht, die Eisenbahngesellschaften zusammengelegt? Wird das Personal in diesem oder jenem Ort überhaupt noch gewechselt? Und so weiter und so fort, eigentlich nicht viel anders als die summarischen

Beschreibungen des Seefahrers James Cook von Ankerplätzen und Landzugängen. Der CCG ist ein dicht beschriebenes Kompendium, das einem zu Beginn vorkommt wie ein Buch mit sieben Siegeln, weil es durchsetzt ist mit technischen Begriffen und Abkürzungen. Trotz alldem stehen auch immer wieder solche Sätze drin: Nimm diese Route am besten bei Vollmond. Die Aussicht ist spektakulär.

In den folgenden Jahren sprach sich das Ganze herum, und alle möglichen Hobos schickten Traindoc Informationen über den noch so kleinsten Yard. Aus ein paar Blättern wurde der CCG; aus Traindoc eine Ikone.

Nach unserem Treffen im Los Cantaros in Oakland und seiner Absage – zu hohes Risiko für ihn, mit einem Ausländer erwischt zu werden – hatte ich eine Weile nichts mehr von ihm gehört, dann kamen plötzlich ein paar SMS mit diversen Tipps, schließlich telefonierten wir und stellten fest, dass wir zur selben Zeit in derselben Stadt sein würden.

Jetzt stand er in der Bahnhofshalle in Kansas City, einem großartigen alten Tempel der Bewegung, in den das Licht quer durch die großen Fenster hereinschien. Früher fuhren hier 100 Personenzüge pro Tag ab, die Passagiere saßen in Anzügen und Kleidern auf den Holzbänken und rauchten, die Beine übereinandergeschlagen, lasen Zeitung. Als der Bahnhof 1914 eröffnet wurde, war er der zweitgrößte des Landes, ein Gebäude von fast 80 000 Quadratmetern Grundfläche, mit 29 Meter hohen Decken und drei Kronleuchtern, die je 1600 Kilogramm wogen. Aufgrund der zentralen Lage von KC war der Bahnhof Knotenpunkt für sowohl Personen- als auch Güterverkehr. Am Ende des Zweiten Weltkriegs verteilten die Züge der Union Station jährlich bis zu 670 000 Passagiere.

Heute: noch nicht mal mehr ein Kiosk, an dem man Zigaretten oder Bier kaufen könnte. Stattdessen ein Museum, eine Bar, ein Restaurant. Das Gebäude immer noch monumental, aber es hat seine Seele verloren. Morgens fährt ein Fernzug ab und abends auch, dazwischen ein paar Regionalzüge. Dafür braucht man keine Riesenwartehalle mit

Holzbänken. Ein 50 Quadratmeter kleiner quadratischer Raum im hintersten Eck tut es auch, und in dem lag schon seit Stunden Shoestring, weil er seit dem frühen Morgen einen üblen Durchfall hatte und in der Nähe einer Toilette sein wollte.

Wo Shoestring zurückhaltend war, war Traindoc fast grell. Eine Ingenieurskappe auf dem Kopf, stand er in der Menge von Menschen, die sich einen Dreidollarkaffee kauften, und sein Oberkörper schnellte vor und zurück, nach rechts und nach links, als wäre er ein Boxer, der biegsam den Schlägen des Gegners ausweicht.

»Soooo«, sagte er, »du bist jetzt auch ein Illegaler, hmm? Du solltest dich was schämen, wirklich, schämen solltest du dich!«

»Schön dich zu sehen, Traindoc.«

»Wo kommst du denn jetzt her? Doch nicht aus Pittsburgh, Pennsylvania? Das wäre schnell gewesen, sehr, sehr schnell. Aber nicht unmöglich, nein, das wurde sicherlich schon mal gemacht.«

»Pittsburg, Kansas.«

»Ah, dieses Pittsburg, aha, ja, das hatte ich mir schon fast gedacht.«

»Haben sogar eine Box erwischt.«

»Was du nicht sagst. Die habe ich dort gar nicht mehr vermutet, sehr interessant. Wie lange war der Personalwechsel?«

»Etwa zehn Minuten. Manchmal länger, wenn sie noch eine Lok abgenommen haben.«

»Verstehe, toll, gut zu wissen, hm. Und wo? Immer noch an der Brücke zur 24. Straße?«

»Ja.«

»Gut, sehr gut, vielen Dank. Das ist sehr hilfreich.«

Traindocs blaue Augen sausten hinter der Brille hin und her wie der Wagen einer Schreibmaschine, während er die Informationen in seinem Gedächtnis notierte.

»Und mit wem bist du unterwegs?«, fragte er dann.

Im Wartesaal von Amtrak, das in den USA seit Anfang der 1970er den größten Teil des Personenfernverkehrs auf die Schiene bringt, hingen Systemkarten des Unternehmens, ein paar alte Bilder aus vergangenen

Tagen sowie eine Plakette, die auf die Expedition von Lewis und Clark hinwies.

Shoestring lag in einer Ecke auf dem Boden, die Beine angewinkelt, eine Hand unter dem Gesicht. Er schlief.

Morgens um vier waren wir aus dem Zug gefallen, da hatte er schon die Pobacken zusammengekniffen und gesagt, dass er vielleicht doch nicht eine Stunde zuvor das kalte Chili aus der Dose hätte essen sollen. Schnell überquerten wir in der Dunkelheit drei Gleise und die auf ihnen stehenden Züge, kamen in einem großen Industriegebiet am Missouri raus.

An einem Maschendrahtzaun blieb Shoestring stehen. »Willst du vielleicht zu Dan Baily?«, fragte er. »Er hängt in Dogman Tonys altem Lager rum, hat mir auf Facebook geschrieben, dass er ein kaltes Bier für mich hat. Außerdem kennt er jemanden, der Koks für 40 besorgen kann.

Ein unsichtbarer Sekundenzeiger tickte vor sich hin. Ich konnte sehen, wie es in ihm arbeitete. Ich hätte selbst nichts gegen ein Bier gehabt; meine Kehle war so trocken wie Schmirgelpapier. Der Sekundenzeiger tickte weiter.

»Ach komm«, sagte ich. »Lass uns einen Kaffee holen, und dann gehen wir wie geplant ins Casino. Vielleicht gewinnen wir tatsächlich ein Paar neue Stiefel für dich.«

Shoestring nickte, erleichtert über das eine, besorgt über das andere: »Mann, muss ich scheißen.«

Einen Zahn zulegend erreichten wir in wenigen Minuten eine Tankstelle. Hinter dem Plexiglas im Innenraum arbeitete ein Inder oder Pakistani. Shoestring ging rein. Nach 10 Sekunden flog die Tür auf, und laut fluchend kam er wieder raus. »Ich hasse diese verdammten Inder!«, schrie er in die Dunkelheit des Parkplatzes. »Immer am Amerikaner-Abziehen!«

Also ab in die Büsche. Ich kaufte uns Kaffee, machte etwas Small Talk mit dem Inder oder Pakistani, der mich daraufhin auf die Toilette ließ. An meinem Aussehen konnte es nicht gelegen haben. Shoestring kroch aus den Büschen, war nun ruhiger, eine kleine Tirade noch, dann tranken wir den Kaffee vor der Tanke. Der nächste Bus, der Casino Cruiser, fuhr erst in einer halben Stunde.

Wenig Verkehr in diesen frühen Stunden, aber zwei von drei Tankstellenkunden boten Shoestring und mir etwas an. Beide Male schwarze Frauen. Die eine wollte uns zum Frühstück einladen, die andere uns Bier kaufen.

»Bist du sicher?«, fragte sie, als Shoestring verneinte. »Bist du wirklich sicher?«

Der Sekundenzeiger tickte wieder. »Yes, Ma'am.«

Der Casino Cruiser passierte den KCS-Yard, wo die Loks in schönstem Schwarz-Rot-Gelb in die Wartungshallen fuhren. Ein kurzer Blick noch auf die erleuchtete Maschinerie, dann fiel Shoestring über seinen Rucksack und wollte einfach nur schlafen.

Drei große Trails, der Santa Fe, der Oregon und der California Trail, trafen sich einst in dieser Gegend und führten alle in den Westen. KC, Westport und das nahe Independence waren Orte, an denen man sich für den langen Trek ins Unbekannte ausrüstete.

Ein Problem in jenen Tagen war in diesem sich weit nach Westen ausstreckenden Land die Informationsvermittlung. Die Butterfield Overland Mail brauchte etwa 25 Tage, um Post in den Westen zu bringen, was so viel hieß, dass es drei Wochen dauern konnte, bis die Menschen am Pazifik von Ereignissen im Osten erfuhren. Die Central Overland California and Pikes Peak Express Company wollte das ändern und kam mit einer radikalen Idee um die Ecke. Statt der südlichen Route, die Butterfield Mail benutzte, plante sie eine zentrale Route über Salt Lake City in Utah. Das Ganze sollte in nur zehn Tagen vollbracht werden, per Reiterstaffel, im staubaufwirbelnden Dauergalopp. Der Pony Express war geboren. Hätte Shoestring zu Beginn des 19. Jahrhunderts gelebt, hätte er, wie gesagt, wahrscheinlich bei Lewis und Clark angeheuert. Um 1860 hingegen hätte er vielleicht die Anzeige des Pony Express aus der Zeitung gerissen, und die Warnung, bei Ausübung dieser Aufgabe drohe der Tod (Waisen bevorzugt), hätte ihn vielleicht nur beflügelt.

Der Pony Express schaffte es tatsächlich, die Post in zehn Tagen zuzustellen. Allerdings bekam die Firma den Vertrag trotzdem nicht und ging bankrott. Sie wurde von der Geschichte überholt, rasend schnell auf der linken Spur, in Form des transkontinentalen Telegrafen, der im Oktober 1861 auf Sendung ging.

Der im Bus schlafende Shoestring verpasste meine Gedanken ebenso wie auch Harrahs, Ameristar und noch ein paar andere Casinos, vor denen ein paar Leute in ihren Wohnmobilen auf den Parkplätzen übernachteten.

Nach einer halben Stunde schlug ich ihm auf die Schulter, er schüttelte sich, und wir stiegen am Isle of Capri Kansas City aus, einem käsigen Bau in Form eines Boots mit mehreren Wasserkanälen drum herum. Nun hieß es erst mal Zeit totschlagen für ein paar Pennys, und wer weiß: Vielleicht würde uns das Glück hold sein, und wir gewännen wirklich die Kohle für ein Paar neue Stiefel. Aber am Eingang standen dann die Sicherheitsleute von ihren Stühlen auf, und ihre Funkgeräte knisterten. Kurze Handbewegung, knappe Worte, abschätziger Blick.

Wutentbrannt stürmte Shoestring an die Bushaltestelle zurück und feuerte seinen Wasserkanister gegen das Plexiglas, das unter dem Aufprall vibrierte. »FUCK THIS SHIT«, schrie er. »ICH GEH NACH EUROPA!«

Unter der nahen Missouri-Brücke krabbelten die Obdachlosen der Stadt hervor. Ein paar von ihnen stellten sich neben uns an die Bushaltestelle. Kramten Zigarettenstummel aus den Hosentaschen, kicherten, redeten mit sich selbst, stanken.

»Shoestring«, sagte ich jetzt im Amtrak-Wartesaal.

»Was?«

»Traindoc ist hier.«

Er öffnete die Augen und setzte sich langsam auf. Neben ihm lag eine leere Gummibärchenpackung.

»Nun«, sagte Traindoc. »Es ist mir eine Freude und eine Ehre, Shoestring.«

Der stand auf. »Oh, ganz meinerseits.«

Wie zwei Kundschafter, die sich auf der Kreuzung eines Pfades in der Wildnis trafen, brauchten die beiden keine lange Warmlaufzeit. Traindoc sowieso nicht. Der redete glatt drauflos, sein Oberkörper bog sich immerzu vor und zurück.

Shoestring stand einfach da, die Arme nicht verschränkt, sondern sich selbst umfassend, als wäre ihm kalt. Später würde er mich fragen: »Mann, wo hat der Kerl die Energie her?«

Da war noch eine Person, aber sie hielt sich still im Hintergrund, ein junger Kerl namens Wylie in Skinny Jeans, auf dessen Knöcheln stand: »Road Worn«, von der Straße geprägt. Sein Job war es, Traindoc durch die Stadt zu fahren und ihm die neuesten Neuigkeiten über die drei unterschiedlichen Yards zu vermitteln.

»Oh, ich habe in diesen Tagen viel gelernt, sehr viel«, sagte Traindoc.

Ein paar Passagiere trafen für den Missouri River Runner nach St. Louis ein und setzten sich auf die kläglichen Überreste der einst zahllosen Holzbänke. Großer Hall im Wartesaal.

»Wart mal, ich hab was für dich«, sagte Shoestring, als wäre klar gewesen, dass man sich trifft. Aber für solche Fälle hat man tatsächlich immer etwas zum Tauschen dabei. Shoestring zog aus der obersten Tasche seines Rucksacks einen gelb-blauen Aufnäher der Alaska Railroad, der einzigen staatlichen Eisenbahngesellschaft für Frachtverkehr, und gab ihn Traindoc, der ihn wiederum annahm wie ein Chinese eine Visitenkarte: ehrfürchtig.

»Vielen Dank, wow! Bist du die Alaska gefahren?«

»Na klar.«

»Die haben mich verknackt.«

»Mich auch, Mann, mich auch.« Ein Lachen auf Shoestrings Gesicht.

»Der Staat Alaska gegen …«

Da die Güterzüge in Alaska die einzigen nicht privaten Unternehmen sind, hat man in so einem Fall immer gleich den Staat an der Backe.

»Diese Idioten.«

Die beiden diskutierten die beste Route nach Seattle, welche Yards heiß seien und welche nicht.

»Bloß nicht mit den Arbeitern in Missoula reden, die rufen sofort den Bull. Keine Ahnung, was mit denen los ist, wirklich nicht. Lincoln Yard ist derzeit ganz schön brenzlig. Und in Cheyenne müsst ihr richtig aufpassen. BNSF fährt da durch eine Militäranlage, und wenn sie euch da erwischen, ist es aus.«

»Ich will nach La Junta«, sagte Shoestring. »Da habe ich immer gut Kasse gemacht.«

»Wo ist das noch mal?«

Anscheinend kann sich nicht mal ein Superhirn wie Traindoc jeden noch so kleinen Güterbahnhof in den USA merken. Wir gingen zu der Karte, die an der Wand hing.

»Also, wenn man sich das mal anschaut, ein Trauerspiel. Bis 1932 waren einfach überall Passagierzüge, überall. Und jetzt? Die reinste Wüste. Sagen wir mal, du willst von hier nach Denver …« Traindoc fuhr die Karte mit dem Finger entlang, sagte: »Hm, jetzt will ich es aber wissen.«

Er ließ uns stehen, rannte über den polierten Boden raus zum Ticketbüro. Shoestring, Wylie und ich standen da, wussten nicht, was wir reden sollten, die Sonne hatte ihr System verlassen. Nach zwei Minuten kam Traindoc wieder, mit erhobenem Zeigefinger, triumphierend.

»Um nach Denver zu kommen, musst du den ganzen Weg zurück bis nach Galesburg in Illinois, da umsteigen, wieder nach Westen und auch noch 170 Dollar zahlen. 170! Stell dir das mal vor! Und dann wundern die sich, warum wir Fracht fahren.« Traindoc lachte laut auf, riss die Arme in die Luft und ließ sie dort stehen wie zwei Ausrufezeichen.

Ein paar Wartende schauten zu uns rüber. Hörten sie zu? Woran dachten sie? Nahmen sie an, wir seien »Passagiere des Polsters«? Könnte ja sein auf den ersten Blick, schließlich studierten wir die Karte. Tatsächlich aber sahen wir nicht das Netzwerk von Amtrak, dieses armselige, beschämende Netzwerk für den Personenverkehr, sondern das allumspannende Netz des Güterverkehrs, eine Parallelwelt, in der es nicht um Fahrkarten, Bordbistro und Bahnhöfe in Innenstädten geht, sondern um den Dschungel, die Wasserstelle, das Loch im Zaun, das einen aufs Gelände führt. »Bürger« fahren Polster, Hobos fahren Fracht.

Da standen sie also, zwei Ikonen, zwei Elefanten, die schon so lange auf den Gleisen und so ausgiebig unterwegs waren und sich dennoch nie begegnet waren. Eigentümliches Gefühl meinerseits: Stolz. Darüber, die beiden zu kennen, die beiden zusammengebracht zu haben. Aber auch pure Faszination, dass diese beiden Kerle das Spiel, das ja kein leichtes ist, immer weiterspielen. Mal mit Lust, mal ohne. Geschenkt.

Shoestring mit seinen 46 Jahren, seinen über 1,6 Millionen gefahrenen Meilen, seinen Erfahrungen im Gefängnis und auf allen Intensivstationen. Traindoc mit seinen fast 70 Jahren, seiner notorischen Reinlichkeit, seinen kleinen Tricks, der in den Läden zwischen Pazifik und Atlantik klaut, sich durch Zäune schneidet, sich völlig in dieses Wissen vertieft, das für den Normalbürger einfach nur so zu beschreiben ist: Güterzug wird beladen, fährt weg, erreicht Ziel, kommt wieder zurück.

Man führe sich einfach nur mal vor Augen: Traindoc könnte nun in Minneapolis den Lebensabend ausklingen lassen oder Snowbird sein und wie viele andere US-Nordlichter der Sonne folgen, einen Wohnwagen kaufen, ihn auf einen Campingplatz in Arizona, in Florida, im Sommer an die Küste in Washington State stellen. Stattdessen: riskantes Leben, das das Herz jung hält. Die Erfahrung der Welt.

Traindoc hat mich so beeindruckt, dass ich später davon träumte, er sei sogar auf Hawaii Güterzüge gefahren, dem einzigen Bundesstaat, in dem das nicht möglich ist, weil es dort einfach keine gibt.

»Was hast *du* denn jetzt vor?«, fragte ich ihn.

»Ich bleibe noch eine Weile hier in Kansas mit Wylie, dann fahre ich nach Amarillo.«

»Was gibt's denn da?«

»Hmm, es muss etwas wegen des … Zugangs getan werden.«

»Willst du mal wieder ein Loch in einen Zaun schneiden?«

»Nein, das ist eine andere Angelegenheit.« Traindoc legte sein Kinn in die Hand und tippte sich mit dem Zeigefinger an die Backe. »Ja, irgendjemand hat doch tatsächlich, man mag es kaum glauben, eine bewegungsaktivierte Kamera installiert. Dem letzten Hobo dort knallten Hunderte von Flutlichtern ins Gesicht.« Traindoc schüttelte den Kopf. »Armer Kerl.«

7

La Junta liegt am westlichen Ende der sogenannten Dust Bowl der Great Plains. In den 1930ern fegten verheerende Staubstürme über das Land, vernichteten die Ernten und wehten die Menschen in ihren Häusern ein. Wer konnte, der floh nach Westen, oft auf Güterzügen.

Shoestring und ich waren auf einer langen, flachen Straße im Regenschatten der Rocky Mountains unterwegs. Wie die Spitzen eines Zahnrads ragten sie am Horizont auf. Dick waren die Regenwolken dahinten; Schlieren ziehend waberten sie durch die Luft Colorados. Man konnte den Regen riechen. Aber er kam nicht. Seit Jahren nicht. Immer beten beten beten für den Wasserfall vom Himmel, einen ordentlichen Guss, wenigstens ein Schauer, der wäre nett, vielen Dank, amen. Die Zeit der großen Staubstürme ist vorbei, aber das Land immer noch trocken wie Zunder.

An einer Shell-Tankstelle in der Kleinstadt bogen wir rechts ab, überquerten die Gleise und gingen einen sandigen Weg entlang zu Shoestrings altem Lager. Es wehte ein heißer Wind, und die Blätter an den Bäumen waren so trocken, dass sie knarzten. Auf einer kleinen freien Fläche war eine Leine gespannt. Wir hängten unsere Schlafsäcke darüber, um sie auszulüften. Dann stiegen wir einen kleinen Abhang hinunter zum Ufer eines ausgetrockneten Flusslaufes. Das ausgedörrte Gras krachte unter unseren Stiefeln, ein paar Insekten flogen auf. Shoestring legte seinen Rucksack ab und sich hin, lehnte sich mit dem Rücken dagegen. Die Gleise waren nun oberhalb von uns, etwa 20 Meter entfernt. Die lichte Krone eines verkrüppelten Baumes spendete mäßigen Schatten.

Shoestring war stiller als sonst. Stöhnte, hatte Gelenkschmerzen.

»Noch ein, zwei Tage, dann bist du aus dem Gröbsten raus«, sagte ich zu ihm.

»Hmmh«, erwiderte er und hielt sich die Hand vors Gesicht.

»Willst du was essen?«, fragte ich und holte ein paar Müsliriegel hervor.

»Keinen Hunger«, antwortete Shoestring. Stöhnte erneut, lauter diesmal, es kam von tief unten.

Nach ein paar Minuten sagte er: »Muss Kasse machen.« Blieb aber liegen.

Vom Highway hörte man die Autogeräusche, die Gleise in unserer Nähe indes waren still.

»Muss Kasse machen«, wiederholte Shoestring, und diesmal setzte er sich ruckartig in Bewegung wie ein Güterzug. Er schulterte seinen Rucksack, ging schwankend zurück zur Straße, überquerte sie und stellte sich vor einem Safeway-Supermarkt auf. Es war ein Sonntag, etwa zehn Uhr. Gleich kämen die Leute nach einer, hoffentlich, eindringlichen Botschaft der Nächstenliebe aus den Kirchen, von denen es in der direkten Umgebung fast ein Dutzend gab. Die darf man auf keinen Fall beim Einkaufen verpassen.

Die Sonne stieg hoch, und es wurde heiß. An der Hauptstraße gab es auch einen Hardees, einen dieser Schnellimbisse, der das Gleiche wie alle anderen hatte, nur eben in der Hardees-Variante. Ich setzte mich in den klimatisierten Raum und bestellte das Billigste von der Karte. Ein Mexikaner, der den Rucksack neben mir gesehen haben musste – wie konnte man ihn auch übersehen? –, stand vom Nebentisch auf und gab mir ein Sandwich sowie einen Becher für ein Getränk. Er bot mir sogar noch eine Mitfahrgelegenheit an, die ich dankend ablehnte, aber wie Shoestring bei solchen Gelegenheiten sagte ich »God bless you«.

Mit einem Liter Cola im Magen streunte ich durch den Ort, auf der Suche nach Lebensmitteln und dickem Karton für das Lager. Hielt mich dabei aber in den Zwischengassen auf, um der Polizei aus dem Weg zu gehen. Man war mehr oder weniger genauso auf dem Präsentierteller wie in Heavener. Verdammt seien diese Ortschaften mit einer Hauptstraße und sonst nichts.

Doch irgendwas war hier anders, die Tausenden Autobahnen und die Millionen Menschen des viel dichter besiedelten Ostens der USA lagen hinter uns. Weniger Menschen, mehr Himmel. Vor uns lauter Bundesstaaten, die ähnlich groß wie Deutschland sind, aber im Verhältnis kaum Einwohner haben. Der Himmel spannt sich unendlich weit, und irgendwas regt sich in deiner Seele hier draußen, als wären deine Atemwege nach einer langen Erkältung plötzlich frei; stundenlang kannst du einfach nur diesen Himmel anschauen, und das ist ein Gefühl, das viele Amerikaner vor dir hatten, das ist der Sog des Westens, eine Andeutung dieses gigantischen Hinterlandes, das die USA ihr Eigen nennt und das jeder vor Augen hat, wenn die Enge Deutschlands wieder drückt wie ein Schuh, der zwei Nummern zu klein ist. Die Orte da draußen heißen Rainbow, Zero, Coyote Hole, Beer Bottle Crossing, Enigma, Happy Camp, Rough and Ready, Surprise, Lazy Mountain, Red Devil, Angel Fire, Truth or Consequences, Wonder.

Die Pappe war schnell erledigt. Kurz Luft geholt, in eine Papiertonne getaucht und mit einem geknickten, doppelt verstärkten Zweimeterstück wieder hochgekommen. Lebensmittel waren da eine ganz andere Frage, und es dauerte eine Weile und ein paar Straßen, bis ich zwei offene Tonnen ausfindig machen konnte, ausgerechnet hinter dem Safeway. Davor stand jetzt wahrscheinlich immer noch Shoestring und schaute Leuten in die Augen, die gerade aus der Church of our Lady of Guadeloupe St. Patrick, der First Christian Church oder der Church of Christ of La Junta kamen.

Die Tonnen waren schwarz, groß und bar jeglichen Schlosses: Paprika, Brokkoli, Mais, Greyerzer, Salami, Käse-Dip, Brot, Tomaten. Ich war der Glücksritter, der in der Sierra Nevada auf die Mother Lode gestoßen war, die Hauptader.

Plötzlich stand ein Mexikaner neben mir. Schwarzer Schnauzer, die Hände in den Hosentaschen. Schaute mich an, auf den Fußspitzen wippend.

»Irgendwas Gutes gefunden?«

»Das reinste Eldorado.«

Der Mexikaner stellte sich auf die Zehen und schaute in die Tonne.

»Aber hallo. Ich sollte meine Familie holen.«

»Beeil dich, es ist genug für alle da.«

Auf der anderen Seite des Gebäudes schlossen die Kunden ihre Autos ab, gingen mit einem Einkaufswagen in den Markt und bekamen an der Kasse für ihren Einkauf Punkte, die sie bei genügend großer Anzahl für kostenlose Produkte einlösen konnten.

Der Mexikaner und ich grinsten uns an. Dann lud ich eine Kiste voll und ging guter Dinge zurück zum Lager. Vielleicht, dachte ich, würde die Beute Shoestrings Laune aufhellen. Immerhin war European Cheese dabei, European Salami.

»Shoestring«, rief ich, kaum von der Straße runter, »SHOESTRING! Ich hab Abendessen organisiert!«

Im Schneidersitz saß er auf seiner Plane, zwirbelte sich den Bart, die Augen geschlossen gegen die Welt. Reagierte nicht. Erst als ich durch das Gras krachte und über morsches Holz stieg, ihn noch mal ansprach, öffnete er die Augen.

Triumphierend stellte ich die Kiste Lebensmittel vor ihn. Setzte mich. »Ich könnte einen Salat machen oder ein paar Sandwiches. Wir haben doch immer noch die Mayo und den Senf aus dem letzten Imbiss. Oder wie wäre es mit –«

»Hab keinen Hunger.«

»Oh. Hat dir jemand am Laden was zu essen dagelassen?«

»Nee. Hab grade mal zwei Dollar gemacht. So ein paar Mexikaner haben ihr Kind zu mir geschickt. Hat mich umarmt, seinen Eltern zugeblinzelt. Manche Leute machen das so, um ihren Kindern was Gescheites beizubringen.«

Aus der Ferne der Pfiff eines Zuges, westwärts. Allerdings war es noch viel zu hell und die Stelle oben an den Gleisen, von der aus wir aufspringen könnten, sehr exponiert. Spielte auch keine Rolle, denn der Zug fuhr einfach weiter.

»Schau«, rief ich. »Eine offene Box, verdammt!«

Normalerweise konnte er sich dafür immer begeistern. Shoestrings Cadillac. Jetzt nickte er nur.

Ich ärgerte mich. Er ging mir auf die Nerven. Ich war kurz davor, es ihm aufs Butterbrot zu schmieren, aber dann hielt ich mich doch zurück. Shoestring war Shoestring, und Shoestring litt unter Entzug.

Ich stand auf, wollte meinen Schlafsack holen. Der hing immer noch über der Leine. Ich warf ihn mir über die Schulter und wollte pinkeln gehen, zwischen ein paar Bäumen, die trocken und so dünn wie Streichhölzer waren. Da sah ich die Verpackungen von Mohnsamen liegen, die vor nicht allzu langer Zeit noch voll gewesen waren und in einem Supermarktregal gestanden hatten. Kein Wunder, dass es Shoestring schlecht ging. Das Produkt von Safeway war scheiße. Der Hersteller wusch den Mohn richtig aus, bevor er in den Verkauf ging. Da waren keine nennenswerten Opiate mehr drin. Shoestring wusste solche Dinge. Gekauft hatte er das Zeug trotzdem, mehr für den Kopf als irgendwas sonst.

Ich seufzte. Der arme Kerl. Ging zurück, setzte mich neben ihn und bot ihm, wie die Mutter dem Kind, erneut an, ein Sandwich zu machen. Die Samen erwähnte ich nicht. Shoestring wollte immer noch nichts essen und blieb einfach in seinem Schneidersitz, bis sich die Nacht vom Himmel senkte. Der Mond hing wie eine weiße Pappscheibe am Himmel, und Shoestring redete in Monologen vor sich hin.

»Hauptsächlich wollte ich einfach von meiner Mutter wegkommen ... Ich hege immer noch Groll gegen sie. Keine Ahnung, ob ich das hinter mir lassen soll oder nicht ... Ich war acht oder neun Jahre alt, und der Babysitter ... tja, er hat was gemacht. Aber meine Mutter hat mir nicht geglaubt. Deswegen wollte ich weg von ihr. Und dann habe ich gemerkt, dass mir das Leben auf den Gleisen geholfen hat. Ich glaube, so ist es für viele da draußen – die mit Autismus, posttraumatischer Belastungsstörung, gesellschaftlichen Ängsten und so weiter. Die ganze Sache hilft deinem Geist, weil du jeden Tag neu bestreiten musst, jeder Tag ist eine Herausforderung. Macht man genug Geld oder nicht? Findet man einen guten Schlafplatz? Wo ist die Wasserstelle? Was gibt es zu essen?«

Kurze Pause. Tiefes Seufzen.

»Aber nach 15 Jahren hatte ich alles gesehen. Du kommst zu denselben Lagern, denselben Catch Out Spots zurück. Und ich habe versucht, sesshaft zu werden … Habe es wirklich versucht. In die Gesellschaft zu passen und den ganzen Scheiß. Aber es ging einfach nicht, ich habe es nicht ausgehalten. Der Fernseher, der Lärm, der Konsum. Was braucht man wirklich? Lass mich dir sagen nach 25 Jahren, es ist sehr wenig. Aber die Menschen wollen und wollen, sie wollen all diese Dinge … Sogar in Alaska, und dabei ist es so toll da. Die Menschen helfen sich, das Wasser schmeckt gut, aber was soll man machen? Ich kann nicht den ganzen Tag rumhängen und einfach Fernsehen schauen.«

Shoestring schaute hoch zur weißen Pappscheibe.

»Als Kind habe ich einfach alles über die Apollomissionen geliebt, tue ich immer noch. Buzz Aldrin, Neil Armstrong. Diese Typen mussten wirklich Sachen rausfinden! Die waren da, wo nie zuvor ein Mensch gewesen ist. Ich würde liebend gerne auf dem Mond spazieren. Nur ich, ganz alleine. Es muss so ruhig da oben sein, so friedlich und still …«

Als ich am nächsten Morgen aufwachte, war Shoestring nicht mehr da.

8

Das Red Dog war eine Bar am anderen Ende der Stadt. Ich öffnete die Holztür, und der grelle Tag hinter mir warf ein rechteckiges Licht in die dunkle Kneipe. So heiß es draußen war, so kalt war es hier drinnen. Ich schloss die Tür und stellte meinen Rucksack neben einem blinkenden Spielautomaten ab. An der Hufeisenbar saßen ein paar Männer mit Cowboyhüten auf dem Schädel. Sie drehten sich um, schauten mich kurz von oben bis unten an, grüßten aber nicht.

»Howdy«, sagte ich und nickte der Bardame hinter dem Tresen zu, die, Gläser spülend, auf den Fernseher in der Ecke schaute. »Ein Bier, bitte.«

Sie stellte mir umgehend ein Budweiser hin und schmiss den Kronkorken in den Mülleimer unter dem Tresen. Das Bier war eiskalt, so kalt, wie es wahrscheinlich auf dem Mond sein muss, und ich trank es in zwei Zügen aus.

Shoestring war weg, ohne Verabschiedung. Ich hatte es geahnt. Den ganzen Abend vom Mond schwafeln, vom Alleinsein, wie schön wäre das, so friedlich und vor einem nur das große Meer der Ruhe. Gut, was kann man auch erwarten von einem, der gleich zu Beginn sagt: Bin ein Einsiedler. Mag Leute eigentlich nicht. Die strengen mich an. Mache alles allein, 25 Jahre schon.

Er ging weder an sein Telefon, noch reagierte er auf Sprachnachrichten.

Vielleicht hatte ich bereits mehr bekommen, als zu hoffen war. Nur hatte ich ihn inzwischen als Selbstverständlichkeit genommen. Selbstverständlich, dass wir unterwegs waren. Selbstverständlich, dass wir gemeinsam an die Küste fahren würden. Genauso wie Tuck war auch Shoestring mir ans Herz gewachsen. Der eine ein harter, geselliger Hund. Der andere ein lichtscheuer Einzelgänger.

Der Trennungsschmerz war stark. Dagegen half nur ein weiteres Bier, und dann noch eins. »Ma'am«, sagte ich und hob den Zeigefinger.

Da klopfte der Kerl neben mir mit den Knöcheln seiner breiten Hand auf die Bar. »Du siehst durstig aus. Das nächste geht auf mich.«

Ich bedankte mich, schwieg dann aber. Ich wollte eine Weile nachdenken, wie es jetzt weitergehen sollte. Ich wollte über Shoestring und Amerika nachdenken, mir ein paar Notizen machen.

Amerika, fing ich an, ist das Land mit der mobilsten Bevölkerung der Welt. Meistens wird diese Mobilität mit dem Streben nach Erfolg erklärt, den Sprossen der amerikanischen Erfolgsleiter, deren Erklimmen angeblich so einfach ist. Aber was ist mit den ganzen anderen

Menschen, die sich vertikal bewegen, die unterhalb der ersten Sprosse bleiben und sagen, nee, kein Bock auf den Scheiß? Dabei sind genau das die Figuren, die ich so spannend finde. Wie Shoestring eben. Wenn du genau hinschaust, abseits der funkelnden Türme, die in den Himmel streben, dann siehst du ein Land voller Trickser, Einzelgänger, Naturalisten, Streuner, Tausendsassas, Glücksritter, Landstreicher und Entdecker. Und wo anders ist es möglich, im eigenen Land so auszusteigen wie in den USA? Da draußen warten alle diese Bundesstaaten jenseits der großen Ballungsgebiete und locken mit einer Leere und Landschaften, die so schön sind, dass sie schmerzenden Seelen Linderung verschaffen. Alleine schon die Namen klingen wie Musik: Wyoming, Colorado, Utah, Nevada, Alaska.

Während ich diese Zeilen schreibe, träumen zahllose Menschen auf der ganzen Welt davon, in den USA in ein Auto zu steigen und sich irgendwo im Land zu verlieren, zu reisen, bis man sich in einen anderen verwandelt. Jemand hat mal gesagt, nicht die Freiheitsstatue sei das wahre Symbol Amerikas, sondern die Straße, the open road.

Niemand weiß das besser als die Amerikaner selbst. Im Netz gibt es dafür eine Webseite, sie heißt *Squat the Planet*. Dort finden Reisende ihre Road Dogs, Ratschläge für das Leben auf der Straße, die richtige Ausrüstung, Beschreibungen für den Zusammenbau eines Scanners, um die Eisenbahngesellschaften abzuhören, es gibt Infos von besetzten Häusern, Anleitungen zum richtigen Ladendiebstahl und Hinweise, wie man am besten die großen Konzerne abziehen kann. Mein Freund K-Bar nennt die Leute, die dort verkehren, Anarchisten und Parasiten. Es ist der alte Generationenkonflikt, und natürlich gibt es ihn auch unter Hobos. Aber die Seite ist auch voller Geschichten von Menschen und ihren Motivationen, warum sie tun, was sie tun. Weil der Vater geschlagen hat, weil der Vater gestorben ist, weil aus dem Waisenhaus geflohen, weil Krieg, weil Gesellschaft kaputt, weil pure Abenteuerlust brennt – es gibt so viel Gründe wie Gleisstrecke.

Shoestring ist also auf die Straße, weil er seiner Mutter entkommen wollte. Was war das für ein Satz, den er mir in der letzten Nacht, in seiner typischen leisen Art, so hingeknallt hatte. Ich erinnerte mich, wie fröhlich er im Dschungel in Pittsburg gewesen war. Ich erinnerte mich, wie er in der Stadt beschimpft worden war.

Amerika, dachte ich, ist ein Land der Extreme; Amerika ist wie eine brennend heiße Affäre, die dich zur gleichen Zeit tieftraurig und goldglücklich machen kann.

Ich schloß mein Notizbuch. Hatte ich zu dick aufgetragen? Keine Ahnung, Shoestrings Abgang hatte mich ganz sentimental werden lassen. Ich nahm mir vor, diesen Kummer jetzt zu ertränken.

Im TV lief immer noch Drag Racing. Bis auf den durchdrehenden Kommentator war es still, die Köpfe der Männer entweder auf den Bildschirm gerichtet oder die eigene Flasche Bier.

»Du bist ein Reisender?«, fragte der Kerl neben mir.

»Yes, Sir.«

»Wo kommst du her?«

»Aus Deutschland.«

Plötzlich hoben sich die Köpfe an der Bar: augenblicklicher Aufstieg von einem alltäglichen amerikanischen Landstreicher, der vielleicht zu allem bereit, aber zu nichts zu gebrauchen war, zum Exoten. Keiner schaute mehr das Drag Racing im Fernseher an der Decke. Alle Augen auf mich.

Am anderen Ende der Bar saß ein Mann in einem BNSF-Shirt, die dazugehörige Mütze hatte er auch auf. Burlington Northern Santa Fe, eine der beiden Linien, die hier die Gleise runterrattert, zu selten allerdings, meiner bescheidenen Meinung nach. Vielleicht war der Kerl der Bull, wer weiß, und Angestellter von Warren Buffet, dem Orakel aus Omaha, der sich das Unternehmen vor ein paar Jahren gekauft und in sein Portfolio gelegt hat. Kostenpunkt 46 Milliarden Dollar. Allein der Stahl soll schon so viel wert sein.

»Wie bist du unterwegs?«, fragte er mich.

Ich musste gar nicht lange nachdenken. »Per Anhalter.«

»Per Anhalter?«

»Ja.«

»Hast du keine Angst?«

»Nein, es gibt eine Menge guter Leute da draußen.« Ich konnte deutliche Zweifel in seinem Gesicht sehen.

»Wohin bist du unterwegs?«

»Miami nach Seattle.«

»Was? Das ist verrückt, total verrückt. Weißt du was? Das nächste geht auf mich.«

»Du hast Stau«, sagte die Bardame, und ich nickte dem Mann mit dem BNSF-Shirt zu.

Nach dem dritten Bier wurde mir die Zunge so locker, dass ich anfing, die Bar mit den Geschichten von der Straße zu unterhalten. Ich erzählte und erzählte, und die Männer wollten mehr und bezahlten mit Bier.

»Vor einer Woche, da stand ich unter dem Dach einer Tankstelle, und es regnete, stand da mit meiner Pappe.«

»Wo genau?«

»Irgendwo in Texas. Eine Frau gab mir fünf Dollar, ein Kerl ein T-Shirt, ein Mädchen ein Snickers, und die Dame vom Subway-Tresen brachte mir ein Meatballsandwich. Sehr großzügig, dabei wollte ich einfach nur eine Mitfahrgelegenheit.«

»Ich wette, du warst einfach zu dreckig.«

»Knapp, aber das war es nicht. Nach acht Stunden im strömenden Regen wurde mir auf einmal klar, warum mich niemand mitnehmen wollte.« Gott, es fühlte sich gut an, von da draußen reinzukommen und Geschichten zu erzählen. Ich war der Wanderer, der die Wildnis durchstreift. »Weil es regnete, habe ich mich überhaupt nicht umgeschaut. Erst als zwei uniformierte Beamte, schwer bewaffnet, an mir vorbeiliefen, wurde mir klar, dass ich neben einem gottverdammten Gefängnis den Daumen rausstreckte!«

Die Bar explodierte vor Gelächter. Die Männer meinten, sie würden demnächst auch mal einen Anhalter mitnehmen, so schlimm könne es ja nicht sein. Welcher Kirche Priester war ich, und welches Evangelium hatte ich da gerade verkündet?

Auf meinem Zettel standen noch drei Bier. Nach und nach wich der Trennungsschmerz Dankbarkeit. Die ganzen Momente, das ganze

Wissen, das Shoestring mir mönchsartig vom Berg heruntergereicht hatte. Irgendwie würde ich auch ohne ihn klarkommen.

Ach, was erzähl ich da. Das einzig Gute an der Sache war: Ich hatte einen sitzen und keine Termine.

9

Der alte Mann namens Myers fuhr aufgrund seines Redebedarfs so unaufmerksam, dass ich mehrmals kurz davor war, ihm ins Lenkrad zu greifen.

Eben noch war ich aus der Bar raus und stand auf der Straße, da brachte er schon seinen silbernen Cadillac neben mir zum Stehen, ließ das Fenster runter und fragte: Wohin des Wegs? Im Inneren lag ein Stapel Papiere verstreut, als hätte er vor mir einen Tornado aus der Prärie mitgenommen.

Myers Haut war durchscheinend und gezeichnet von Altersflecken, aber er war dennoch voller Energie und Erzählwut, zwei Eigenschaften, die zu Unkonzentriertheit seinerseits und zu gesteigerter Konzentration Richtung Straßenrand meinerseits führte.

Dann bimmelte mein Telefon. Da es sich um Sprachnachrichten handelte, bekam Myers alles mit; er hörte den fremden, ich den vertrauten Klang eines Schlappmauls.

»Yeah … hab grade erst mein Telefon laden können. Dauerte ein bisschen.«

»Shoestring! Wo zum Teufel steckst du?«

»Ich wollte dich heute Morgen nicht aufwecken. Dachte, ich könnte mehr Geld vor dem Walmart machen, und hab beschlossen, da hinzulaufen. Aber nach 'ner Viertelmeile oder so hat mich ein Bulle angehalten.«

»Hat er dich in den Knast gesteckt?«

»Der Dreckskerl ist mein ganzes Zeug durch und hat alles auf dem Seitenstreifen verstreut. Ich musste es wieder einsammeln. Er hat mich dann zur Bezirksgrenze gefahren. Meinte, dass sich Leute in La Junta über mich beschwert hätten. Ganz lahme Geschichte.«

»Krass. Geht's dir gut?«

»Yeah, alles klar. Eigentlich war er ganz nett dabei, aber immer noch ein Scheißkerl.«

»Wo bist du?«

»Irgendein Indianer hat mich direkt mitgenommen und mich in Pueblo rausgeschmissen. Allerdings ziemlich weit weg vom Catch Out. Jetzt latsche ich den ganzen Weg in die Stadt. Und du?«

»Auch nach Pueblo unterwegs. Ein netter Gentleman hat mich eingesammelt. Ich melde mich, wenn ich vor Ort bin, sollte nicht länger als eine halbe Stunde dauern. Bin froh, dass es dir gut geht.«

»Yeah yeah. Ich auch.«

Ich legte das Telefon beiseite, unheimlich erleichtert, von ihm zu hören. Aber irgendwas stank an dieser Geschichte mit dem Bullen und der Bezirksgrenze.

»Der Typ heißt wirklich Shoestring?«, fragte Myers.

»Tut er. Ich schreibe ein Buch über Hobos, und er ist einer von den legendären. Allerdings verursacht er mir regelmäßig Kopfschmerzen.«

Myers' Augen weiteten sich vor Staunen, und mir war, als könnte ich hören, wie sein Herz schneller schlug. »Du schreibst ein Buch über Hobos? Oh mein Gott. Ich kann es nicht fassen. Kann es einfach nicht fassen.« Jetzt noch unbändiger als zuvor, versuchte er, so viele Wörter wie möglich in die nur noch kurze Strecke bis nach Pueblo zu packen. »Ich muss diesen Hobo unbedingt kennenlernen«, sagte er wieder und wieder, schlug mit der Hand auf das Lenkrad. »Einfach unglaublich.«

Shoestring stand an der Alta-Tankstelle in Pueblo, einer Stadt direkt am Zusammenfluss des Arkansas River und des Fountain Creek, und stopfte sich gerade eine Prise Tabak in die hohle Backe. Neben ihm standen sein Rucksack auf dem Boden und der Wasserkanister.

Myers stieg aus und schüttelte Shoestrings Hand mit pumpenden Bewegungen. »Sie sind ein richtiger Hobo?«

»Yes, Sir. Ein Hobo bis in den Tod.«

»Sweet mother of God. Ich dachte, die Hobos gibt es nicht mehr!«

»Doch doch. Aber es ist eine Art Schattenwelt, sehr versteckt.«

»Ich bin selbst Fracht gefahren, durch Kansas nach El Paso, Amarillo, in Blinn in New Mexico sind wir auch auf einen Güterzug gesprungen ... Ich war 19 damals, und ein Freund und ich sind einfach los, haben uns den Güterzug geschnappt, sind vor den Bulls abgehauen. Mann! Da sind wir durch Texas und kommen an einen Bahnübergang, da standen jede Menge Autos, und was macht mein Kumpel? Holt einfach das Ding raus und fängt an zu pinkeln. Alle am Hupen wie verrückt.«

Shoestring lachte. Myers erzählte weiter.

»Unsere Eltern hatten überhaupt keine Ahnung. Wir waren zwei Wochen weg und hatten eine tolle Zeit. Wichita, Amarillo. Mann! In Blinn kam der Bull die Gleise runter, Riesenkerl, also sind wir auf die andere Seite der Gleise, haben eine weitere Fracht geschnappt und sind nach Las Cruces. Direkt an der Grenze, man kann einfach rüberlaufen, und der Yard ist direkt am Fluss. Wir sind dann nach Mexiko und haben unser ganzes Geld für Nutten und Alkohol rausgehauen.«

Jetzt lachte Myers, und Shoestring lachte wissend noch mal mit. Der Zug nimmt, und der Zug gibt.

»Du reist also einfach kreuz und quer durchs Land?«, fragte Myers und stemmte die Hände in die Hüften.

»Yeah, I get the itchy britches. Ich lebe lieber draußen als drinnen.«

Myers lachte wieder laut auf, wiederholte »Hummeln im Arsch« und sagte mit absoluter Bewunderung in der Stimme: »Und dann gehst du einfach hin und schnappst dir die nächste Fracht? Wow.« Der alte Mann blickte sehnsüchtig in die Ferne, seufzte ... »Wenn ich jünger wäre, würde ich glatt mitkommen.«

Im McDonald's schlangen wir ein paar Cheeseburger runter, ich schaute die unerträglichen, aber allgegenwärtigen Fox News, wo es in einem fort nur um Trump Trump Trump ging (zugegeben, CNN ist nicht viel besser; auch da geht es um Trump Trump Trump, nur mit anderem Vorzeichen), und Shoestring klippte sich die Fingernägel; lautes Knacken, und sie flogen durch den Schnellimbiss.

Den Magen ordentlich verklebt, gingen wir zum Catch Out Spot, entlang einer der älteren Straßen von Pueblo, vorbei an dunkel schimmernden, niedrigen Backsteingebäuden. Vor einem Laden mit einem großen Schaufenster blieb ich stehen, die Straßenlaterne warf ein gasiges Licht in die Gegend, in der früher gerade mal ein Dutzend Familien gelebt hatten, die mit den Ureinwohnern Tierhäute, Nutzpflanzen, Alkohol getauscht hatten.

»Schau mal, Shoestring.«

Hinter dem Fenster glänzte strahlend weiß das Emaille eines halben Dutzends Badewannen, so groß wie kleine Jollen, die Armaturen aus blitzendem Chrom. Wir spiegelten uns im Fenster, mein Bart machte langsam dem von Shoestring Konkurrenz, zwei Vertreter des Lumpenproletariats am Hofe des Sonnenkönigs.

Shoestring grunzte. Seine letzte Dusche war in Marshall aus einem Eimer gekommen, vor fast 1300 Meilen, in einer anderen Zeit- und Klimazone. Mit Schrecken stellte ich fest, dass meine letzte Dusche sogar noch länger her war.

»Braucht kein Mensch«, sagte Shoestring. »That shit gets old real quick.«*

10

Denver befindet sich im South Platte River Valley am Fuß der Rocky Mountains, und an fast jeder Ecke der Innenstadt stand ein Bettler mit einem Pappschild in der Hand. Nach dem Pikes Peak Gold Rush wurde aus einer Siedlung die Stadt Denver, und aus Denver wurde eine sogenannte Frontier Town mit allem, was dazugehörte: Glücksspiel,

---

* Umgangssprachlich: Das Zeug ödet einen ziemlich schnell an.

▲ Tuck: »Wenn du erst mal aus einem fahrenden Boxcar gepisst hast, tja, vielleicht hast du dann gar keinen Bock mehr auf ein normales Leben.«

▼ Wie so viele andere Hobos auch hasst Ricardo die Regierung, aber er liebt dieses Land; will keinem untertan und frei wie ein Vogel sein.

▲ Minnesota Jim, ein sogenannter Bridger, ist also gleichermaßen Dampf und Diesel geritten.

▲ Minneapolis. Die Schienen sind die Blutbahn der amerikanischen Wirtschaft, und die Güter sind der Sauerstoff, der den Organismus am Leben hält.

▲ Mindy Joe und ihr Hund Milo. Man sieht es ihm vielleicht nicht an, aber er begleitet sie tatsächlich auf Güterzüge.

▼ Auf den Hobotagen in Britt, Iowa. Seit 1900 trifft sich hier jährlich eine Bande von Außenseitern. Im Vordergrund sitzt Tucks Kumpel Iwegian Rick.

▲ Jewel, inzwischen sogar fünfmalige Königin der Hobos. Vergöttert von Iowa Blackie, dem Güterzug fahrenden Dichter; geliebt von Ehemann Tuck.

▼ Ricardos Hütte in St. Peter. Im Hintergrund dreht er ein paar Joints und lauscht Hobomusik aus den 1930er-Jahren, bevor es auf den Güterzug geht.

WARNING

NEIGHBORHOOD

RAILROAD HOBO WATCH

WE IMMEDIATELY REPORT
ALL SUSPICIOUS ACTIVITIES
TO OUR POLICE TRAINMASTER

▲ Aus einer Zeit, als Hobos auch vom Zug geschmissen, verprügelt und bisweilen sogar erschossen wurden.

▼ Mein erster Güterzug. Scheiße, ist das laut, die ganze Welt ist Lärm. Manche sagen: Das ist das letzte amerikanische Abenteuer.

▲ Über die Jahre hat sich die Geografie der Gleise, aller Obdachlosenunterkünfte, Schnapsläden und Dschungel tief in Tucks Matrix gebrannt.

▲ Amerika: 4500 Kilometer in der Breite und weder Landgrenze noch Sprachbarriere, die den Fluss der Reise stören könnten.

▼ In Deutschland wurde das Eisenbahnnetz einfach über bestehende Siedlungsstrukturen gelegt; in den USA war es genau andersherum.

▲ In einem ausrangierten Box Wagon in Kalifornien: ein Altar für die Hobos, die den Zug nach Westen erwischt haben, und zwar für immer.

▼ Im Dschungel von Shreveport, Louisiana, wartet Elliot auf einen Güterzug. Er will in den Nordwesten, um bei der Marihuana-Ernte Geld zu verdienen.

▲ Vor dem nahen McDonald's in Marshall, Texas, hat Shoestring einiges an Beleidigungen einstecken müssen, dafür aber auch ganz gut Kasse gemacht.

▼ Die Stahlstreben sind oft schmierig, deswegen die Handschuhe. Zwischen all unserem Zeug liegt Shoestring in seinem Schlafsack und pennt.

▲ Steak, geräucherte Wurst, Spargel und Butter. Zum Nachtisch Bratäpfel à la Shoestring. Ein Festessen im Dschungel von Pittsburg, Kansas.

▲ »Bin seit 1989 auf den Gleisen unterwegs. Der Zug hat mich nie enttäuscht.«
Shoestring ist draußen zu Hause, zwischen vier Wänden wird er wahnsinnig.

▼ Shoestrings Signatur findet man quer über das ganze Land verteilt, unter Brücken und in Waggons. 1,6 Millionen Meilen hat er bereits abgerissen.

▲ David Smith und sein Hund Addle in Denver. Er lebt mit seinem Sohn im Auto und weiß, wo und wie man sich in der Innenstadt ein paar Scheine verdient.

▼ Ron schläft im Rhythmus der lärmenden Maschine. »Dieser ganze rumpelnde Stahl ist für mich nichts anderes als Freiheit«, sagt er später.

▲ Wenige Momente im Leben sind so überraschend, wie auf der Plattform eines Güterzuges mitten in der Wüste aufzuwachen.

▲ Eine Weite aus Licht und Sand. Die Sirene des Zuges dröhnt über die Ebene. Alles Landschaft, alles Schöpfung.

▼ Green River, Wyoming. Plötzlicher Temperatursturz, ein eisiger Wind pfeift, und die Kälte frisst sich gnadenlos durch den Körper.

▲ Mit 14 ist Ron vor dem strengen Elternhaus auf die Gleise geflohen. Ein paar ältere Hobos zeigten ihm, wie man das Stahlross zu reiten hat.

▼ Ron und Shoestring beobachten Alise, wie sie die Querung ins Obdachlosenlager am Sacramento River bewältigt.

▲ »Alles gute Leute hier«, sagt Alise. »Klar, ein paar schlechte, ein paar, die geisteskrank sind oder sonst irgendeinen Schaden haben. So wie überall.«

▲ De Soto war zehn Jahre im Knast. »Ich find's Bombe hier. Das ist Freiheit.
Scheiß auf die Gesellschaft.«

▼ Das Warten auf einen Güterzug ist eine gute Schule der Geduld. Im Dschungel ist der Hobo für sich und kehrt der Welt den Rücken.

▲ Mit so einer Fackel, aus einer Lok geklaut, kriegst du sogar ein Feuer im Regen an. In diesem Fall benutzt im Box Wagon, um Essen warm zu machen.

▲ In dieser Schattenwelt sind manche in Gruppen unterwegs, Shoestring jedoch ist ein Einzelkämpfer. Teilweise berühmt, teilweise berüchtigt.

▼ Die Gleise singen ein Lied von Aufbruch und Freiheit. Über 200 000 Kilometer durchziehen das Land – eine kostenlose, eiserne Promenade für Hobos.

▲ Unter einer von vielen Brücken. Ein paar Hobos vor uns haben Nester aus Stein gebaut, um sich vor dem zugigen Wind zu schützen.

▲ »Ich würde liebend gerne auf dem Mond spazieren. Nur ich, ganz alleine. Es muss so ruhig da oben sein, so friedlich und still.«

Bordelle, Saloons – genügend Gelegenheiten also, damit die Goldsucher sich um Kopf und Kragen zocken, vögeln und saufen konnten.

Die Stadt vibrierte. Bis die Entscheidung fiel, die transkontinentale Eisenbahn durch das 110 Meilen weiter nördlich gelegene Cheyenne zu bauen. Großes Geschrei, dem noch größeres folgte, als 1893 die Silberpreise verfielen und eine Rezession sich über die Stadt hermachte.

Alles vergessen. Heute gibt es dort wieder einen Rausch, und der nennt sich Green Rush. Denver ist deswegen nun eine der am schnellsten wachsenden Städte in den USA. Seit Colorado 2012 als erster Bundesstaat neben dem medizinischen auch den Freizeitgebrauch von Marihuana legalisiert hat, ist es inzwischen genauso leicht, Gras in einer der zahlreichen Dispenseries, Ausgabestellen, zu kaufen, wie Kaffee bei Starbucks. Wenn man Wert darauf legt, wird man dort ebenso fachmännisch und freundlich beraten, was wiederum nicht nur die Wirtschaft ankurbelt und die Steuerbrunnen sprudeln lässt, sondern auch wie der weltstärkste Magnet junge Hobos, Obdachlose, Tramps und Vagabunden anzieht, die erbetteltes oder erspieltes Geld in Gras umsetzen wollen.

Es war also kein Problem für Shoestring, ein Gramm davon zu kaufen – obwohl es ihn laut eigener Aussage paranoid macht –, um die Schmerzen in Schulter und Hüfte in Schach zu halten und seinem Appetit auf die Sprünge zu helfen. Das Problem lag woanders: Shoestring hatte nur noch zehn Dollar. Ein Gramm Sour Grape Ape kostete im passend benannten LoDo Wellnesscenter allerdings 20 Dollar.

»So ein Mist«, sagte Shoestring, der mich nie auch nur ein einziges Mal um Geld anbettelte, und rückte sich seine Pelzmütze zurecht.

Der Wind pfiff in den frühen Morgenstunden noch wie eine laute Zugsirene durch die Seitenstraße der 16th Street Mall, Denvers Hauptachse in der Innenstadt, und Menschen in Anzügen und Röcken gingen an uns vorbei zur Arbeit, die Jacken zuknöpfend, die Röcke runterdrückend.

Das letzte Mal, als Shoestring hier gewesen war, platzte ihm eine Arterie, und er musste operiert werden. Keiner gab ihm was gegen den Alkoholentzug, also hatte er nur einen Gedanken, als er aus dem Krankenhaus wieder nach draußen auf die Straße stolperte. Hey du, sagte er zu einem Bettler, ich brauche unbedingt ein Bier, bitte, kannst du mir deinen Platz für eine Stunde überlassen? Der Kerl sagte, okay, und trat ihm die Ecke samt Einkaufswagen und Pappe ab. Innerhalb von Minuten hielt ein Auto, und eine Hand schmiss ein paar Dollarscheine heraus, von denen die Hälfte durch den damals ebenso pfeifenden Wind weggefegt wurde. Aber Shoestring bekam sein Bier, sogar mehr als eins.

Jetzt kauerte er sich in die Hocke, holte Brille sowie Telefon hervor, öffnete Google Maps auf Letzterem, brachte seinen Habichtfinger zum Einsatz.

»Was suchst du?«

»Ein Pfandleihhaus.«

»Ich dachte, du wolltest Gras.«

»Muss was versetzen.«

»Was denn?«

Ohne aufzuschauen, sagte er: »Die Mütze. Die ist bestimmt 300 Dollar wert. Reiner Pelz.«

»Auf keinen Fall. Es sind drei Grad in Cheyenne, und es schneit. Du wirst dieses Teil bestimmt noch brauchen.«

Shoestring grunzte. »Gut. Dann muss ich eben Kasse machen.«

Wir liefen die 16. Straße runter, und jede der vier Ecken an den nächsten Kreuzungen war voll besetzt wie die Bases bei einem guten Baseballspiel. Der frühe Vogel fängt den Wurm, mit Rollstühlen, Pappschildern, ausgebeulten Rucksäcken und zerrissenen Klamotten. Wie Lewis und Clark auf einem Hügel in der Wildnis standen wir da und hielten Ausschau nach einer freien Ecke, irgendwo muss sie doch sein, Shoestring, dort, ich sehe sie, da ist der Durchbruch! Drüben an der Tremont und der 16., neben Starbucks und der First Bank.

Shoestring stellte sich an die Ampel und den Rucksack neben seine Füße. Der Wind fegte fürchterlich durch die Hochhausschluchten, aber er hatte nur sein Muskelshirt an. Gänsehaut auf seinen Oberarmen? Fehlanzeige. Ich hingegen knöpfte meine Jacke zu, die Mütze hatte ich schon seit gestern nicht mehr abgesetzt, und trat von einem Fuß auf den anderen.

Shoestrings Bilanz nach zwei Stunden in der Kälte der Mile High City: zwei Dollar. Ein paar Jugendliche sagten, komm, kauf Gras für uns, und ein Obdachloser gab ihm ein Sandwich, schwafelte ihn dafür aber eine halbe Stunde lang zu. Shoestrings Gesichtsausdruck wurde mit jeder Minute feindseliger, bis ich sicher war, dass er gleich die Machete aus der Scheide ziehen und dem Typen die Zunge abhacken würde.

Der Obdachlose verzog sich fünf vor zwölf. Shoestring schüttelte den Kopf. Wusste nicht, was die größere Erniedrigung war: ein minderwertiges Sandwich, wahrscheinlich aus einer mit Bettwanzen kontaminierten Obdachlosenunterkunft, oder vollgeschwätzt zu werden.

»Wir müssen hier weg«, sagte er. »Diese ganzen verfluchten Penner können meinetwegen zur Hölle fahren.«

Neben dem Turm der First Bank setzten wir uns kurz hin. Ich schaute der Geschäftigkeit der Mitarbeiter zu, die rein- und rausgingen, während Shoestring in seinem Telefon versank, mit dem Habichtfinger Kartenausschnitte vergrößerte und wieder verkleinerte, bis er einen Vorort mit der entsprechenden Infrastruktur aus Supermärkten und Läden gefunden hatte. Ich erinnerte mich an Tuck, der gesagt hatte, manchmal musst du sogar 30 Meilen rausfahren, aber dann brummt es, und du machst dafür 100 Dollar die Stunde.

Da kam auch schon der Sicherheitsmann. Schmale Statur, zu großer Anzug, der wie ein Drachen im Wind flatterte. Plastikstöpsel im Ohr, Funkgerät in der Hand. Mit dessen Antenne zeigte er auf uns und sagte: »Haut ab, bevor ich die Polizei rufe.« Und dann, schon im Umdrehen: »Fucking home bums«.*

Am nächsten Morgen versuchte ich, zu zählen, die wievielte Brücke das nun war, die uns bereits als Dach gedient hatte. Die ganze Nacht hatte ein unablässiger Wind durch das Schilfgras und unser Lager am anderen Ende der Stadt gepfiffen, so stark, dass wir mit unseren Pla-

---

* Umgangssprachlich: Scheiß Penner. Home bum beschreibt so ziemlich jeden Obdachlosen, der mehr oder weniger an einem Ort bleibt.

nen einen Windschutz hatten bauen müsen. Dennoch waren wir beide steif vor Kälte.

Die Kasse hatte auch im Vorort leider nicht geklingelt. Kaum waren wir in Oxford aus der Stadtbahn gestiegen und hatten die Straße zu einem Einkaufszentrum überquert, da hatten schon wieder ein paar Bettler an der Kreuzung gestanden, und Shoestring hatte sie wieder verflucht. Erschreckende Erkenntnis: Auch auf den untersten Stufen der Gesellschaftsleiter muss der Mensch sich noch abgrenzen. Vielleicht gerade dort.

Über den angrenzenden Bergen zog sich der Himmel zu, und der Wind trieb die fetten Regenwolken zu uns rüber. Shoestring stellte sich vor den Target, wurde aber innerhalb von fünf Minuten durch den Geschäftsführer vom Gelände gejagt, mit etwa den gleichen Worten wie ein paar Stunden zuvor an der Bank in der Stadt.

Es begann zu regnen. Wir verzogen uns unter eine Brücke am Fluss, an dessen Ufer ein Radweg verlief. Die Beleuchtung war ausgefallen, und jeder Radler, der unter der Brücke hindurchschoss, nahm nur ein paar dunkle Gestalten wahr und bekam einen halben Herzinfarkt. Kann sein, dass wir diese flüchtige Begegnung noch schlimmer machten, indem wir freundlich grüßten.

Aus dem Schauer wurde erst ein Guss, dann ein Wasserfall. Anscheinend kamen die Gebete aus La Junta in Denver an – vielen Dank auch. Aus meinem Rucksack zog ich die lange Unterwäsche und schlüpfte unter der Brücke hinein.

Die Zeit verging kaum, aber es wurde immer kälter. Auf dem Wasser quakten fröhlich ein paar Enten, und ein Biber zog, auf dem Rücken gleitend, entspannt an uns vorbei. Ich ließ einen gewaltigen Schrei ab: nichts, aber auch gar nichts half. Nicht die zehnte Zigarette, nicht die letzte Kleidungsschicht.

»Es wird bald bergauf gehen«, sagte Shoestring.

Ich war kurz davor, uns ein schönes Hotel zu buchen. Dann dachte ich an Tuck und die Lektion: no sniveling, nicht rumjammern. Das Leben da draußen ist hart, aber dafür musst du dich auch nicht mit dem Rattenschwanz der modernen Gesellschaft rumschlagen, hast weder die Steuer noch soziale Verpflichtungen an der Backe, und immer, wenn dir ein Ort nicht mehr passt, fährst du eben zum nächsten. Das ganze Zeug, das ein moderner Mensch in der heutigen Gesellschaft hat und ihm den Kopf zumüllt, das gibt's alles nicht auf der Straße. Hier zählt nur Luft, Wasser, Essen und ein Platz zum Schlafen.

Unsere Rucksäcke standen im Trockenen an einer Wand, und das war alles, was wir hatten.

Je länger ich darüber nachdachte, was Shoestring in La Junta im Mondschein gesagt hatte, desto mehr stimmte ich dem zu. Zu Hause habe ich in regelmäßigen Abständen Tage, an denen mein größter Erfolg ist, dass ich mir die Hosen angezogen habe. Hier draußen beschäftigst du dich nur mit den simplen Dingen, und das ist immer wieder eine Herausforderung, dein Kopf hat überhaupt keine Gelegenheit, sich selbst in den Wahnsinn zu treiben.

Nur eines vermisste ich, und das waren die grünen Katzenaugen meiner Geliebten. Der Rest: geschenkt. Es ist eine radikale Art der Freiheit, die nur schwer zu beschreiben ist.

Ich wandte mich dem Minimalisten neben mir zu. Der schaute einfach die ganze Zeit auf das Wasser, stützte sich mit den Unterarmen auf das Geländer. Dann streckte er sich und begann, über seinen Zahltag zu reden, am Ende des Monats. Da kommt die staatliche Stütze auf seinem Konto an. Einmal in vier Wochen, zwölfmal im Jahr lebt er wie ein König. Dann bezieht er ein Motelzimmer und geht ins Outback Steakhouse, eine Restaurantkette, die bekannt ist für ihre hochkalorischen Speisen in Übergröße.

Wir redeten über die weichen Betten, die Dusche, und Shoestring sagte, er werde dreimal duschen und das Wasser an- und abdrehen, wie es ihm gefalle. »Es wird bergauf gehen«, wiederholte er, während gegenüber, in etwa 100 Meter Entfernung, die Neonreklame eines Kinos blinkte und Autos vor dem Gebäude einparkten.

Jetzt schälten wir uns mit dem Sonnenaufgang aus der Molle, packten zusammen und ließen mit unserem Lager im feuchten sandigen Boden auch die Abdrücke unserer Körper zurück. Ein paar Hundert Meter weiter das rettende Ufer eines Starbucks, und wir fielen rein, zwei sich an Land werfende Schiffbrüchige. Die Füße schwer, der Körper steif, im Kopf ein dichter Nebel.

Während ich mich an einem Kaffee aufwärmte, wurden rundum bereits energiegeladene Gespräche geführt: Es ging um Job-Interviews, mögliche Kooperationen, absolut sichere Investitionen. Zwischen all der morgendlichen Dynamik hockten wir mit dem leeren Blick von Obdachlosen, nichts anderes im Kopf als die Wärme, die langsam in den Körper zurückkehrte, das Bitzeln in den Zehen, dazu der ölige Film auf der Haut und der Dampf, der aus den Klamotten stieg, die schon lange nicht mehr gewaschen worden waren.

Und ich weiß noch, wie ich in diesem Konzert aus gluckernden Kaffeemaschinen und Business-Blabla (Wie ist der Pitch? Ich sehe da jede Menge Potenzial!) dachte, schau, wie sauber diese Menschen sind, kein Fleck auf der Hose, die Hemden gebügelt, und das Haar glänzt wie Edelmetall.

David Smith rühmte sich damit, an jede Parkuhr in New Orleans gepinkelt zu haben. Der 46-Jährige aus South Carolina lebte mit seinem 16-jährigen Sohn in einem Pick-up-Truck mal hier und mal da – fiel also grob in die Kategorie Rubber Tramp. Er folgte Shoestring auf Facebook und wollte ihn kennenlernen.

So lagen wir im Skyline Park an der 16th Street Mall, der weniger Park als ein Grünstreifen zwischen Hochhäusern ist, und Shoestring und ich lüfteten unsere Füße und Stiefel aus, was, nach dem Geruch zu urteilen, dringend nötig war.

»Mann«, sagte Shoestring, »ich bin vielleicht breit. Dieses Ape Grape ist ganz schön stark.«

»Yup.« Smith lachte verständnisvoll. Dann holte er seinerseits eine Pfeife raus, schaute sich kurz nach der Polizei um und zündete sie an. Man kann zwar überall legal Gras kaufen, aber man darf es nicht in der Öffentlichkeit rauchen.

Shoestring hatte am Morgen vor dem Starbucks nicht nur seine Lebensmittelvorräte mit geschenktem Zitronenkuchen und Stullen aufgefüllt, sondern auch überraschend gutes Geld gemacht, wovon er sich anschließend ein Gramm Gras gekauft und einen kleinen Teil davon jetzt im Park geraucht hatte.

Smith wollte uns ein Messer verkaufen und warnte uns vor den ganzen Amphetamin-Junkies, den Tweakern, die nachts rauskämen wie ein Horde Untoter.

»Es gibt einfach zu viele Penner in dieser Stadt«, klagte Shoestring. »Gestern habe ich gerade mal zwei Dollar auf der 16. gemacht.«

Smith nickte. »Man muss wissen, wo. Ein paar Blocks Richtung Buddhistentempel sieht es schon anders aus. Setzt du dich in langer Unterwäsche hin und nähst dir die Hose, dann kannst du schon ein paar gute Scheine machen.«

Sie tauschten weiter Informationen aus wie bei einem Pow-Wow in der Wildnis vor 150 Jahren: über Schlafplätze, tags wie nachts; Möglichkeiten, Strom zu ziehen; Orte, an denen man relativ ungestört sein Geschäft in der Stadt verrichten konnte. Viele Lokale haben ihre Toiletten nämlich verschlossen oder mit einem Code gesichert, den man nur bekommt, wenn man konsumiert.

»Die können mich mal«, sagte Smith. Deswegen müsse man Techniken kultivieren wie die in New Orleans. »Ich halte also das Telefon an mein Ohr und gehe zielstrebig Richtung Parkuhr. Bis ich da bin, habe ich das Teil schon rausgeholt, und dann lehne ich mich einfach an die Parkuhr und tue so, als würde ich Geschäften nachgehen, hehe.«

Wir lagen auf dem Rücken im Gras, die Sonne schien bei 16 Grad, der Wind trieb die Wolken schnell vor sich her: sonnig, bedeckt, wieder sonnig. Die Kälte der letzten Nacht war bereits vergessen; erstaunlich, wie schnell das ging. Aber ein Blick auf die Wettervorhersage für Cheyenne bewies gleichzeitig, dass der Temperaturkeller noch lange nicht betreten war.

Smith zeigte mit dem Finger auf ein Hotelgebäude. »Das letzte Mal, als ich so richtig Kasse gemacht habe, habe ich mir da ein Zimmer genommen. Und jede Menge Bier natürlich. Und eine Nutte. Alter, die war vielleicht wild.«

»Ah«, sagte Shoestring, der seit 2008 keinen Sex mehr gehabt hatte. »Ah«, sagte er, schaute in den Himmel und seufzte: »Frauen.« Und in diesem Wort steckte mehr Sehnsucht als in tausend Seiten Tolstoi.

11

Ron brach über uns herein wie eine Naturgewalt. Auf seiner schwarzen Hose die Aufnäher der Milwaukee und Alaska Railroad (my rail-pants, oh yeah, baby!), im Mund eine Marlboro Menthol, an der er so heftig zog wie Tuck an seinen Smoking Joes. Eine Narbe zog sich im Zickzack von seinem einen verkrüppelten Ohr quer über die Stirn auf die andere Seite. Einen Kopf kleiner als Shoestring, aber dafür doppelt so breit und gespannt wie eine Sprungfeder. Wollte sofort losrennen mit dem großen schwarzen Rucksack, hielt sich aber zurück, schmiss die Zigarette schwungvoll weg und nahm, ohne den Rucksack abzuziehen, Shoestring in eine Umarmung, die diesem die Luft aus dem Körper presste.

An der Union Station in Denver bewegten sich die Pendler mit müden Gesichtern in Richtung Vororte, auf dem Programm Abendessen, Fernsehen, dann ins Bett.

»Ahhh, das ist so aufregend!«, stieß Ron aus. »SO GOTTVERDAMMT AUFREGEND!« Seine Augen schwirrten hin und her, er zündete sich eine neue Zigarette an, es war dunkel geworden und kalt. »Okay okay, wo ist der nächste Schnapsladen?«

Wir gingen an der Rückseite des Bahnhofs vorbei, stockten kurz unsere Lebensmittel am King-Soopers-Markt auf, und dann waren wir schon 500 Meter weiter vor dem Schnapsladen Sky Liquor unter der Brücke der 20. Straße. Ich musste kurz an Tuck denken und seinen Spruch für solch zielgerichtete Bewegungen: hippity hop to the liquor shop.

»Trinkst du auch ein paar Bier?«, fragte Ron mich. »Ich trinke nur gutes Bier, Craft-Bier, nicht diesen typisch amerikanischen Mist!«

Ohne eine Antwort abzuwarten, ging er in den Laden. Shoestring und ich passten draußen auf die Ausrüstung auf. Gleich darauf war Ron durch die Fenster an der Kasse zu sehen, ein Sixpack in der Hand.

»Gut«, sagte Shoestring. »Ist wirklich nur Bier. Normalerweise kauft er sich Wodka. Der Kerl verträgt eine Menge, aber ich mag ihn nicht, wenn er zu viel trinkt. Wahrscheinlich war er auch blau, als er seinen Unfall hatte, auch wenn er sagt, dass er nüchtern war.«

Ron kam aus dem Laden, in der einen Hand richtig gutes Bier – und in der anderen eine 1,5-Liter-Flasche Svedka Wodka. Mein Blick auf dieses Ungetüm blieb nicht unbemerkt.

»Oh, das? Ich werde nur ab und zu mal einen Schluck nehmen. Wirklich.«

Wir drückten uns hinter einen der großen Brückenpfeiler. Über uns fuhren Autos in die Innenstadt und andere in den Norden. Es war gegen 21 Uhr und auf den Straßen noch viel los. Vor uns war die Unterführung, und eine Gruppe nach der anderen – Dirty Kids mit Skateboards, Obdachlose mit Hunden – liefen in Richtung South Platte River, um sich in der Dunkelheit der Böschungen für die Nacht niederzulassen.

Bevor ich mein Bier zur Hälfte getrunken hatte, setzte Ron bereits das zweite an die Lippen. »So«, sagte er. »So so so. Also von hier nach Cheyenne, dann Ogden, dann Roseville.«

»Aber«, versuchte Shoestring, seinen Plan vom Norden einzubringen. Er wollte lieber durch Montana fahren, dann rüber in den Nordwesten. »Ich hasse Kalifornien.«

»Alles wird gut.«

»Denk an meinen Haftbefehl in Nevada.«

»Jajaja, und ich hab einen Haftbefehl in Wyoming. Sei kein Weichei, Shoestring. Leb mal ein bisschen!« Ron nahm einen Schluck von der Wodkaflasche.

»Ich glaube immer noch, dass die Nordroute sicherer ist.«

»Ach, komm schon, das ist meine Gegend. Ich kenne den Westen. Und in der Wüste sieht uns niemand. NIEMAND! Außerdem musst du echt mal Alise treffen, die Frau ist da die Königin der Obdachlosen! Ich hab schon mit ihr gesprochen, und sie meint, sie hat Zelte für uns organisiert und alles. Es wird ganz großartig, glaub mir. Grooooß-artig!« Ron schlug Shoestring auf die Schulter. »Komm schon, Alter, komm komm komm.«

»Es ist nur, dass …«, versuchte Shoestring es erneut, aber Ron sagte bloß: »Alles wird gut, alles wird richtig guuuut!« Er nahm einen weiteren Schluck von der Wodkaflasche, schüttelte sich, spülte mit Bier hinterher und zündete sich noch eine Zigarette an. Ein russischer Matrose auf Landgang nach drei Monaten auf hoher See. Fehlten nur die Drogen und die Nutten.

»In Ordnung«, sagte Shoestring schließlich. »Wo sollen wir heute Nacht schlafen? Letzte Nacht waren wir in Oxford …«

»Schlafen?« Ron sah Shoestring entgeistert an. »Hast du sie noch alle!? Wir springen auf den Zug. Ich bin hier runtergekommen, um Fracht zu fahren, nicht um zu schlafen. Ich bin hier, um mit dir und Fredy Züge zu fahren. Und bei Gott, wir werden Züge reiten.«

Ron verstaute die Wodkaflasche in seinem Rucksack. Wir standen auf und reihten uns ein in die Horden Abgerissener, von Streunern, Herumtreibern, Gammlern, Pennern, Train Riders, und gingen durch die Unterführung auf die andere Seite, überquerten dann die Straße Richtung City of Cuernavaca Park. Aus Ron flogen Funken. Shoestring freute sich, seinen Freund wiederzusehen, allerdings war ihm die ganze Energie, die er ausstrahlte, nicht ganz geheuer.

»Mannomann«, sagte Ron, »vielleicht gehe ich gar nicht zurück nach Alaska.«

»Was zum Teufel redest du denn da?«, fragte Shoestring.

»Das fühlt sich so guuuut an, vielleicht fahr ich eine Weile lang Fracht.«

Da waren wir noch nicht mal in Sichtweite des Güterbahnhofes.

»Du hast da oben was Gutes am Laufen. Sei kein Narr.«

»Dawn wird das schon kapieren. Du weißt, dass ich sie liebe. Aber sie versteht, dass ich tun muss, was ich tun muss.«

Nach ein paar Minuten richtete sich Ron aus wie eine Kompassnadel, und wir folgten ihm über das Gras durch den Park. Jetzt sah man in der Ferne die Lichter der Züge, und bald waren wir, nach dem obligatorischen »Betreten verboten«-Schild, auf dem Gelände. Ließen uns nieder neben einem großen Berg von Eisenbahnnägeln, daneben lagen ein Haufen Schwellen und andere lose Enden, die auf dem dreieckigen Gelände zu einer Hügelkette aufgeschichtet waren. Vor uns im Gras der Böschung zum Fluss hin ein altes Lager.

Ron organisierte die Pappe sowie einen Quadratmeter Dämmstoff, der dort rumlag, und brachte auch noch einen Rucksack herbei. »Hey, guckt mal, was ich gefunden habe!«

Wir durchsuchten das schwarze Teil. Eine Fahrradluftpumpe, eine große Taschenlampe und ein Spritzbesteck.

»Fucking Tweakers«, sagte Ron. »Die sind echt überall.«

Shoestring probierte die Taschenlampe aus. Sie funktionierte einwandfrei, und er schwenkte den Lichtkegel auf die andere Seite des Flusses. »Gute Taschenlampe. Wer schmeißt denn so was einfach weg?«

Von der anderen Flussseite, etwa 50 Meter entfernt, schrie jemand: »Ihr verfluchten Hurensöhne! Macht das verdammte Licht aus!«

Soweit ich das beurteilen konnte, hingen in dem anderen Lager etwa fünf, sechs Leute rum, zwei Zelte.

Es folgte ein kurzer Brüllwettbewerb, dann schaltete Shoestring die Lampe aus, befand sie als zu groß, um sie mitzunehmen, und wir machten es uns auf der Pappe und dem Dämmstoff bequem.

Ron nahm einen neuerlichen Schluck Wodka, schüttelte sich wieder und reichte mir die Flasche. Der Wodka brannte den ganzen Weg nach unten in den Magen. Ich verzog das Gesicht, aber mir wurde warm.

Ron stand wieder auf. Da er die Temperaturen im Aussteiger-Bundesstaat Alaska gewöhnt war, wo zur Zeit noch eine dichte Schneedecke lag, trug er nur ein T-Shirt. Rastlos tigerte er durch unser Lager, trommelte Shoestring auf den Rücken und rief: »Mark Mark MARK! Alter, ich fühl mich grooooßartig!«

»HALTET ENDLICH DAS MAUL!«, brüllten die Obdachlosen von der anderen Seite.

Rons Vater war Wärter im Folsom City Prison in Kalifornien gewesen. Jenem Gefängnis, in dem Johnny Cash ein Livealbum aufnahm und vor den Insassen diese Zeilen sang: »I hear the train a coming, it's rolling round the bend and I ain't seen the sunshine since I don't know when«. Der Vater sagte: Interessiert mich einen Scheißdreck. An meinem Tisch herrscht Zucht und Ordnung. Hier tanzt niemand aus der Reihe, und schon gar nicht springt jemand auf einen Güterzug. Siehst du diesen Gürtel? Dieser Gürtel kann sehr wehtun.

Das interessierte wiederum Ron nicht. Lonesome whistle, das hörte sich doch ganz gut an. Hier Schläge, da Freiheit. Hier noch ein Kind, auf den Gleisen mit 14 schon eine eigenständige Person, frei und wild, und sofort abhängig von der einäugigen Geliebten.

Auf dem Gelände tat sich was. Ron sagte: »Let's go.«

Mit Sack und Pack standen wir eine halbe Minute später an einer Gleiskurve, die aus dem Maul einer Brücke hervorkam. Neben uns ein paar hüfthohe Betonquader, ansonsten offenes Gelände.

Von der anderen Flussseite riefen die Obdachlosen: »Hey, ihr befindet euch auf Bundeseigentum!«

»Haltet die Klappe!«

»Ist das sicher hier?«, fragte ich. Der Lokführer würde uns auf jeden Fall sehen, wenn er aus der Kurve kam, außer er war blind, wovon nicht auszugehen war.

»Deine Sicherheit ist mein Anliegen«, sagte Ron. »Ich darf auch nicht erwischt werden.« Beeindruckendes Selbstbewusstsein. Er bewegte sich hier so sicher wie Shoestring an der KCS im Süden.

Der meinte, genau hier habe ihn vor ein paar Jahren ein Bull der Union Pacific erwischt. »Plötzlich stand er neben mir, hat mich halb zu Tode erschreckt.«

»Alles kein Problem, kein Problem«, sagte Ron.

Da kam auch schon der Zug aus dem Gelände, im Hintergrund die Brücke und dahinter hohe, funkelnde Apartmentgebäude, die Stadt Denver. Ein wilder Anblick. Der Zug machte etwa 15 Meilen die Stunde. Kleine Faustregel: Wenn man die drei Bolzen am Rad nicht zählen kann, ist der Zug zu schnell.

Ron schmiss seine Bierflasche auf das Arbeitsgelände. Sie zersplitterte geräuschlos, weil der Zug mit seinem kreischenden Stahl alles verschluckte. Fast alles.

»Ever caught on the fly?«,* schrie Ron mir zu.

»Nein.«

»Dann schau genau hin!«

Der Zug mit Getreidewaggons fuhr an uns vorbei: röhrend, bedrohlich in der Dunkelheit. Ron rannte los. Der Ballast knirschte unter seinen schnellen Schritten. Er rannte parallel zum Zug, bis er auf gleicher Höhe mit einer Leiter war. Mit der rechten Hand packte er eine Strebe, dann mit der linken. Jetzt der Fuß: Er stand auf der Leiter.

Ron sprang wieder ab und lief ein Stück im Tempo des Zuges. Dann stoppte er, drehte um und kam zurückgerannt. »Und, schaffst du das?«

Der Zug donnerte weiter an uns vorbei. Die 15 Meilen kamen mir vor wie 50. Ich schaute Shoestring an, mit seinem schweren Rucksack und der Handwerkertasche. Der schüttelte, ganz leicht, den Kopf. Ich hatte nichts gegen eine Kriegsverletzung, den kleinen Finger zum Beispiel, den brauche ich nicht. Aber das hier wäre kein kalkuliertes Risiko, sondern einfach dumm. Was steht im »Crew Change Guide« und was hatte mir Tuck beigebracht? Es gibt immer einen nächsten Zug.

»Und? Schaffst du das?«, drängte Ron.

»Es gibt immer einen nächsten Zug«, antwortete ich.

»Fuck«, sagte er, taxierte mich kurz mit einem enttäuschten Blick, der überraschend wehtat, und zündete sich dann eine Zigarette an.

Shoestring atmete durch.

---

* To catch on the fly: auf einen fahrenden Güterzug aufspringen.

12

Cheyenne ist also der Ort, der Denver einst in Sachen Transkontinentale ausgestochen hat. Wie überall in ihrem Verlauf brachte der Bau der Eisenbahn gleichzeitig die Hoffnung auf Wohlstand. Als der Aushub der Strecke am 13. November 1867 Cheyenne erreichte, zählte der Ort, der nach einem der berühmtesten Stämme der Great Plains benannt wurde, 4000 Einwohner. Danach wuchs er so schnell, dass man ihm den Spitznamen Magic City of the Plains verlieh. Heute hat Cheyenne 60 000 Einwohner und ist Hauptstadt des Bundesstaats Wyoming, auf dessen gigantischer Fläche Grasland sich gerade mal 500 000 Seelen verlieren.

Außerdem ist Cheyenne eine von drei strategischen Raketenbasen in den USA. Soll heißen: Hier sitzt unter anderem das Air Force Global Strike Command auf einer Reihe von alles zerstörenden Interkontinentalraketen. Interessanterweise lässt sich die Basis direkt mit der Eisenbahn in Verbindung bringen, denn die Gründung geht zurück auf den Railroad Act von 1862, auf Abraham Lincoln, dessen Pläne auch eine militärische Einrichtung vorsahen, um die Arbeiter der Union Pacific vor den feindlichen Indianern zu beschützen. Aus diesen bescheidenen Anfängen eines Forts namens David Allen Russell wuchs die größte und modernste Raketenbasis der USA. Was am Ende dazu führte, dass sich Ron, Shoestring und ich wie auf einem Präsentierteller vorkamen.

Weil Shoestring erst im Schutz der Nacht auf den nächsten Zug springen wollte, mussten wir uns den ganzen Tag in Cheyenne um die Ohren schlagen. Wir gönnten uns Sandwiches und Pommes im Arby's, durch dessen Fenster man einen direkten Blick über die Straße hinweg auf die Gleise hatte. In der Hauptstadt Wyomings kreuzen sich Gleise und Züge der Union Pacific und der BNSF; neben den vielen Angehörigen der Armee bilden die Eisenbahnarbeiter wohl die zweitgrößte Gruppe der Einwohner Cheyennes. Shoestring mampfte sich wortkarg durch sein Sandwich mit Schweinebauch, und ich dachte mir, dass es wieder mal höchste Zeit für Sweet European Cream Butter war.

Nach dem Mahl stockten wir im Supermarkt auf und hockten uns hinterher im Holliday Park hinter die Büsche, damit man uns von der Straße nicht sehen konnte. Aber am Lake Minnehana fütterten ein paar Spaziergänger die Enten und schauten uns misstrauisch an.

»Komm schon, lasst uns zum Yard gehen«, sagte Ron.

»Nein. Wir warten, bis es dunkel ist. Zu viele Bullen auf der Straße.«

»Glaub mir, der Yard ist total entspannt. Ich kenn mich da aus.«

Aber Shoestring war unbeugsam. »Mit dem ganzen Militär hier ...«

Der Wind frischte auf, und die Temperatur fiel. Die Höhenlage von circa 2000 Metern macht Cheyenne in Verbindung mit einer Landschaft, in der sich der Wind ungehindert ausbreiten kann, zu einer der zugigsten Städte der USA. Ich bewegte mich ein wenig, schaute mich um. Im Park war eine Big-Boy-Lokomotive der Union Pacific ausgestellt, damals die größte und leistungsfähigste Dampflok der UP, eines von acht erhaltenen Exemplaren. Big Boys Haupteinsatzgebiet war die Strecke über die Rockies, von Cheyenne über den Sherman Hill Pass nach Laramie, weiter nach Green River und dann nach Ogden in Utah. Die Strecke, die auf unserem Zettel stand, war also immer noch die gleiche, ebenso wie das Motto von UP: Building America. Nur die Art der Lok hatte sich geändert.

Neben dieser gewaltigen schwarzen Maschine standen ein paar Picknickbänke, und ich schlug Ron und Shoestring vor, uns dort hinzubegeben, aber es kam ihnen gar nicht in den Sinn, sich als gute Bürger zu tarnen. Also blieben wir hinter dem Busch auf der Wiese, die durchsetzt mit Hundescheiße war.

Bis ein Polizeiwagen im Park auftauchte. Der Bulle verringerte die Geschwindigkeit und schaute uns durch das Fenster an. Dann rollte er ganz langsam aus dem Park heraus.

»Verdammt«, sagte Shoestring.

»Im Yard ist es sicherer, ich hab's dir gesagt. Los jetzt.«

Widerwillig, aber für den Moment überzeugt setzte sich Shoestring in Bewegung. Auf der Hauptstraße passierte uns ein anderes Polizeiauto. Das gleiche Spiel. Über uns ein Helikopter. Wir hielten kurz inne, bis das Gesetz außer Sichtweite war. Dann rannten wir über die Straße und kreuzten in die Gassen hinter einem Autohaus mit dem schönen Namen Cowboy Dodge.

Endlich: das Bahnhofsgelände. Wie eine große Brache breitete es sich vor uns aus. Die Wege waren von Pfützen durchsetzt, im kniehohen Gras lag ein zerstörter Fernseher, zwischen den verschiedenen Gleissträngen rosteten ein paar Baumaschinen vor sich hin. Hinter dem weitläufigen Areal ragten die Schlote einer Raffinerie in den Himmel, aus den hohen Pistolenläufen schoss brennendes Gas und wehte im Wind wie eine rote Fahne.

Jetzt, auf der anderen Seite von Cowboy Dodge, bereiteten wir unser Lager mit einem großen Stück Karton und legten uns hin. Shoestring lehnte sich gegen den Maschendrahtzaun, der uns vom Autohaus trennte. Ron holte die Wodkaflasche hervor und nahm einen ordentlichen Schluck.

»Ganz schön kalt«, sagte ich, nahm die Flasche an mich und dachte an einen selbst ernannten Sittenwächter namens Jeff Carr, der es sich um die vorletzte Jahrhundertwende zur Aufgabe gemacht hatte, Güterzüge von Hobos zu säubern. Dazu ritt er mit seinem weißen Pferd neben den Zügen her und schoss mit dem Revolver auf blinde Passagiere, die auf den Stufen, dem Dach oder im Inneren eines Waggons rumlungerten.

»Kein Problem«, meinte Ron. »Pro Tag kommen hier an die 50 Züge durch.«

Shoestring sagte gar nichts mehr.

Ron redete für alle genug, sicherlich angetrieben vom Wodka, der ihm schnell die Kehle runterlief. Vor etlichen Jahren, 1994 war das, kletterte er wieder mal in eine Lok. An der hingen 27 Waggons, und der Zug stand auf einem Gleis in Georgia. Es war eine Mutprobe, sagte Ron, und wenn es ihm an einem nicht mangelte, dann war es Mut. Ob das Ganze klug war, ist eine ganz andere Frage, aber immerhin schaffte er es 13 Meilen weit Richtung Atlanta, bevor er den Zug der CSX-Eisenbahngesellschaft einfach stehen ließ und abhaute. Allerdings hatte er nicht mit der Wut seiner zukünftigen Exfreundin gerechnet. Ich weiß nicht, was zwischen den beiden vorgefallen ist. Es war jedoch genug, damit sie ihn acht Monate später bei den Behörden anzeigte. Daraus ergab sich Rons erster Gefängnisaufenthalt.

Fast zehn Jahre später hielt ihn die Polizei bei einer Straßenkontrolle im Auto an und erwischte ihn mit einer Waffe, einer Menge Crystal Meth und einem Batzen Bargeld, 70 000 Dollar, um genau zu sein. Dabei war es nicht so, dass Ron in einem armen Haushalt aufwuchs. Beide Eltern arbeiteten, beide im Folsom Prison. Als sein Vater in die wohlverdiente Rente ging, tat er das sogar als Gefängnisdirektor. Was Ron nicht passte, waren die ganzen Regeln. Immer nur Regeln Regeln Regeln.

Von den versprochenen 50 Zügen kam kein einziger. Ich begann zu zittern. Obwohl Cowboy Dodge bereits geschlossen hatte, spielte immer noch das Radio. Als würde uns jemand beim Frieren zuschauen, schepperte »Hot Stuff« von Donna Summer aus den Boxen.

»Ich nehm das Zeug nicht mehr«, sagte Ron, ohne dass ich ihn danach gefragt hätte. »Aber falls mir jemand was anbieten würde … dann vielleicht.« Er nahm noch einen Schluck. »Ja, dann würde ich vielleicht nicht Nein sagen.«

Das Zittern ließ sich nicht mehr kontrollieren, und ich rollte meinen Schlafsack aus. Shoestring lag bereits in seinem und lutschte Süßigkeiten. Es war Nacht, aber ab und zu ratterte immer noch ein Helikopter über unsere Köpfe hinweg.

Endlich kamen die Züge. Allerdings nur EBDs, eastbound, gen Osten.

Warten, frieren, Wodka trinken.

Schließlich ein WBD. Ron sprang auf. Shoestring reckte den Kopf. Kurzer, professioneller Blick, dann sagte er: »Da ist nichts Fahrbares.«

»Lass mich nachschauen. Einfach mal nachschauen.«

»Glaub mir.«

»Ich schau einfach mal.« Ron verschwand in der Dunkelheit. Nach fünf Minuten kam er wieder. »Nix.«

»Siehst du mal.«

»Aber ... wir können in die Schublok.«

Dort sitzt nie jemand, sie werden vom Führerstand aus ferngesteuert.

»Können wir nicht. Nicht zu dritt.«

Ron schaute sich nach dem Zug um, er hatte seinen Rucksack bereits geschultert. Die Gravitationskraft war offensichtlich. »Ich muss los. Ich muss diesen Zug fahren.«

»Tu, was du nicht lassen kannst.«

»Und ihr?«

»Wir nehmen den nächsten.«

»Ich will dieses Dreckstück reiten.«

»Dann mach's halt.«

»Ich seh euch beim nächsten Personalwechsel.«

Shoestring nickte nur.

Ron rannte auf den Zug zu, auf die Schublok.

Shoestring ist einer, der ist eins mit den Zügen, fragt schon fast respektvoll, darf ich aufsteigen, ja, vielen Dank, das ist sehr freundlich, keine Angst, ich tu dir nichts. Ron war ein ganz anderer Fall. Er sprang einfach auf das bockende Pferd und klatschte ihm auch noch auf den Arsch.

Wenig später erklang die Abfahrtsirene, zweimal. Der Zug rumpelte aus dem Yard. Schemenhaft sah ich Ron, wie er da auf der Lok stand. Mit der einen Hand hielt er sich an einer Leiter fest, mit der anderen winkte er. Aus voller Lunge schrie er durch die kalte Nacht: »Denk dran, ich liebe dich! Bis gleich in Green River!«

Jeff Carr hätte ihn seinerzeit glatt vom Zug geschossen. Stattdessen hörten wir kurz darauf das Geheule von Polizeisirenen.

»Scheiße«, sagte ich und schaute zu Shoestring rüber.

Der grunzte erst, dann sagte er: »Ich hoffe fast, dass er eine Nacht im Gefängnis bekommt.« Shoestring schob sich ein weiteres Bonbon in den Mund. »So übermütig, der Typ. Glaubt, er weiß alles.«

Ich vergrub meinen Körper tiefer in den Schlafsack. Die Kälte kroch über den Boden wie ein tödliches Gas. Eine Viertelstunde später kam der nächste Zug. Ich setzte mich auf und drehte mich zu Shoestring um.

Er schlief.

13

Ein Schneesturm fegte ungebremst durch die karge Landschaft Wyomings. Augen zu: die dampfende grüne Natur in Louisiana. Augen auf: alles weiß.

Im Wasserkanister neben mir klirrte das Eis. Der Schlafsack war nass, die Beine steif. Arbeiter fuhren über das Gelände. Shoestring lag reglos in seinem Schlafsack. Ein kurzer Moment der Angst, dass er erfroren war. Dann ein Grunzen aus seiner Molle. Gut.

Mein Telefon klingelte. Es war Ron.

»Wo zum Teufel seid ihr denn? Ich warte auf euch. Ich stehe in Green River direkt neben den Gleisen, und es schneit wie Sau.«

»Shoestring schläft immer noch. Der Kerl ist wie tot.«

»Leute, eben sind zwei Boxen durchgefahren, und ich renn wie ein Blöder neben ihnen her, um nach euch zu schauen.«

»Tschuldige. Wir nehmen den nächsten Zug. Hab Geduld.«

»Okay.« Er legte auf.

Shoestring bewegte sich, gähnte. Hatte aber überhaupt kein Interesse daran, in den nächsten Zug zu springen. Sagte, es sei Freitag. »Ich kriege heute einen Teil meines Geldes und werde mir ein Hotel nehmen. Keine Ahnung, was die ganze Eile soll. Ron redet einfach zu viel.« Er gähnte wieder, lang und breit, kratzte sich die Haut unter dem Bart. Dann: »Ich werde heute wie ein König leben.«

Kurz vorm Arby's, nach etwa einer halben Meile durch die Hintergassen der Stadt, kam Leben in meine Beine, und ich lief nicht mehr wie ein Roboter, sondern wie ein normaler Mensch. Der in den Arby's ging, sich einen großen Kaffee kaufte und unter den Blicken der morgendlichen Gäste an einen Tisch setzte und versuchte, sich aufzuwärmen. Shoestring war liegen geblieben, hatte gesagt, er werde sich später melden. Ich dachte zunächst: gar nichts. Fast schon Gewohnheit inzwischen.

Bis es mich am Rücken juckte. Ich steckte in denselben Klamotten seit weiß der Geier wie lang und tastete unter ihnen am Schulterblatt entlang. Saß da doch eine richtig fette Zecke. Ein blinder Passagier, der den ganzen Weg von Pittsburg, Kansas, mitgereist war, mich als Güterzug und Futterquelle benutzt hatte. Ich wurde wütend. Ließ meinen Ärger über Shoestring und Ron an der Zecke aus und riss sie mir – ohne mich um die Möglichkeit einer Hirnhautentzündung zu scheren – einfach von der Haut. Gott, war sie fett und prall. Erbsengröße fast. Ich schmiss sie auf den Boden und trampelte auf ihr rum, wahrscheinlich brabbelte ich dazu irgendwas auf Deutsch, denn die anderen Gäste schaute mich an, diesen Ausdruck auf dem Gesicht: verdammter Penner.

Danach klingelte mein Telefon im Halbstundentakt.

»Wie? Was soll denn das Gerede von einem Hotel?«, sagte Ron. »Geht's noch?«

»Keine Ahnung, was gerade Sache ist. Ich nehme an, er ist wieder mal unterwegs, um Mohn zu organisieren.«

»Ich habe es so satt. Ich werde mich nicht von seiner Sucht in Geiselhaft nehmen lassen, und das habe ich ihm schon 1000 Mal gesagt.«

»Hmmh.«

»Weißt du … ich habe ein schlechtes Gewissen wegen gestern. Aber ich bin hier runtergekommen, um Fracht zu fahren, nicht um im Yard rumzuhängen.«

»Geht schon in Ordnung. Es gibt immer einen nächsten Zug.«

»Pferdescheiße! Shoestring wird wieder den ganzen Tag rumhängen, weil er tagsüber nicht fahren will. Ich liebe den Kerl, aber du musst ihn stehen lassen.«

»Stehen lassen?«

»Ja, stoß ihn ab. Lass ihn seine Mohnsamen haben und sein Motel, aber du gehst zum Yard und schnappst dir den nächsten Zug.«

»Auf dem Yard wimmelt es gerade von Arbeitern.«

»Scheiß drauf! Der Yard ist entspannt, hüpf auf den Zug. Ich warte in Green River.«

Ich dachte darüber nach. Aber falls ich Shoestring hier alleine ließe, würde ich ihn wahrscheinlich nie wiedersehen. Also Zeitspiel: »Okay. Ich melde mich später noch mal«, sagte ich und legte auf. Warf noch einen Blick auf den schwarzen Fleck auf dem schweren Teppichboden, den Matsch der kleinen Hobozecke.

Shoestring schrieb mir unterdessen, dass er nun im Taxi unterwegs sei, to get supplies. Es war klar, was diese Vorräte waren, aber warum unbedingt im Taxi? Ich musste daran denken, wie ich mal vor langer Zeit als Taxifahrer in Rüsselsheim gearbeitet hatte. Eine Stadt, in der kaum etwas los ist, in der man immer nur auf die Geschäftsleute von Opel hoffte und dass sie die 20 Kilometer auf Firmenkosten zum Frankfurter Flughafen fuhren. Aber jedes Mal am Ersten des Monats: da war was los. Da war die Stadt eine Stadt, da fielen die Opelarbeiter aus ihren Wohnwaben, hauten sich auf den Ledersitz im Mercedes, in ihrem Atem bereits Schlieren von Alkohol: Jetzt wird mal richtig einer gepetzt. Von der einen Kneipe in die nächste, von Trinkhalle zu Trinkhalle. Magere Distanzen, problemlos zu Fuß latschbar, aber was kostet die Welt? Ich nehme an, auch sie wollten, zumindest für einen Tag, wie ein König leben.

Das Motel 6 lag im Südwesten der Stadt zwischen Eisenbahngleisen und in Spuckweite der Francis E. Warren Air Force Base. Es war die Erfüllung unserer Wünsche, die in Denver in die kalte Luft unter der Brücke gesprochen worden waren. Während ich meine Klamotten aus dem Rucksack holte und auf weitere parasitäre blinde Passagiere untersuchte, schüttelte sich Shoestring einen Tee mit Mohnsamen aus einem Bioladen.

»Verfluchter Ron«, sagte er die ganze Zeit. »Was soll die Eile? Man lässt seine Kumpels nicht einfach zurück, das geht strikt gegen den Hobokodex. Aber er ist hinter dem Meth her. War mir schon klar, als er sich die Wodkaflasche gekauft hat.«

Vor dem Fenster wirbelte der Wind den Schnee durch die Landschaft, die Temperaturen fielen in den Minusbereich, und ich hatte keine Ahnung, wie ich uns alle wieder zusammenbringen sollte.

Dann meldete sich Rons Freundin per Sprachnachricht und schimpfte, was uns einfalle, Ron alleine in Green River rumzustehen zu lassen, was für Freunde seid ihr denn, jetzt steht er im Schnee und ist schon halb tot!

»Ist nicht meine Schuld, dass er es so eilig hat, nach Kalifornien zu kommen«, erwiderte Shoestring.

»Kalifornien??? Er meinte, dass ihr durch Montana nach Oregon fahrt.«

Shoestring schaute mich an, fluchte und hörte sich die nächste Nachricht an.

»Weißt du eigentlich, wie viele Gründe bei ihm gegen Kalifornien sprechen?«, fuhr die Freundin fort. »Ich wette, er will diese kleine Schlampe sehen und den ganzen Tag Meth nehmen.«

»Mist«, sagte Shoestring zu mir. »Wieso hat er uns das nicht erzählt, dass seine Freundin nichts davon weiß? Verdammt Scheiße.«

»Sag ihr einfach, dass ich nach Kalifornien will, um diesen Teil der Westküste zu sehen«, schlug ich vor.

Er nickte, verschickte eine Sprachnachricht mit jenem Inhalt, und für eine Weile war die Freundin beruhigt.

»Gott, ich hasse es, wenn er Meth nimmt«, sagte Shoestring. »Verwandelt sich in eine ganz andere Person.«

Jetzt war wieder mein Telefon dran, und es war wieder Ron. Allerdings nicht mehr so gut zu verstehen, wahrscheinlich hatte er ein paar weitere Schlucke aus der 1,5-Liter-Wodkaflasche genommen. Meinte, ich würde ihn ignorieren, sollte jetzt losfahren, dann wäre ich am Abend da.

»Steig einfach auf den verdammten Zug! Lass Shoestring stehen. Wenn nicht, nehme ich den nächsten IM nach Ogden.«

Ich schaute Shoestring an, der wütend im Zimmer auf und ab lief, in der Hand die Plastikflasche mit seinem Tee aus Mohn, die er genauso wütend schüttelte.

»Ich schließe mich eben mal kurz mit ihm«, sagte ich ins Telefon.

»Whatever.« Ron legte auf.

Was für ein Kindergarten. Oder aber: So ist das mit Einzelgängern. Immerhin war mein schlechtes Gewissen Ron gegenüber durch seine plötzlich entlarvte Geheimagenda beruhigt.

Shoestring trank seinen Tee. Danach war Ruhe im Zimmer. Draußen wehte der Schnee in dicken Flocken durch die Gegend, dämpfte alle Geräusche.

In dieser Ruhe nähte Shoestring ein Loch am Hosenboden, Stich für Stich. Danach zog er sich aus, weißer Leib nach so einem langen Winter, und sprang in die Dusche.

»Der verdammte Sack«, sagte er, als er rauskam und nach Frühling roch. »Wir sollten *ihn* einfach abservieren und in den Norden und dann nach Westen fahren. Kenne die Gegend dort wie meine Westentasche. Ich kann Kalifornien sowieso nicht ausstehen.«

Was tun? Ich wusste es nicht. Wir könnten frühestens morgens los. Ich wollte die Sonne, die Wüste, den Sommer. Wollte, dass wir gemeinsam wie geplant über die Küstenroute nach Seattle fuhren. Außerdem war ich neugierig auf das Obdachlosenlager, von dem Ron erzählt hatte.

»Du magst doch Lewis und Clark, oder?«, fragte ich.

»Klar, ich liebe jede Art von Expedition.«

»Stell dir vor, die hätten sich auf dem Weg zur Westküste zerstritten und aufgeteilt. Vielleicht wären sie dann niemals angekommen, und es hätte danach keine Pioniere gegeben, keine Siedler, keine Trecks.«

Shoestring machte sich auf seinem Bett lang, das er am nächsten Morgen für zu weich befinden würde. Krauste sich den Bart. »Wie eine Expedition.«

»Genau, da kann man nicht einfach mittendrin aufhören.«

»Hm. Ich hasse Kalifornien.«

Aus Hotelzimmergewohnheit schaltete ich den Fernseher ein, und die Welt brach via CNN über uns herein. Sie war laut, hektisch, überbordend, auch dämlich und sinnlos. Ich schaltete den Fernseher umgehend wieder aus.

Himmlische Ruhe.

Dann stand Shoestring auf und ging zum zweiten Mal in die Dusche.

Derweil schrieb Ron, was denn jetzt los sei, ich solle mal hinma-
chen, Shoestring vergessen und auf den Zug springen.

Bevor Shoestring zum dritten Mal in die Dusche tappte, genau wie
er es vorausgesagt hatte, nutzte ich die Gelegenheit und zog die Tür
zum Bad hinter mir zu. Ich drehte den Regler auf so heiß wie möglich
und ließ mir das Wasser über Kopf und Rücken rinnen. Es war die
erste Dusche seit Longview in Texas, und mir lief der Dreck herunter
wie eine Schlammlawine die Rocky Mountains. Ich dachte an frische
Brötchen mit Butter und Marmelade, an Kaffee im Bett.

Dann hörte ich draußen mein Telefon klingeln. Ich war mir sicher,
dass es Ron war. Wahrscheinlich wollte er mir sauer mitteilen, dass er
nicht mehr auf uns Luschen warten könne und nun auf einen IM nach
Ogden steigen werde.

Und genauso war es auch.

14

Die von Osten und Westen aufeinander zu gebauten Gleise der transkontinentalen Eisenbahn wurden 1869 mit einem goldenen Nagel ver-
bunden, und zwar am Promontory Summit in der Nähe von Fort
Buenaventura, einer Siedlung von Europäern, die man heute Ogden
nennt, 40 Meilen nördlich von Salt Lake City, 10 östlich des Großen
Salzsees. Die Stadt von heute knapp 90 000 Einwohnern wurde ein
wichtiger Knotenpunkt, viel wichtiger als das größere SLC, ein Ort
von historischer Bedeutung, in dessen Nähe die jahrzehntelangen
Querelen um die Transkontinentale endlich ihr erfolgreiches Ende
nahmen, was wiederum die große Ära der Besiedlung einläutete.

Also irgendwie passend, dass wir uns hier unter einer Brücke in der
Nähe des Zugdepots wiedersahen. Ebenso passend, dass das Sonnen-
licht funkelte wie einst der Golden Spike, der in die Gleise gehauen

wurde. Allerdings gab es im Gegensatz zu damals keine Jubelstürme, obwohl die Wiesen saftig waren, die Bäche gluckerten, die Kirschbäume rosa blühten. Hinter uns lagen die karstige, gnadenlose Marslandschaft Wyomings, die schwarzen Wolken und der eisige Wind, der sie durch den Himmel peitschte.

Als wir Laramie passiert hatten, hatte sich Shoestrings Gesicht verklärt. Dort hatte damals seine Karriere auf den Schienen Amerikas begonnen.

Shoestring kam an eine Brücke, und unter der Brücke saß ein Kerl, an der Seite einen Hund. Der Kerl winkte Shoestring zu sich.

»Wohin des Wegs?«, fragte er.

Shoestring sagte es ihm.

»Wieso springst du nicht auf den Zug?«

»Den Zug?«

»Den Zug.«

»Amtrak?«

»Nein, du Idiot. Fracht.«

»Das machen Leute?«

»Schon seit mehr als 100 Jahren.«

Seit jener Begegnung waren weitere 25 Jahre vergangen, und Shoestring traf hier und jetzt in Ogden einen anderen Kerl: seinen Freund Ron. Allerdings standen die beiden sich eher gegenüber wie Sheriff und Gesetzloser auf der staubigen Hauptstraße einer Stadt im Wilden Westen um die Mittagszeit. Es gab keine Umarmung und auch keinen Handschlag. Immerhin ein kurzes Nicken, gefolgt vom gemeinsamen Gang zu einer Tankstelle, um Tabak zu holen.

Ron hatte die Nacht auf dem Asphalt verbracht, und wir waren gerade noch rechtzeitig gekommen, sonst wäre er schon wieder ohne uns auf den nächsten Zug gesprungen.

Die Sonne seilte sich langsam am Himmel ab. Wir setzten uns auf ein kleines Stück Rasen abseits der Straße, man konnte uns nicht sehen. Ron holte seinen Brenner heraus, eine Pfanne und ein Tiefkühlessen, das er noch aus Cheyenne übrig hatte. Es war irgendeine Hähnchenpfanne mit diversem Gemüse, eigentlich eine fade Angelegenheit, aber in Anbetracht der geglückten Zusammenkunft schmeckte sie außerordentlich gut.

Satt und zufrieden saßen die beiden da, Ron zündete sich eine Marlboro an, Shoestring holte seine Kautabakdose hervor und nahm eine Prise zwischen Daumen und Zeigefinger.

»Hey, hast du von der Entgleisung an der Dunsmuir-Brücke gehört?«, fragte Ron.

»Ja, irgendjemand hat was gepostet.«

»Fünf Box Wagons sind den Abhang runter.«

»Mist.«

»Die Strecke ist gesperrt. Aber UP sagt, keiner sei dabei verunglückt.«

»Tja, würden die aber auch nie zugeben, wenn dabei ein paar Hobos draufgegangen sind.«

»Wahrscheinlich haben sie den Schaden an der Brücke in ein paar Tagen behoben.«

»Bestimmt.«

Zwischen 1975 und 2005 hat die Federal Railroad Administration 117517 derartige Fälle protokolliert. Manche Strecken sind nach solch einer Entgleisung tagelang oder wochenlang nicht befahrbar, was für ordentlich Rückstau sorgt. Am Lagerfeuer, wenn die Lampen an sind, erzählen Hobos gerne mal, wie sie die eine oder andere Entgleisung überlebt haben, und meistens sind diese Geschichten jene typischen Tall Tales, die maßlos aufgebauscht, aber dafür auch wahnsinnig unterhaltsam sind.

Wir schulterten unsere Rucksäcke, gingen ein Stück Richtung Süden und kamen zum Eisenbahnmuseum, wo unter einem Dach mehrere alte Loks ausgestellt waren. Ron blieb stehen und schaute zu einer SD-40 der Union Pacific hoch. Der Kerl mit den breiten Schultern, der noch breiteren Brust und den Sprungfedern in den Beinen sah plötzlich wie ein Zwerg aus. Eine Weile stand er nur da und schaute einfach diese Loks an. Dann nickte er, und wir gingen weiter Richtung Süden, erst an einem Zaun entlang, der aber bald aufhörte und uns nicht mehr daran hinderte, auf das Gelände zu gelangen. Dort trotteten wir die Gleise hinunter und steuerten auf ein Getreidesilo zu.

Vor ein paar Jahren hatte Ron hier als Lkw-Fahrer gearbeitet. Immer wenn er frei gehabt hatte, war er hergekommen und hatte sich nach Hobos umgeschaut, ihnen mit Essen ausgeholfen, sie am richtigen Punkt abgesetzt. Er kannte sich aus.

Im fahlen Zwielicht knirschten wir durch den Kies, bis wir zu einer abgehängten Waggonreihe kamen. Auf dem Gleis daneben stand eine Lok und brummte im Leerlauf vor sich hin.

»Lasst uns hierbleiben«, sagte Ron.

Aber gerade, als wir unsere Rucksäcke abluden, ertönte eine Zugsirene. Ron schlich sich um das Ende der Waggonreihe, riskierte einen Blick.

»Ja!« Er ballte eine Faust. »Getreidezug.«

Shoestring hingegen wirkte müde, abgekämpft, so als könnte er gleich in einen 27-stündigen Schlaf fallen. Soweit ich wusste, würde sein Vorrat an Mohnsamen bald schon wieder aufgebraucht sein.

Der Zug kam kreischend zum Stehen. Wie bestellt holte er uns ab. Wir mussten uns nur noch einen passenden Waggon suchen.

»Los geht's.« Ron klatschte in die Hände. »Kommt schon, Leute, wir reiten diesen Dreckskerl.«

»Ich nehm einen Waggon für mich allein«, antwortete Shoestring.

In der Dunkelheit ragte der Turm des Mormonentempels, erbaut 1972 von der Church of Jesus Christ of Latter-day Saints, wie ein Leuchtfeuer in die schwarze Nacht. Eine Stunde war vergangen, der Zug stand immer noch. Shoestring hatte zehn Waggons weiter seinen Schlafsack auf einer Plattform ausgerollt und schlief wie ein Maulwurf in seinem Bau. Fast wäre er an dem Ridable vorbeigelaufen, hätte ihn Ron nicht darauf hingewiesen.

Über Ron und mir fuhr alle 20 Minuten der FrontRunner-Pendelzug, und wir versteckten uns jedes Mal vor dem Lichtkegel der Zugmaschine. Dann meinte Ron, ich solle einen Moment warten, und verschwand, rannte hin zur brummenden Lok auf dem Abstellgleis gegenüber dem Getreidesilo und kletterte leichtfüßig die Leiter hoch.

Ich war müde, aber ich atmete durch. Was gestern noch nach einem Ding der Unmöglichkeit ausgesehen hatte, war nun wieder machbar. Dass Shoestring irgendwo da vorne lag und alleine sein wollte: geschenkt. Immerhin waren wir wieder zu dritt. Ich wollte mehr über Ron erfahren und wie er auf die Gleise geraten war. Ich freute mich jetzt schon darauf, irgendwann zu Hause angeben zu können, dass ich einen Menschen kennengelernt hatte, der einst eine Lok mit 27 Waggons geklaut hatte.

Ich sah Ron wieder aus dem Führerstand kommen und über den Schotter laufen. Seine Hände steckten nun in grellgelben Handschuhen. Außerdem hatte er sich eine Packung feuchte Wischtücher besorgt. Ron stellte sich an die Leiter unseres Waggons – die reflektierenden Streifen auf den Handschuhen schrien laut: hier hier! – und sagte: »Tut mir leid wegen neulich.« Er schüttelte den Kopf. »Ich mag mich selbst nicht, wenn ich saufe.«

»Schon okay«, murmelte ich. »Apropos: Was ist denn mit der Wodkaflasche passiert?«

»Ach die … tja, die habe ich vom Zug geworfen.«

Ron wirkte ruhiger, und ich dachte: Gut, war halt eine kleine Eskalation, kann schon mal passieren, wenn man Bock hat loszulassen.

»Ich habe mich einfach so sehr gefreut, Shoestring zu sehen, dich kennenzulernen, endlich wieder auf Züge zu springen.«

Ein Arbeiter fuhr an uns vorbei, beachtete uns aber nicht im Geringsten.

Unser Gepäck war für den Moment, bis wir am Kontrollturm des Bahnhofs vorbei waren, in dem Loch in der Mitte der Waggonwand verstaut.

»Eigentlich habe ich eine ganze Weile lang überhaupt keinen Alkohol getrunken. Ich war 30 Tage lang im Koma, damals, nach dem Unfall. Bin mit dem Wagen über Eis geschlittert und direkt rein in einen Graben. Mein Schädel war offen, und meine Freundin dachte, ich sei tot.«

War er nicht. Dazu brauchte es schon was ganz anderes, zumindest bekam man das Gefühl, wenn man eine Weile mit ihm unterwegs war.

Danach hatte ihn die Freundin verlassen, war mit seiner Kreditkarte und dem ganzen Geld abgehauen, hatte ihm gesagt, dass sie bloß Zigaretten holen wolle.

Eine Weile redeten wir auch über Shoestring, und Ron meinte, der sei es einfach gewöhnt, alles nach der eigenen Uhr zu machen. Deswegen sei er auch in La Junta abgehauen. Ich schlug mit der Hand gegen die Wand des Waggons. Wusste ich es doch! Der Kerl hatte sich die Geschichte mit dem Polizisten und der Bezirksgrenze nur einfallen lassen, um darüber hinwegzutäuschen, dass er wieder allein sein wollte.

»Aber dann hat er ein schlechtes Gewissen bekommen«, sagte Ron und zündete sich eine Kippe an. Ich tat das Gleiche, wir rauchten, und ich dachte noch ein bisschen mehr über Shoestring nach, der zehn Waggons entfernt war. Mir wurde klar, wie sehr ich ihn, bei aller Verschrobenheit, mochte.

»Schade, dass du die Flasche weggeschmissen hast. Ich könnte jetzt gut einen Schluck vertragen«, sagte ich.

Ron grinste, und die dünne Haut der Narbe schimmerte im Licht der Bahnhofslaternen.

»Du hast mir auch Mist erzählt! Du hast sie gar nicht weggeschmissen?«

»Doch doch, hab ich. Aber dann dachte ich, hey« – aus der Innentasche seiner Jacke holte Ron zwei Flaschen à 0,2 Liter hervor –, »bin wieder zum Laden und hab diese beiden kleinen Dinger gekauft. Willst du einen Schluck?«

»Ja, verdammt.«

Von Ogden führte ein Gleis in die Wüste und danach nach Kalifornien, das andere würde uns in den Norden nach Idaho leiten.

Endlich fuhr der Zug aus dem Bahnhof, und wir versteckten uns in der kleinen Kammer, bis wir an dem Tower der Leitstelle aus der Stadt rollten.

»Kannst rauskommen«, sagte Ron.

Wir hatten auf das richtige Pferd gesetzt, der Zug fädelte auf die Gleise links ein, und schon bald schmeckten wir nicht nur die beißende Schärfe des Wodkas, sondern auch das Salz des großen Sees, direkt neben den Gleisen lag er da, flach wie eine Schallplatte. Am anderen Ufer strahlte Salt Lake City mit seinen Tausenden Lichtern in der Dunkelheit vor sich hin wie ein Sternenhimmel, der aus dem All gefallen war.

»Warte nur, bis wir erst mal in der Wüste sind«, sagte Ron. »Du glaubst es nicht.«

Bald hatten wir ordentlich einen sitzen. Wir begannen, auf der Plattform zu tanzen, und lehnten uns von den Leitersprossen ins Nichts, ein Bein über dem Abgrund, wie zwei Piraten oben im Krähennest eines Seglers unter schwarzer Flagge. Schreiend teilten wir die Freuden, die so eine Fahrt auf dem Güterzug mit sich bringt. Ich holte eine Instantkamera aus meinem Rucksack und schoss ein paar Bilder mit Blitz, der uns natürlich gnadenlos blendete. Als ich mir die Aufnahmen nach der Reise ansah, wunderte ich mich bei unserem Anblick in der Wüste Utahs, dass wir nicht besoffen vom Zug gerutscht waren wie der eine arme Kerl in der Nähe von Dallas.

Die Nacht war groß und weit, der Zug lang und schwer. Blieb trotzdem noch mal stehen, vielleicht zehn Meilen außerhalb der Stadt, einfach so, keine Widerrede.

Unsere Arme auf die Leitersprossen gelehnt, schauten wir zum Sternenhimmel hoch: Großer Wagen, Orion, Kassiopeia – die ganze verdammte Milchstraße. Die Wodkaflasche kreiste, auch Ron wurde russisch sentimental.

»Mensch, ich erinnere mich dran, als wäre es erst gestern gewesen. Als es mir mit dem Gürtel gelangt hat, bin ich zu den Gleisen runter, und da waren diese vier alten Hobos.«

»Weißt du die Namen noch?«

»Leider nicht. Was ich weiß, ist, wie der Boden bebte, als der Zug kam. Die Funken flogen, und ich war gleichzeitig verschreckt und aufgeregt. Und dann bin ich in den Box Wagon rein. Was für eine andere

Welt. Dieser ganze rumpelnde Stahl, das war für mich nichts anderes als Freiheit. Ist es immer noch. Du gehst einfach dahin, wo immer der Wind dich hinweht.« Ron schüttelte seinen Kopf, spuckte ins dunkle Gleisbett. »Mensch«, wiederholte er, »als wäre es gestern gewesen.«

15

Wenige Momente im Leben sind so überraschend, wie im Sonnenaufgang auf der Plattform eines Güterzuges aufzuwachen. Rumpelnd werden die Augenlider langsam aufgeschüttelt, vor einem die Wüste, ein Ozean aus Licht und Sand. Am Horizont die Berge, noch schneebedeckt vom Winter, gezackter Rücken eines urzeitlichen Tieres. Unten im Becken aufgrund des ausgiebigen Niederschlags grüne Inseln von Salbeibüschen. Glasklare Luft. Allerdings konnte man sie nur sehen, nicht riechen, weil früher oder später die Dämpfe der Diesellok in unsere Richtung drifteten.

Wir lagen Fuß an Fuß, beide eingewickelt im Schlafsack wie in einem Kokon. Ron schlief noch. Friedlich lag er da, schnarchte fast im Rhythmus des Zuges. Da war nur das ewige Rattern und Rollen über den Schienenstrang. Weit und breit keine Straße, die Wüste so beschützend wie die Dunkelheit. Alles nur Landschaft, alles nur Zug.

Letzte Nacht hatten wir auf der Plattform getanzt, bis beide Wodkaflaschen leer gewesen waren und wir sie in die Hölle zwischen den Rädern geschmissen hatten, woraufhin sie befriedigend zersplittert waren.

Ron erzählte von einem Leben auf der Straße, von seiner Arbeit als Fruit Tramp. Seine damalige Obstpflücker-Route führte ihn durch diverse Gegenden und Städte im Nordwesten und in Kalifornien. Im Norden holte er Äpfel und Kirschen vom Baum, im Süden Kiwis und Mandeln.

»Ich habe immer für mein Geld gearbeitet. Könnte nie mit einer Pappe rumstehen wie Shoestring und betteln.«

Eines Tages, gerade von der Apfelernte in Wenatchee, Washington, nach Sacramento, der Hauptstadt Kaliforniens, zurückgekehrt, traf er Alise. Im Gepäck 2300 gute Dollar für harte Arbeit. Die beiden rauchten einen Joint, es war heiß, sie wollten an den Sacramento River. Schwimmen, sich abkühlen, vielleicht mehr, vielleicht auch nicht.

Hey Fearless, sagte Ron zu einem anderen Hobo, pass auf mein Gepäck auf, okay? Und schon hüpften Ron und Alise runter zum kühlenden Wasser, ließen sich in den Fluss gleiten, schwammen und vergaßen dabei die Zeit. Wieder zurück, war das Gepäck noch da, aber weder Fearless noch die 2300 Dollar. Gottverdammt, sagte Ron. Alise antwortete, komm doch mit ins Obdachlosenlager am Fluss. Ron kam mit. Alise zeigte ihm ihre Welt unweit der Innenstadt und doch meilenweit weg vom Regelwerk der Gesellschaft. Die beiden verliebten sich. Ron blieb. Ab und zu verließen sie das Lager, weil er ihr seine Welt auf den Gleisen zeigen wollte. Die beiden reisten kreuz und quer, immer so gut wie ohne Geld. Sie immer barfuß, beide immer hungrig wie junge Wölfe. Eigentlich ein guter Tausch, ein paar Dollar für Erinnerungen, die einem keiner mehr nehmen kann. Ron versuchte dennoch, Fearless ausfindig zu machen, fuhr die Gleise rauf und runter und durchsuchte die Dschungel in der Nähe der Rangierbahnhöfe. Aber es war, als hätte Fearless sich in Luft aufgelöst.

Auf unseren Schlafsäcken sammelten sich Fliegen und Marienkäfer, die in den Sog des Zuges geraten waren, und die grünen Buschinseln verschwanden und gaben langsam einer salzigen Fläche Raum. Am Horizont tobten kleine Sandtornados, tanzten über das Land, während ihre großen Brüder viel weiter im Osten gewaltig auf den Boden stampften.

Mit einem ebenso gewaltigen Gähnen wachte Ron auf. Umgehend holte er eine Zigarette aus der Packung. Er steckte sie sich zwischen die Lippen, den Kopf unter die Jacke und zündete sie an. Ron inhalierte tief, stieß den Rauch aus, der sofort vom Wind verwirbelt wurde, und schaute in die Landschaft. Der Himmel war blau, der Boden ocker, und weit vorne stieg über der Lok eine dunkle Rauchsäule in die Luft.

Dann rappelte sich Ron hoch und holte den Brenner aus dem Rucksack, baute einen kleinen Windschutz, setzte Kaffeewasser auf. Das ging noch ganz gut, aber dann den Kaffee tatsächlich in der Hand zu haben: sehr wackelige Angelegenheit. Noch etwas Sahne? Ja bitte, vielen Dank. Der Hobo war gut ausgerüstet. Wir tranken und rauchten, der Zug wackelte von links nach rechts, und der Kaffee schwappte im Becher wie eine Schiffsschaukel.

In der Nacht hatten wir die Bundesstaatsgrenze überquert, waren nun in Nevada, Shoestrings Haftbefehlsland. Aber: Wer sollte einen hier sehen?

Doch dann, ich richtete mich gerade aus der Horizontalen auf, um mir einen Riegel aus dem Rucksack zu holen, passierten wir in langsamem Tempo einen kleinen Scheitelpunkt. Da standen sie plötzlich, zwei Bürger, er mit einer Kamera um den Hals, sie mit einem Sonnenhut auf dem Kopf. Und ich mit einem Riegel zwischen den Zähnen ihnen gegenüber, wie ein beim Klauen erwischter Waschbär.

Aber sie lachten. Und winkten. Unwillkürlich winkte ich zurück. Das erste und einzige Mal, dass ich Leute vom Zug aus grüßte, obwohl man ständig den Impuls dazu hat – hey, seht her, ich auf einem Güterzug! –, ihn aber immerzu unterdrückt, damit niemand auf die Idee kommt, den Sheriff anzurufen.

Ein kurzer Moment der Verbindung in der Wüste. Vielleicht lachten sie, weil sie froh waren, dass die Hobos, obwohl sie schon so oft totgesagt wurden, immer noch das Land durchstreiften.

Das Weiße Haus und ein Güterzug haben denkbar wenig miteinander zu tun. Dennoch musste Ron ins Oval Office, wie er sagte. Der Kaffee und die Zigaretten zeigten Wirkung. Geschäfte wollten erledigt werden.

Die Stahlschlange kroch gerade sehr langsam durch die Gegend. Ein, zwei Schritte, eine halbe Drehung, und tscha tscha tscha war Ron schon auf dem nächsten Waggon, kletterte die Sprossen an dessen Ende hoch und stieg aufs Dach, wo er auf der Katzenleiter das Wackeln des Zuges mit Butter in den Knien ausglich.

Dieses Vorgehen war mir zu prekär, und deswegen nutzte ich dafür eine Pause in der Wüste, irgendwann bleibt der Zug ja immer stehen. Eine Tatsache, die einen nerven kann, in solchen Situationen aber mehr als dankbar aufgenommen wird.

Vom Zug aus kann man die Wüste sehen, sie gelegentlich riechen. Aber man kann sie nicht hören. Erst wenn man abgestiegen ist: absolute Stille, nur akzentuiert von den Schreien ein paar hoch fliegender Adler.

Ich stieg ab, kletterte über eine kniehohe Düne und hockte mich dann hin, in der rechten Hand eine Packung feuchte Wischtücher. Mir fiel eine Geschichte ein, die Tuck mir erzählt hatte, als er von den Carhartt-Overalls geschwärmt hatte. Da meinte er, die sind super, kannst schmutzig werden wie nur was, aber wenn du in die Stadt kommst, ziehst du sie aus und bist präsentabel. Einziges Problem: der ganze lose Stoff, vor allem, wenn du dich irgendwo hinhockst, um zu scheißen, und dann gehen die Bremsen, da hat man schnell in der Eile ein kleines Paket im Latz und merkt es erst, wenn man sich das Ding überwirft, während man zum Zug rennt. Aber ah, was für ein wundervolles Leben da draußen!

Kaum hatte ich diesen Gedanken abgeschlossen, zischten tatsächlich die Bremsen meines Zuges. Hätte ich mal nicht in Erinnerungen geschwelgt. Ich versuchte, mich zu beeilen, während Ron schon »YO! YO!« rief und ich außerdem das erste Gelenkknacken im Zug hörte. In einer seltenen Kombination aus schnell und konzentriert schloss ich das Geschäft ab, zog die Hosen hoch und rannte zurück zum Zug.

Ron stand an der Seite der Plattform. Mit der einen Hand hielt er sich an der Leiter fest, die andere hielt er zum Schutz vor der Sonne über die Augen und inspizierte die Landschaft: ausgetrocknete Flussläufe, Salbeibüsche, Steppenläufer.

»Irgendwas stimmt hier nicht.«

»Soll heißen?«

»Eigentlich sollten wir Richtung Donner Pass fahren, aber die Gegend sieht ganz anders aus.«

Aus irgendeinem unerfindlichen Grund, wie das manchmal so ist mit den Güterzügen – ein Fakt, der schon fast liebevoll von allen Vagabunden akzeptiert wird –, waren wir auf einer wesentlich langsameren Ausweichroute unterwegs. Der Zug schlängelte sich die Berge hoch, klebte an den Felsformationen, und wenn wir aus unserem Waggon rausschauten, Richtung Lok, sah man 100 Wagen in einer weit geschwungenen Kurve, ein Lindwurm, der trotz seiner vier Maschinen die Steigung hochächzte.

Ron legte sich wieder hin, ändern konnten wir an der Tatsache sowieso nichts, und nach Sacramento würden wir so oder so kommen.

Die ganze Zeit schon wehte mir ein leichter Modergeruch um die Nase, und zunächst dachte ich, das komme aus dem Inneren des Waggons, aber als Ron jetzt die Schuhe auszog, wurde klar, woher der Wind wehte.

»Alter!«

»Ich weiß.«

»Riecht wie Friedhof.«

»Muss die bald mal waschen.«

Und was machte Shoestring? Wahrscheinlich lag er eingemummt in seinem Schlafsack und futterte Süßigkeiten wie ein Eichhörnchen Nüsse.

Möglicherweise waren die Mohnsamen alle, und er hatte wieder Durchfall. Ich konnte mir keinen schlechteren Ort dafür vorstellen. Vielleicht schlief er aber einfach nur und träumte seine wiederkehrenden Träume. In dem einen rennt er dem Ende eines Zuges hinterher, das Gepäck liegt schon auf dem Waggon, aber er rennt und rennt und kann den Abstand nicht verringern. Der andere Traum spielt am Flughafen in Alaska, wo Shoestring ankommt und sich zur Ruhe setzen will, aber bei der Ankunft warten zwei Polizisten auf ihn, die Handschellen diskret versteckt in einem Plastikeimer.

Der Zug hielt in Portola. Personalwechsel in dieser Ministadt auf fast 1500 Metern, wir hatten jetzt Kalifornien erreicht. Ron ging nach vorne, um nach Shoestring zu schauen, ich vertrat mir die Beine. Auf dem Gelände Zeichen eines alten Lagers, ein paar abgenagte Tierkno-chen und jede Menge Mücken, die aus den brusthohen Büschen auf-stiegen, wenn man ihre Privatsphäre störte.

Der Zug stand eine ganze Weile, und ich dachte über die Geschichte eines Zugführers nach, die mir zu Ohren gekommen war. Der Kerl war schon länger bei der Bahn, aber nicht mehr zufrieden. Genau an der Stelle, wo ich jetzt stand, entdeckte er eines Tages eine Bande von Hobos mit Hunden und Instrumenten, irgendwohin unterwegs zu einem Festival. Es war sein freier Tag. Die Bande schreckte erst zurück, der Zugführer ebenso. Dann näherte man sich an, beschnupperte sich, und schließlich war der Zugführer so hingerissen von der Bande, dass er in seinen Wagen stieg und kurze Zeit später mit einem Haufen Essen und einer Kühltasche voller Bier wiederkam. Die Hobos sagten Danke, und man trank und machte Musik, da ertönte auch schon der heulende Pfiff eines Zuges. Der Zugführer verabschiedete sich, die Hobos stiegen in einen Box Wagon. Aber einer drehte sich um und sagte, hey, komm doch mit. Der Zugführer dachte erst, nee, auf keinen Fall. Dann aber: Warum eigentlich nicht? Er wechselte die Seiten, tauschte die Sicherheit seines Jobs bei der Eisenbahn gegen das Leben auf der Straße und war danach viele Jahre als Vollzeithobo unterwegs.

Als Ron wieder über den Schotter antrottete, sagte er: »Ich geh mal die Füße waschen«, schnappte sich ein paar Wischtücher und schlit-terte die Böschung runter zum Feather River, dessen Gluckern und Rauschen jetzt zum ersten Mal laut und deutlich zu hören war.

Ein paar Minuten später zischten die Bremsen. Ich rief laut: »YO! YO!« Da zog die Lok schon an, setzte sich in Bewegung mit einer neuen Mannschaft vorne im Führerhaus. Ron war nirgends zu sehen. Der Zug nahm Geschwindigkeit auf.

Da, weiter vorne kam Ron die Böschung raufgekrabbelt. Eine andere Hobofaustregel: niemals hinter seinem Ritt Pause machen, sich immer etwas weiter vorne suchen, sonst rennst du plötzlich, so wie Shoestring in seinen Albträumen, dem Ende des Zuges hinterher.

Ron lief auf dem Schotter neben dem Zug. Ich rief ihm zu: »Sind die Füße sauber?«

»Blitzblank«, antwortete er.

»Na, dann hoch mit dir.«

Er schnappte sich die Leiter und schwang sich auf den Zug.

Es waren noch etwa 140 Meilen bis nach Roseville. Die Sonne ging unter, und Abenddunst legte sich über das Land. Ein wenig Glück, und wir würden mit dem letzten Licht durch die Schlucht des Feather River fahren. Ron war am liebsten in dieser Gegend unterwegs: in Nordkalifornien, in Oregon, in Washington und, nach Osten hin, in Montana. Die schneebedeckten Berge, die grün pulsierenden Wälder, die atemberaubenden Schluchten und Täler, das ganze offene Land mit seiner cineastischen Qualität.

Ron und ich standen auf der Plattform, rauchten und schauten. Ab und zu schrien wir uns etwas zu, aber auf Dauer war das anstrengend, also schonten wir unsere Stimmen, kommunizierten mit Blicken: Hier, schau dir dieses Tal an, und dort, wie der Fluss rauscht.

Ich musste an die Worte von New York Slim denken, einem Hobo aus den 1980ern, schwarz, groß und mit einem Redeorgan wie ein Priester, der unter anderem mit Tuck und Dogman unterwegs war: »Das Adrenalin rast dir die Wirbelsäule rauf und runter, und du bist einfach alleine mit Orten, die nie jemand gesehen hat, außer die Hobos, die durch diesen bestimmten Teil des Landes auf einem Güterzug unterwegs sind. Du bist alleine mit Gottes Allmacht, und du verstehst, wer Gott ist, von einem Güterzug aus verstehst du das, wie er diese ganze Schönheit erschaffen hat, die keinen anderen Grund hat, da zu sein, außer dass Gott wusste, dass eines Tages dieser schwarze Kerl auf einem Güterzug durchkommen und es sehen würde.«

Unmöglich, bei diesem Ausblick New York Slim zu widersprechen. Als wir dem Feather River durch das erst noch flache, aber dann langsam ansteigende Land folgten, standen wir auf und drückten uns gegen die Leitern, um keinen Zentimeter der Schlucht zu verpassen, die er über Jahrtausende ausgegraben hatte. Wir standen da und blickten hinab, sahen, wie der in den Diamond Mountains in der Sierra Nevada entspringende Fluss dreimal so schnell wie der Zug zwischen den Felswänden hindurchdonnerte. Die Räder schrillten so laut wie ein Rauchmelder, bisweilen hüpften sie aus den Gleisen, mal nach links, mal nach rechts.

Ich hielt mich an der Leiter fest, während die Verschneidung immer tiefer wurde, unter uns der Fluss aus aufgewühlter dunkler Jade seine Schaumkronen Richtung Sacramento trug. Ron hatte die Hände in den Hosentaschen und lehnte sich mit der Brust gegen die Leitersprossen. Ich dachte an seine Rastlosigkeit in Denver, wie seine Augen ständig umhergehuscht waren, an seine sprungfederartige Spannung. Jetzt schaute er sanft auf den Fluss, sein Atem ging ruhig. Er schien eins mit sich und der Landschaft zu sein.

Dann fuhren wir in den ersten Tunnel. Absolute Dunkelheit umgab uns, schwärzer als schwarz. Die Wände warfen den Lärm des Zuges direkt zurück, und alles war so laut wie in einem Stahlbetrieb zu Anbeginn der industriellen Zeit.

Im Zwielicht ging es über Brücken und Baumspitzen dahin, über Abgründe, auf deren Boden es bereits dunkel war. Schließlich hüllte uns die Nacht ebenfalls ein, und der Zug nahm Fahrt auf, weil der höchste Punkt erreicht war – zwar kein Moment der Schwerelosigkeit wie in einer Achterbahn, aber wir gewannen deutlich an Geschwindigkeit, während wir in die Dunkelheit vorstießen und damit in die zentrale Ebene Kaliforniens.

Ich legte mich in den Schlafsack und dachte noch eine Weile über die Freiheit nach, die Ron und die anderen auf den Gleisen gefunden hatten, über das Heilmittel der Bewegung und die Identität, in die du dich da draußen fallen lassen kannst. Dann wackelte der Zug mich langsam in den Schlaf, und es war eine merkwürdige, eigentümliche Ruhe auf dieser lärmenden Maschine.

Gegen drei Uhr morgens weckte mich Ron auf. »Pack zusammen«, sagte er. »Eine Stunde noch bis nach Roseville.«

Ich wischte mir den Schlaf aus den Augen und schaute in die Gegend. Fast alles dunkel. Nur hier und da leuchteten ein paar Straßenlaternen und die Lichter der 24-Stunden-Tankstellen und -Imbisse.

Neben uns verlief eine Straße, und ich hockte mich auf meinen Rucksack. Die Lichtkegel der Autoscheinwerfer leckten direkt über mich drüber, aber ich machte keine Bewegung.

Die Luft war, endlich, warm. Manche Hobos nennen den Zug Mama, und Mama hatte uns in den Sommer gebracht.

Der Zug donnerte, raste, blitzte durch die Ebene. Wieder und wieder ertönte die Sirene, und die Lichter der Bahnübergänge zogen in roten Schlieren an uns vorbei.

Ron trat ganz dicht an mich ran. Er schrie mir ins Ohr: »Ich weiß nicht, ob der Zug in Roseville hält!«

»Sollen wir den Bremsschlauch aufschneiden?« Alter Hobotrick, allerdings gefährlich, da Beschädigung von Eigentum.

»Zu riskant. Ich kletter hoch auf den Waggon und laufe zum DPU. Dort kann ich die Luft rauslassen, ohne Schaden anzurichten.«

Okay. Das muss man erst mal machen: in der Dunkelheit auf das Dach eines Zuges steigen, wieder runter, auf den nächsten Waggon, wieder runter, wieder hoch – bis man endlich am Distributed Power Unit ist, der Schublok.

»Schau einfach zur Rechten. Wenn du den Wasserturm von Roseville siehst, schneide ich die Luftzufuhr ab, und der Zug wird nothalten. Schmeiß meinen Rucksack mit deinem raus, und warte dann auf mich, okay?«

Ich nickte. Ron verschwand über die Leiter in der Dunkelheit. Ich verstaute meinen Schlafsack und die Isomatte, trank einen Schluck Wasser und zündete mir eine Zigarette an.

Gegen vier Uhr morgens rückte der Wasserturm ins Blickfeld. Kurz danach griffen tatsächlich die Bremsen, und wir holperten in den Güterbahnhof von Roseville, einen sehr langen Yard mit gut einem Dutzend Gleisen. Derselbe Yard, in dem Tuck vor vielen Jahren auf ein paar ältere Gleisläufer traf und selbst in die Hoboschule ging.

Der Zug wurde immer langsamer und kam schließlich zum Stehen. Vielleicht 500 Meter tiefer im Gelände sah ich die Scheinwerfer eines Autos, aber das Auto stand still. Ich warf erst meinen Rucksack von

Bord, dann den von Ron. Schließlich unsere Wasserkanister. Ich kletterte schnell die Leiter runter, sprang ab und landete knirschend auf dem Schotter. Vom Kopf des Zuges kam eine dunkle Gestalt auf mich zu, schwankend wie ein Kamel. Shoestring.

Aber wo war Ron?

Ein Blick zurück: das Glimmen einer Zigarette in der Dunkelheit. Schwere, viel Kies verdrängende, selbstbewusste Schritte.

Nach zig Stunden Zugfahrt waren meine Beine etwas ungelenk, standen aber dennoch in Kalifornien. Der Sehnsuchtsort aller Goldsucher, Siedler und Hobos der Großen Depression, aller Hippies und Techies. Bis heute wiederholt der Golden State sein historisch gewachsenes Versprechen eines Neuanfangs. Für einige allerdings trifft genau das Gegenteil zu, und mit zwei von ihnen war ich unterwegs.

16

Auf der Riverside Avenue, einer Straße gesäumt von einstöckigen Gebäuden, rastete Shoestring aus.

Es begann mit einem unzufriedenen Grummeln, als wir aus dem Gelände rausspazierten und uns unter einen Baum vor ein Haus stellten. Ron wollte sein Telefon befragen, wo es langgehe, welchen Bus ins 20 Meilen südwestlich gelegene Sacramento wir nehmen müssten, aber sein Finger flog ziellos über den Bildschirm, und insgesamt hielt er das Ding mal nah an die Augen, mal weit weg, als hätte er ein Gerät unbekannter Bauart auf der Straße gefunden.

»Schon lange nicht mehr 27 Stunden am Stück auf einem Zug gewesen«, brummte Shoestring in seinen Bart. 27 Stunden vor einem Jahr, da wären 30 Bier schnell weg gewesen. Missgelaunt murrte er: »Und jetzt wohin? Meine Beine sind ganz steif.«

Ron blickte auf den Bildschirm, führte ihn näher an die Augen, dann wieder weiter weg. »Ich kann mir diesen Scheiß grad nicht anschauen.« Er verstaute das Telefon und ersetzte es durch eine Zigarette, zündete sie an, kurzes Aufglühen in der Dunkelheit. »Holen wir uns erst mal einen Kaffee.«

Die Stadt schlief noch tief und fest, zumindest dieser Teil, und wir bogen auf die Riverside Avenue ein und marschierten einfach an ihr entlang. In regelmäßigen Abständen waren Schilder angebracht, historische Marker, auf denen den Arbeitern in den Eiswerken und den Eisenbahnarbeitern gehuldigt wurde.

Nach ein paar Minuten des Geradeauswanderns wurde aus dem Grummeln ein Fluchen, und schließlich pfefferte Shoestring seine Handwerkertasche auf eine Bank am Bürgersteig. »Wo zum Teufel gehen wir hin? Was ist das denn für eine Kacke?«

Ron blieb stehen, drehte sich um. »Kaffee holen, Alter. Hab ich doch gesagt.«

Shoestring schnaufte, stampfte kurz auf den Boden, dann hob er die Tasche wieder auf, und wir gingen weiter. Ron vorneweg, ich hinten dran, im Nacken den schimpfenden Shoestring. Gott, wie er es hasste, wenn es nicht nach seiner Uhr lief, wenn er nicht wusste, wo lang.

»Gott, wie ich es hasse«, hörte ich ihn hinter mir murmeln.

Trotzdem weiter. Alles noch geschlossen, kein Mensch auf der Straße. Nur drei Hobos auf der Suche nach Kaffee. Am Horizont aber brach Licht durch die Dunkelheit.

Shoestring kochte. Gleich würde er in die Luft gehen wie die 18 Box Wagons, die 1973, mit Bomben beladen, unterwegs zur Concord Naval Weapons Station hier in Roseville im SP-Yard explodiert waren. Der Schadensradius betrug zwei Kilometer. Der Grund für das auslösende Feuer konnte nie gefunden werden, und die Annalen sagen nichts über die Möglichkeit eines unvorsichtigen Hobos, der sich vielleicht nur etwas zu essen hatte warm machen wollen.

Über mich hinweg rief Shoestring Ron zu: »Wo laufen wir hin???«

Da, siehe: Wie eine Oase in der Wüste tauchte in der Dunkelheit das weiß-grüne Schild einer 7-Eleven-Tankstelle auf.

»Na, wohin wohl?«, sagte Ron. »Zum Kaffeetresen.«

Shoestring grunzte und meinte damit: noch mal Glück gehabt.

Nach 100 Metern stellten wir unser Gepäck an der Seitenwand der Tanke ab. Ein Auto stand an der Zapfsäule, das Licht im Verkaufsraum war grell und dennoch verlockend, weil man sofort wusste, dass da mindestens drei Kannen mit Kaffee und ein Buffet an aromatisierter Kaffeesahne stünden und es hinten eine Toilette gäbe.

»Hey Kumpels!«, rief ein Typ, der mit einem BMX herbeigefahren kam, nackter Oberkörper, Shorts, Schnauzer, um die 30. »Gerade angekommen?«

»Yeah.«

Vorne am Rad hatte er einen Korb befestigt, darin lag ein Rucksack, und aus dem holte er eine rechteckige, nur allzu bekannte Flasche heraus. »Wollt ihr 'nen Schluck Jaeger?«

Jägermeister am Morgen war noch nie etwas für mich, und ich ging rein, um mir einen Kaffee zu holen, wie normale Menschen das machen. Aber was ist in Kalifornien schon normal? Was ist in den USA schon normal? Wer normal will, fährt in den Pfälzer Wald, in die Rhön oder bleibt einfach zu Hause auf dem Balkon.

»Sorry«, sagte die Verkäuferin, »die Toiletten sind erst ab sieben Uhr geöffnet.«

Mist. Ich nahm meinen Kaffee und den Slurpee, den Shoestring bestellt hatte, und ging wieder raus. Tom, der Radler, und Ron schlürften Jaeger, Shoestring seinen neongelben Slurpee, ein halb gefrorenes Getränk, das hauptsächlich aus Zucker und Farbstoff besteht.

Kaum hatte ich selbst an meinem Kaffee genippt, sagte Ron: »Wir gehen dahinten unter die Brücke, um uns zu besprechen.«

»Wieso zum Henker müssen wir dazu unter die Brücke?«

»Müssen wir einfach. Ist besser so.«

Ich dachte kurz darüber nach, die Frage zu wiederholen, sagte mir dann aber, schau mal, mit wem du unterwegs bist. Also folgte ich der kleinen Prozession über die Straße. Tom fuhr vorneweg, pfiff fröhlich ins Morgengrauen. Wir überquerten eine Brücke und bogen links ab auf einen Trampelpfad, der über sandigen Boden zum Dry Creek hinunterführte, einem 15 Meilen langen Bach, der in den Sacramento River mündet und von schattigen Bäumen gesäumt ist, hinter denen

Menschen in großen, hypothekenbelasteten Anwesen mit Swimming-pools wohnen.

Tom warf sein BMX in den Sand und setzte sich auf den Boden. Aus dem Rucksack holte er ein Taschentuch, entfaltete es und zeigte Ron den Inhalt. »Das ist das Zeug.«

Es sah aus wie kleine Eissplitter. Tom kicherte, packte etwas von dem Meth in eine Glaspfeife und hielt ein Feuerzeug unter die Kugel am Ende des Röhrchens. Dann reichte er die Pfeife an Ron weiter, begann umgehend zu schwafeln. Die Droge führt zu gesteigerter Euphorie, du fühlst dich unbesiegbar, hast keinen Bock auf Schlaf, möchtest dafür aber alles Mögliche aufräumen, überall rumschrauben (to tweak bedeutet »justieren, optimieren«), und du willst alles vögeln, was nicht bei drei auf den Bäumen ist. Der Kater allerdings soll ziemlich mies sein.

»Wisst ihr, die Bullen sagen immer, dass ich überhaupt nicht wie ein Tweaker aussehe.« Tatsächlich hatte er ziemlich glatte Haut, und ich hätte ihn auch nicht dafür gehalten. Bei regelmäßigem und längerem Konsum kann Crystal Meth für richtig hässliche Fratzen sorgen.

»Machen sie dir das Leben schwer?«, fragte Ron und setzte die Pfeife an die Lippen.

»Nicht zu heiß werden lassen!«, mahnte Tom. »Ab und zu nehmen sie mich hoch, durchsuchen mich, finden eine Pfeife in jeder Tasche und fragen, was ist das? Und ich sage, hey Jungs, ihr wollt doch nicht etwa, dass ich das Zeug auf der Straße rumliegen lasse, oder? Die armen Kinder!« Tom lachte laut auf, und es hallte kirre wider von der Betonstruktur über uns.

Aus den Büschen zur Linken plötzlich eine weibliche Stimme: »Wer zur Hölle ist *das* denn?«

»Tom.«

»Verpiss dich, Tom. Ich versuche gerade zu vögeln!«

Jetzt erst sah ich die Schemen in den Büschen, den blonden Kopf einer Frau, über den Schoß eines Typen gebeugt, der auf dem Rücken im Sand lag, die Hose um die Knie.

»Wieso geht ihr nicht ins Hotel?«, fragte Tom.

»Lustig«, sagte die Stimme, die zu dem blonden Kopf gehörte; das Gesicht war im Zwielicht allerdings nicht zu erkennen. »Super lustig.« Ron zog noch einmal an der Pfeife und bot sie mir an. Ich lehnte ab. Dann hielt er sie Shoestring hin. Und Shoestring, mein Shoestring? Tausend Meilen lang hatte er über Ron und sein verdammtes Meth geflucht. Tausende von Meilen jedes Bier abgelehnt. Dem Sekundenzeiger widerstanden. Was tat Shoestring jetzt? Saß stumm da und schlürfte sein Slurpee. Dann stellte er es in den Sand und nahm die Pfeife.

Während die Teilnehmer des Schäferstündchens versuchten, sich wieder präsentabel zu machen, ging die Pfeife noch ein paarmal rum. Es wurde heller. Ein Sonnenstrahl leckte erst über einen Busch und erleuchtete dann das Grau des Brückenpfeilers. Shoestring erhob sich, die Pobacken zusammenkneifend, und sagte, er müsse mal, verschwand sogleich in die Büsche.

»Wir wollen nach Sacramento«, sagte Ron zu Tom. »Aber mein Akku ist alle.«

»Ist doch kein Ding«, antwortete Tom und verstaute seine Pfeife im Rucksack. »Auf der anderen Seite gibt es einen Laden, der hat ein paar Steckdosen. Ich lass manchmal 50 Cent da für den Strom oder putze einfach den Parkplatz. Ganz netter Inder, der Inhaber.«

Shoestring kam zurück, sagte: »Das war knapp, gerade rechtzeitig«, und wir krochen wieder unter der Brücke hervor, überquerten die Straße und setzten uns vor den Gemischtwarenladen. Ron schloss sein Telefon an einer Steckdose an.

Tom holte ein T-Shirt aus seinem Rucksack und begann, mit schleudernden Bewegungen den Sand vom Parkplatz des Ladens zu blasen. Damit fertig – schnell noch ein prüfender Blick auf den Asphalt –, ölte er die Kette des BMX und zog die Schrauben nach. Holte eine Packung Toast hervor, eine Packung Salami, bot mir beides an, was ich dankend ablehnte, zog ein paar kostenlose Anzeigenblätter aus der Box vor dem Laden und gab uns jeweils eine Ausgabe, »damit ihr was zum Lesen habt«. Tom sah vielleicht nicht so aus, aber er verhielt sich wie ein waschechter Tweaker.

Ron versuchte indessen erneut, den Busfahrplan auf seinem Telefon zu lesen, aber er bekam es einfach nicht hin, schaute genauso irritiert auf den Bildschirm wie schon unter dem Baum gegenüber vom Güterbahnhof. Deswegen vermutete ich, dass er sich nicht in das DPU geschlichen hatte, um den Zug zu stoppen, sondern um, in aller Seelenruhe und vor allem in absoluter Windstille, eine Pfeife zu rauchen.

»Wo wollt ihr noch mal hin?«, fragte Tom, der jetzt den Inhalt seines Rucksacks neu arrangierte.

»Discovery Park, Sacramento.«

»Okay, no problemo. An dieser Ampel hier links, dann eine halbe Meile bis zur Unterführung und dann rechts. Irgendwann kommt dann die Bahnhaltestelle Watt/I-80, und zack seid ihr schon in Sacramento.«

»Wie noch mal? Wo lang genau?«

»Jetzt links, dann …« Tom erklärte alles noch mal von vorne.

Ron mühte sich, die Informationen zu speichern, ohne Erfolg. »Scheiß drauf«, meinte er.

»Hey«, sagte Tom, »falls ihr nicht latschen wollt, ich kenn da so einen Typen. Der fährt Leute durch die Gegend, hat auch ein neues Auto.«

Die pure Erleichterung auf Rons Gesicht. »Kannst du ihn anrufen?«

Eine Viertelstunde später fuhr ein silberner Wagen auf den Parkplatz, und wir luden unser Gepäck in den Kofferraum. Ron und Shoestring hockten sich hinten auf die Bank, ich mich vorne auf den Beifahrersitz. Der Fahrer drückte das Gaspedal durch, und Tom, den Oberkörper immer noch nackt, die Flasche Jaeger an die Lippen führend, verschwand im Rückspiegel.

Der Fahrer, auch ein Typ um die 30, sagte, er müsse nur einen klitzekleinen Halt machen, und fuhr an eine Tankstelle. An der Zapfsäule links stand ein anderes Auto, und davor ein Kerl in Shorts und Shirt, der von einem Fuß auf den anderen trat. Der Fahrer brachte den Wagen neben ihm zum Stehen, ließ das Fenster runter und gab dem anderen ein kleines Kuvert in die Hand. Man nickte sich zu. Der andere ließ das Kuvert schnell in der Hosentasche verschwinden, und wir fuhren auf der anderen Seite der Tankstelle raus Richtung Sacramento.

Ich erinnerte mich an Shoestrings Worte in Cheyenne, als er wütend im Motelzimmer auf und ab gelaufen war: »Ron jagt einfach dem Meth hinterher. Er will es unbedingt.« Aber jetzt steckte er genauso mit drin. Vielleicht hatte ich die ganze Flucherei falsch gedeutet, vielleicht hatte er einfach Angst, rückfällig zu werden.

17

»Das soll wohl ein Witz sein«, sagte ich, als wir vor den beiden schlammverschmierten Flößen aus Styropor standen, die im Brackwasser vor sich hin dümpelten.

»Nö«, erwiderte Ron. »Überhaupt nicht.«

Shoestring zog die Mütze hoch und kratzte sich am Hinterkopf, während 20 Meter die Böschung hoch Hunderte Autos über den American River Parkway bliesen. Von dort waren es nur wenige Schritte zu dem Pfad, dem wir an Obdachlosenzelten vorbei gefolgt waren. Niemand war zu sehen, aber zwischen ein paar groben Steinen lagen einige Holzscheite und schwelten vor sich hin. An die Eiche gegenüber hatte jemand eine Wanduhr genagelt, die die Zeit mit 7:30 Uhr morgens auswies. Die Uhr funktionierte einwandfrei.

Um Punkt halb acht standen wir also am westlichen Ende des Discovery Park in Sacramento. Irgendwo in diesem Park soll es Softballfelder geben, eine Bogenschießanlage, Picknickbänke. Allerdings bekamen wir diesen Teil des Parks nie zu Gesicht.

Meine Füße sanken ein paar Zentimeter tief in den Schlamm. Vor uns ein Streifen Wasser, so braun wie der Mississippi. Baumäste ragten von beiden Seiten herüber, verschränkten ihre Finger. Und quer über die Länge des Wassers waren Schnüre gespannt.

»Ich werd nicht mehr«, sagte Shoestring, »sieht aus wie der Sumpf unten in Louisiana.«

Die Sonne stieg schnell in den Himmel, kalifornisch brennend, aber zwischen den Bäumen und Büschen war es angenehm. Alles war angenehm, solange wir nicht wieder in einem Schneesturm auf einen Zug warten mussten.

»Da kommt sie«, sagte Ron. »Kinder, jetzt wird's was geben.«

Shoestring kratzte sich wieder am Hinterkopf. Ron war voller Vorfreude und steckte, mich zumindest, damit an. Ich wollte mehr erfahren über diese Insel, dieses Lager, in das er sich mit Alise zurückgezogen hatte, nachdem Fearless mit 2300 Dollar abgehauen war.

Mein Blick folgte den Schnüren in den immer kleiner werdenden Raum zwischen Wasser und sich verschränkenden Ästen. Ein Plätschern war zu hören. Aus der Tiefe des städtischen Urwalds näherte sich eine Art Waschzuber, eine Krücke war quer über das Plastik gelegt. Aufgedunsene Hände zogen sich an den Schnüren entlang, immer näher, bis Alise das Ufer erreichte.

»Willkommen auf der Insel«, sagte sie und schaute aus ihrem Zuber empor. Sie war kräftig und füllte ihr Gefährt fast vollständig aus; mittig in der Unterlippe glänzte ein silbernes Piercing.

Ron stellte uns vor.

»Nett, euch kennenzulernen«, sagte Alise. »Gebt mir die Rucksäcke.«

»Können wir die Strecke nicht laufen?«, fragte Shoestring.

»Das Wasser ist brusthoch. Und weiß der Geier, was für ein Mist da drin rumschwimmt.« Sie trug schwarze Gummistiefel. »Also, her mit den Rucksäcken. Und ihr nehmt euch die beiden anderen Flöße.«

»Was soll die Krücke?«, fragte Ron.

»Bin gestürzt und hab mir das Knie verletzt. Musste ein paar Monate bei meiner Schwester bleiben, in der Stadt. Gott, war das anstrengend, bin froh, wieder hier zu sein.«

Shoestring und ich gaben ihr unser Gepäck, Alise stieß sich mit der Krücke vom Ufer ab, Richtung Schnüre, bis sie sie zu fassen bekam, und zog sich wieder an ihnen entlang.

»Was sagt man dazu«, meinte ich zu Shoestring. Er nickte nur und rollte sich die Hosenbeine hoch. Vorsichtig setzte er erst ein paar schmatzende Schritte ins Wasser, dann das rechte Knie auf eins der Flöße, schließlich das linke. Die Seiten senkten sich abwechselnd ins Wasser; von weiter vorne aus dem Busch rief Alise: »Bleibt in der Mitte vom Floß!«

Bald hatte Shoestring das Gleichgewicht erlangt und das Floß im Griff. In seinem Flecktarn sah er tatsächlich aus wie ein Cajun in den Sümpfen Louisianas, auf dem Weg zu einer sehr abgelegenen Hütte im Bayou, fernab von Regierung und Gesetz.

Ron und ich nahmen das letzte Floß. Er legte seinen Rucksack in die Mitte und beugte sich dann drüber wie ein Motorradfahrer über den Tank. Ich krabbelte von hinten heran und übernahm den unbeliebten Sozius.

Langsam glitten wir dahin. Vom Wasser stieg ein fauliger Geruch auf. Immer wieder drehte sich das Floß in eine andere Richtung; wir kreiselten unserem Ziel entgegen.

Nach etwa 100 Metern kamen wir zu einer Mündung und legten an. Ich stabilisierte das Floß mit meinen Händen, während Ron vorsichtig aufstand. Er machte einen beherzten Schritt hinüber und reichte mir dann die Hand.

Am Ufer standen ein paar Kerle und warteten auf ein Floß zum Übersetzen. Sie wollten in den Tag hinaus, to hustle, wie Tuck sagen würde. Sie schauten mir zu, wie ich um Gleichgewicht kämpfte. Das Floß wackelte bedrohlich, bekam aber keine Schlagseite. Dann war ich auf der anderen Seite, knöcheltief im Schlamm, aber froh, wieder auf so was wie festem Boden zu stehen.

»Wir sind noch nicht durch«, sagte Alise und versuchte, aus ihrem Waschzuber aufzustehen. Es gelang ihr nicht. Immer wieder fiel sie zurück. »Verdammtes Knie!«, rief sie.

Shoestring und ich wollten ihr helfen, aber sie ließ es nicht zu. Bei einem weiteren Versuch rutschte ihr die Hose unter die Hüfte, und sie sagte: »Ein bisschen Privatsphäre bitte!«

Wir drehten uns weg. Schauten auf Fahrräder, Berge von leeren und vollen Konservendosen, verschlammte Matratzen, zerrissene Zelte, Blech, Plastik, ein paar Stühle. Für die Moskitos war es noch zu früh.

Die würden erst mit der Dämmerung über jeden herfallen, der hier ankäme oder abführe.

Die erste Hälfte war geschafft. Allerdings war das die leichtere von beiden.

Wir zogen die Flöße 20 Meter weiter über den Schlammboden und brachten sie zum nächsten Wasserkörper. Der hatte nicht mehr die Form eines Kanals, sondern ähnelte einem großen Teich. Keine Schnüre, an denen man sich entlangziehen konnte. Ron stieß das Paddel ins Wasser, einmal auf der rechten Seite, dann auf der linken. Die Flöße bockten; es war eine prekäre Balance, die durch das Paddeln nicht besser wurde. Häufiges Hängenbleiben im Unterholz führte zum Zickzack auf die jeweils andere Seite. Endlose Minuten dem Brackwasser ausgeliefert, ein paar Pioniere auf selbst gebauten Flößen die wilden Wasser des Westens runter.

Schließlich kamen wir, ohne dass jemand in das faulige Wasser gefallen war, doch auf der anderen Seite an. Ich kletterte erleichtert an Land. Was war das für ein Ort? Die Hosenbeine waren bereits mit Schlamm und Matsch überzogen, und sauberer sollten sie in der nächsten Zeit auch nicht mehr werden.

Aus dem Dickicht ragten Zelte hervor, dahinter schimmerte der Sacramento River. Er war breit und voll bis Oberkante. Gebüsch und Rankpflanzen. Eichen, Pappeln, Weiden. Ein paar Tümpel. Grabkreuze im Boden. Flüchtiger Blick: normales Lager, normaler Wald. Genauer Blick: Zelte, aus denen Köpfe lugten, zwischen den Lippen eine Pfeife. Fäkalien am Wegesrand. Chaos, als hätte ein Tornado eingeschlagen. Tatsächlich aber war es eine Flut gewesen. Fast noch schlimmer. Die Dinge, die nicht mit Schlamm bedeckt waren, waren an einer Hand abzuzählen. In den nächsten Tagen lautete die schwierige Frage: Ist das Schlamm oder Scheiße?

Alise führte uns einen Pfad entlang durch das Unterholz. Der größte Teil des Lagers verlief parallel zum Flussufer. Etwa 30 Leute. Weiter den Fluss runter war noch ein Lager. Gegenüber, auf der anderen Seite, auch. Da wohnen die richtig Durchgeknallten, sagte Alise.

Hinter mir flüsterte Shoestring, der die Nachhut bildete: »Guck dir mal diese ganzen Drogenköpfe an.«

»Mein Hund Chopper«, sagte Alise, »kann ganz schön gemein sein. Zeigt bloß keine Angst. Der Kerl ist alt, aber er kann ordentlich beißen.« Sie humpelte mit ihrer einen Krücke voran. »Sagt einfach, ja, Chopper, bist ein guter Hund und so Zeug, dann sollte es keine Probleme geben.«

Als hätte er bereits seinen Namen gehört, begann Chopper zu bellen, tief, bedrohlich, laut. Wir drei daraufhin im Chor: »Bist ein guter Junge, ein sehr guter Junge.« Chopper beruhigte sich und legte sich wieder auf den Boden.

»Wie sieht es mit den Zelten aus?«, fragte Ron.

»Tja.« Alise zog eine große Plane hinter ihrem Zelt hervor und breitete sie auf einer freien Fläche aus. »Gerade etwas problematisch wegen der Flut und dem ganzen Dreck. Vielleicht kann ich später welche organisieren.«

Wie selbstverständlich legte Ron seinen Rucksack in Alises Zelt ab, auf den kleinen Teppich neben der recht hohen Luftmatratze. Irgendwo im Zelt spielte ein Radio. Aus dem Lautsprecher klang Cindy Laupers hohe Stimme und sang »Girls just wanna have fun«. Shoestring und ich setzten uns samt Gepäck auf die Plane. Wir waren da. Das Gesetz war irgendwo da draußen.

»Ah«, sagte Ron, »schön, wieder hier zu sein. Also, was gibt's Neues?«

»Nicht viel«, antwortete Alise. »Die verdammten Bullen haben versucht, uns zu evakuieren, waren hier mit Helikoptern und allem unterwegs, aber wir sind nicht drauf reingefallen. Jetzt wollen sie den Deich neu bauen und meinen, dann müssen alle hier weg. Aber wir warten erst mal ab.«

Warten, schauen, Pfeife stopfen.

»Chopper! Was zum Teufel guckst du so?«, blaffte sie den Hund an. Immer wenn sie die Stimme erhob, spuckte sie beim Reden. Chopper wandte seinen Blick ab. »Good boy.« Alise hielt das Feuerzeug unter ihre Pfeife.

Sie, Ron und Shoestring rauchten das Zeug, während sie sich über den Stand der Dinge im Obdachlosenlager unterhielten und sich kurze Reminiszenzen an vergangene Zeiten gönnten.

Schließlich stand Alise auf, beschwerlich, aber sie stand auf und sagte: »Kommt jetzt, ich stell euch ein paar Leuten vor, damit die euch nicht den Kopf abreißen.«

Robert zum Beispiel. Der lebte zehn Meter weiter, direkt am Flussufer, und besaß diverse Tätowierungen, von denen die beiden nennenswertesten das quer über den unteren Rücken verlaufende »Outlaw« sowie das »SS« um den Hals waren. Aufgrund der Lage war sein Camp in bedauernswertem Zustand. Aber er hatte einen Generator, und sein Pitbull Scooter kühlte sich vor einem Ventilator ab.

Eine weitere Pfeife materialisierte sich in seiner Hand, verließ sie nach zwei Zügen und machte die Runde. »Ist irgendwie ein soziales Ding hier«, sagte Ron. »Das Zeug ist dermaßen billig, dass es einfach jeder hat.«

Der Vergleich zur Friedenspfeife liegt unheimlich nahe, ist aber von der Realität genauso weit entfernt wie die Obdachlosen dort von den oberen Sprossen der amerikanischen Erfolgsleiter.

Alise stellte uns vor, Robert nickte, sagte aber nicht viel, außer dass er langsam das Chaos wieder in den Griff bekomme. Im Anschluss suchten wir noch ein paar weitere Lagerbewohner auf, die drei anderen rauchten noch ein paar weitere Pfeifen, dann kehrten wir zu Alises Platz zurück. Shoestring und ich setzten uns wieder auf die Plane, und Alise drehte ein paar Joints, damit sich der durch das Meth unterdrückte Hunger wieder einstellen würde.

»Macht, was ihr wollt, geht, wohin ihr wollt«, sagte sie. »Alles gute Leute hier. Klar, ein paar schlechte, ein paar, die geisteskrank sind oder sonst irgendeinen Schaden haben. So wie überall eben.« Dann dozierte sie über die verschwindende Mittelschicht in den USA, bis sie schließlich, auf einmal ganz praktisch, verkündete: »Wir brauchen ein paar Vorräte.«

»Jawohl, lasst uns einkaufen gehen«, stimmte Ron zu. »Kommst du mit, Shoestring?«

»Yeah ... yeah, klar. Ich frage mich ... Ach egal.«

Die beiden verschwanden. Ich machte es mir auf der Plane bequem, rauchte und schaute in das Blätterdach. Höchstens zwei Zigaretten, da waren die beiden schon wieder zurück, allerdings ohne Einkaufstüten. Wie auch, bei der Kürze der Expedition.

Ron schien irgendwas auf dem Boden zu suchen. Shoestring murmelte zusammenhangloses Zeug: »Ja, damals, als ich ... Wann war das noch mal? Hm, manchmal hab ich wirklich Probleme damit, mich zu erinnern ...«

»Schau dir diese Tweakers an«, meinte Alise, eine Mutter, die ihren Kindern wenigstens die Gelegenheit gegeben hatte, eine einfache Aufgabe zu erfüllen. »Was ist passiert?«

»Nichts«, sagte Ron, »gar nichts.«

»Yeah«, sagte Shoestring. »Yeah. Manchmal ...«

»Es ist nur ... Ich glaube, wir haben uns verlaufen.«

»Okay«, seufzte Alise. »Alles muss man selber machen. Shoestring!«

»Yes, Ma'am!« Fast hätte er die Hacken zusammengeschlagen und salutiert.

»Irgendwelche Sonderwünsche?«

»Oh ... oh.« Shoestring strich sich durch den Bart. »Ein paar Orangen vielleicht?«

»Wie du willst. Noch was?«

»Vielleicht 'n bisschen Limo? Ich mag Vanille Cola, Kirsch geht aber auch.«

»Geht klar. Hast du Geld?«

»Yeah yeah.« Shoestring fummelte in seiner Hosentasche, holte das Portemonnaie heraus und händigte ihr Bankkarte sowie, mir unverständlich, PIN-Nummer aus.

»Ron!«, sagte Alise, und er blickte augenblicklich vom unheimlich interessanten Boden auf, den er gerade mit den Füßen von Zweigen befreit hatte, schaute sie an.

»Du begleitest mich. Wasser brauchen wir auch. Du nimmst dir den großen Kanister da. Gehen wir!«, befahl sie und verschwand mit Ron im Schlepptau, der wiederum den 20-Liter-Behälter für das Wasser trug, Richtung Landestelle.

Ich lag immer noch auf dem Rücken und schaute in die Baumkronen. Ein paar Vögel zwitscherten.

Neben mir ließ sich Shoestring im Schneidersitz nieder, stand auf, setzte sich wieder hin. Leise und konspirativ sagte er: »In diesen Lagern schießen sich die Leute ganz schön weg.«

»Ja? Immerhin kennen wir jetzt Alise, die wird schon dafür sorgen, dass uns keiner dumm kommt.«

»Gott, wie ich es hasse, wenn ich nicht weiß, wohin.« Shoestring stand wieder auf, lief einmal um die Plane herum, setzte sich wieder. »Ich brauche einen Fluchtplan.«

Mit einer Schaufel hob Alise ein Loch in der Erde aus, warf Holz und Anzünder hinein und legte einen Rost über den improvisierten Grill.

Chopper schnüffelte an den Tüten, mit denen das ehemalige Pärchen zurückgekehrt war. Steckte seine Schnauze immer tiefer in die Tüte mit dem Hackfleisch, bis ihn Alise anschrie: »Raus aus der Küche, Chopper!«

Dann nahm sie ein paar Tortillas aus einer Packung, gab Hackfleisch in die Pfanne, dazu geschnittene Zwiebeln, Tomaten, Knoblauch. Als die Mischung gebräunt war, rollte sie damit ein paar Burritos, und wir aßen im Sitzen.

Ron und Alise redeten über früher, als sie noch ein Paar gewesen und zusammen auf Güterzügen durch die Gegend gefahren waren. Mann, kannst du dich noch an die Fahrt erinnern, als ich vom Zug gefallen bin, fragte er, und sie antwortete, klar, wie könnte man so was vergessen.

Die beiden waren damals mit zwei anderen und einem Hund unterwegs an die Küste von Oregon, fuhren Piggyback durch die Kaskaden. Auf ihrem Waggon war kein Lkw-Anhänger, also hatte man gute Sicht. Als der Zug bei Wenatchee für einen Personalwechsel hielt, erspähte Ron neben den Gleisen einen Stuhl. Er schnappte ihn sich, stellte ihn auf den Flachwaggon und fuhr nun gemütlich im Sitzen dahin. Bis die Truppe kurz vor dem berüchtigten, weil 7,5 Meilen langen Kaskadentunnel einen Berg weißen Pulvers sah, so nah, dass man die Hand danach ausstrecken konnte. Keiner wusste, was es war. Ron reckte sich danach – in genau dem Moment brach der Stuhl zusammen. Er fiel vom Waggon. Stürzte herunter und machte ein paar Überschläge. Er landete direkt in diesem Berg aus weißem Pulver. Ron wischte sich das Zeug aus Augen und Mund und dachte, was zum Teufel …? Er rappelte sich auf und rannte auf den Zug los, der natürlich keine Anstalten machte anzuhalten und gleich im Tunnel verschwinden würde. Er machte etwa 40 Meilen die Stunde. Ron nahm Anlauf und sprang. Prallte gegen den Lkw-Anhänger auf einem anderen Waggon. Die Geschwindigkeit des Zuges verstärkte die Wucht. Sein Knie brach. Was für Höllenschmerzen das waren. Dann die totale Dunkelheit des Tunnels. Ron schrie und schrie. Als sie aus dem Tunnel raus waren, musste einer seiner Kollegen den gesamten Weg nach vorne zur Lok krabbeln und dem Personal mitteilen, dass da ganz hinten auf dem Zug ein Hobo liege, der medizinische Notversorgung brauche.

»Werde ich nie vergessen. Ganz schön Glück gehabt.« Ron aß das letzte Stück seines Burritos und zündete sich noch mit vollem Mund eine Zigarette an.

Nach dem Essen legte sich Alise ins Zelt, drehte die Musik lauter, sang mit. Ron stand leicht vornübergebeugt, als betrachtete er eine Spur, dann folgte er dieser Spur, erst vor uns im Kreis, schließlich auf den Pfad, und plötzlich war er verschwunden. Blieben Shoestring und ich auf der Plane.

»Leute schießen sich in solchen Lagern richtig weg.«

»Hast du schon mal gesagt, ja. Bis jetzt sieht aber alles okay aus, oder ist dir jemand krumm gekommen?«

»Ich bin mir nicht sicher.«

Vom Flussufer kam Robert schnellen Schrittes, nackter Oberkörper, Hose auf halb acht. Shoestring stand auf.

»Ich hab, was du wolltest.«

Irgendwas war mir da entgangen, aber es stellte sich schnell raus, was.

»Das sind anderthalb Gramm, du kriegst eins, ich ein halbes. Los, teil's auf, und mach schnell.«

Oh, wenn man Shoestring zur Eile anhält. Er kniete sich mit dem Plastiksäckchen auf die Plane und versuchte, das Kokain aufzuteilen. Robert gab ihm eine Waage. Warum das Ganze? Warum gerade ein Aufputschmittel für jemanden, der sowieso schon Probleme hat stillzusitzen?

»Mach hin.« Robert strich sich über den weißen Motorradschnurrbart.

Unter seinen hektischen Blicken mühte sich Shoestring weiterhin, das Zeug auf dem Boden zu teilen, scheiterte aber gnadenlos an der filigranen Aufgabe, und ein paar Brocken Koks flogen auf die Plane.

»Ich fass es nicht«, sagte Robert, »lass mich mal.« Mit geübter Hand teilte er das Koks flugs zwischen ihnen beiden auf.

Als er wieder verschwunden war, sagte Shoestring: »Ich glaub, er hat mich abgezogen.« Aber was sollte er machen? Er war einfach nicht in seinem Element.

Shoestring borgte sich von mir einen Kugelschreiber und benutzte ihn als Röhrchen, um sich eine Line in die Nase zu befördern. »Ron meinte, man kann sich das Zeug auch spritzen. Wusste ich gar nicht.«

Ein paar Minuten später beschwerte er sich über zu schnellen Herzschlag und meinte, jetzt hätte er gerne Xanax, um wieder runterzukommen. Es war zum Haareraufen.

»Warum hast du es überhaupt genommen?«

Lange Pause. »Keine Ahnung. Schätze, es hilft mit den Schmerzen.«

Meine Vermutung: eher alte Verhaltensmuster. Weswegen er sonst eremitisch lebt.

Allerdings wurde er nun ein ganz anderer, durch und durch verbaler Shoestring. Die Worte und Sätze flossen mit der Geschwindigkeit des Feather River dahin, er stand auf, lehnte sich an einen Baum, redete über Satelliten im All, darüber, ob er nach Alaska zurück sollte oder doch lieber nach Neuengland mit John Burns, genügend Geld für ein Ticket nach Chicago hätte er, aber so viele Menschen da im Osten, so viele, und was machte eigentlich Carla in Tennessee zur Zeit, von der hatte er schon lange nichts mehr gehört, dabei hatte er doch ihren Kindern erst vor Kurzem Geschenke, Steinaquarien, geschickt, oder hatte er das noch gar nicht erledigt? Vielleicht sollte er mal im Rucksack nachschauen, ganz sichergehen –

Da tauchte Ron wieder auf, anscheinend führte die Spur im Kreis.

»Wo warst du denn die ganze Zeit?«

»Ich? Einfach nur spazieren, ein-fach nur spa-zie-ren.«

Wenn eines klar war: Hier ging man nicht einfach nur spazieren. Vielleicht mal vor 30 Jahren, bevor die Obdachlosen sich angesiedelt hatten.

In der Dunkelheit saßen wir um Alises kleine Küche, sahen zu, wie sie die Reste der Burritos aufwärmte, und aßen dann zu Abend.

Inzwischen hatte sich auch ein Zelt für uns aufgetan, ein dunkelgrünes Dreimannzelt, dessen Moskitonetz so löcherig wie Emmentaler war. Zu Dutzenden lagen tote Blutsauger auf dem Boden. Dazu Äste und Laub, ein paar benutzte Taschentücher. Alles akzeptabel, im Gegensatz zu den Resten des Spritzbestecks, das sich den Zeltboden mit Gottes Plage teilte. Ich zog meine Handschuhe an und räumte auf.

Nach dem Abendessen erhob sich Ron und blickte Shoestring an, forderte ihn mit den Augen und einer Kopfbewegung auf mitzukommen.

Ich blieb noch eine Weile auf der Plane liegen, die Moskitos hatten sich wieder beruhigt, ab und zu schmiss ich einen Holzstock ins Feuer. Alise lag in ihrem Zelt, bis auf das Glimmen des Feuers war es dunkel.

Vom Pfad her war ein Trampeln zu hören, aber es war weder Ron noch Shoestring, sondern ein Mann in Jeans und rotem T-Shirt, dem die strähnigen blonden Haare ins Gesicht hingen. Er stellte sich als David vor und war auf der Suche nach den beiden, weil er gehört hatte, dass sie Drogen kaufen wollten. Angesichts ihrer Abwesenheit setzte er sich zu mir auf die Plane und redete zuerst vom Patriot Act (das Schlimmste, was dem Land passieren konnte) und dann von SDI, der

Strategic Defense Initiative unter Ronald Reagan, jenem Waffensystem, das vom Orbit aus operieren sollte und deswegen auch im Volksmund Star Wars Initiative genannt wurde.

»Was du wahrscheinlich nicht weißt, ist, dass es funktioniert. Deswegen haben die Sowjets nämlich aufgegeben.«

»Wie das?«

»Erinnerst du dich an Tschernobyl?«

»Wer tut das nicht.«

»Das waren wir. Wir haben das Dreckstück einfach aus dem All in den Luft gejagt.«

»Was du nicht sagst.«

»Yeah. Und dann haben die Sowjets gesagt, okay, komm, lass uns aufgeben. Aber jetzt hat unsere Regierung ein ganz anderes Problem.«

»Das da wäre?«

»Die Leute dürfen ja nicht wissen, dass die USA die mächtigste Waffe der Welt da oben im All besitzen. Deswegen müssen die Air Force, die Army und alle weitermachen. Das entbehrt nicht einer gewissen Ironie.«

David wartete noch eine Weile auf Ron und Shoestring, dann ging er ab. Wieder war Ruhe, in der sich mir die Gelegenheit bot, ein schlechtes Gewissen zu bekommen. Vielleicht hätte ich nicht drauf pochen sollen hierherzukommen und einfach mit Shoestring in den Norden fahren sollen, durchs einsame Montana.

Wo steckten die beiden nur? Ich wurde unruhig, rauchte noch eine Zigarette. Dann stand ich von der Plane auf, nahm meine Taschenlampe und schaltete sie ein. Vielleicht waren sie bei Robert, um die Telefone am Generator aufzuladen. Das erschien mir sogar am wahrscheinlichsten. In dem Sinne waren die beiden wie zwei Teenager.

Ich folgte dem Kegel der Taschenlampe auf den Pfad und ging Richtung Fluss. Roberts Lager hatte durch eine Buschreihe einen natürlichen Sichtschutz. Nach ein paar Schritten passierte ich ihn und sah: Ron und Shoestring. Ich wollte schon ihre Namen rufen, aber dann schaute ich genauer hin und ließ es sein. Ich schaltete meine Taschenlampe aus und blieb im Dunkeln stehen.

Irgendwo hörte man eine Frau schreien; ich glaube, es war White Kim, von der man sagte, dass sie Alise in der Rolle als Anführerin herausforderte, und sie schrie: »ICH WERD DICH UMBRINGEN, DU DRECKSAU!«

Aus Roberts Zelt drang Musik, Pink Floyd. Der Kinderchor sang »We don't need no education«. Und neben diesem Zelt kauerten Ron und Shoestring. Ich stand ganz still da. Im fahlen Licht der Zeltlaterne war eine Schnur zu sehen, die zwischen Rons Zähnen klemmte. Die Schnur führte zu Shoestrings ausgestrecktem Oberarm und war in einer Schlaufe darum festgezurrt. Ron hielt eine Spritze in das Licht und schnippte mit dem Zeigefinger dagegen. Einmal, zweimal. Dann führte er die Nadel in Shoestrings Armbeuge. Ron blickte ihm kurz in die Augen, dann richtete er seine Aufmerksamkeit wieder auf die Spritze. Er drückte den Kolben in den Zylinder und setzte Shoestring einen Schuss.

18

Am nächsten Morgen saß ich auf einem umgedrehten Eimer und trank einen Kaffee. Ich grübelte vor mich hin, wie diese ganze Sache enden würde. Shoestring hatte nicht nur die gesamte Nacht mit der Machete in der Hand vor dem Zelt verbracht, sondern auch auf dem Pfad leere Coladosen aufgestellt, damit sich niemand ungehört anschleichen konnte. Redundantes System, an sich ganz clever, zeugte aber auch von zunehmender Paranoia. Oder ich war leichtsinnig und gutgläubig – das war ein viel schlimmerer Gedanke, und ich schob ihn weg, richtete meine Aufmerksamkeit auf Ron, der um Alises Zelt tigerte, wer weiß wie viele Frühstückspfeifen schon hinter sich.

»Wisst ihr was?«, sagte er und hielt den Kanister hoch, der wieder fast leer war. Schüttelte ihn. »Ich glaub, ich geh mal Wasser holen.«

»Soll ich mitkommen?«, fragte Shoestring.

»Nö, ich beeil mich. Geh nur Wasser holen. Nuuur Wasser holen.«

Shoestring nickte. »Kannst du mir ein Schmerzmittel mitbringen?«
Damit meinte er natürlich nicht so etwas wie Ibuprofen 600, sondern
ein anderes Kaliber, so eines, wie er es aus den Krankenhäusern gewöhnt war. So eines, wie ein großer Teil der Amerikaner es ebenfalls
gewöhnt ist, weil die Ärzte diese Schmerzmittel unheimlich leicht-
fertig und schnell verschreiben und so für ein Heer von Süchtigen
sorgen. Wer die Pillen nicht mehr bekommt, greift oft zu anderen, illegalen Drogen. Nicht nur hier auf der Insel, sondern im ganzen Land –
eine grassierende Epidemie. Alleine 2016 starben mehr als 60 000 Menschen an Drogenmissbrauch.

»Klar. Hast du Geld?«

Shoestring gab Ron ein paar Scheine, ich glaube, es waren 40 Dollar.
So sah das Leben eines Königs im Moment aus. Nicht etwa Outback
Steakhouse und Motel, sondern Koks und Schmerzmittel. Fehlte nur
noch der Alkohol. Hätte seine Leber nicht solche Probleme gemacht,
hätte er sich den vielleicht auch noch besorgt.

Ich trank einen zweiten Kaffee. »Ron, wie ist der Plan? Sollen wir
uns heute Nacht Fracht greifen?« Von hier sollte es durch die Wälder
des pazifischen Nordwestens gehen, angenehme Frische zwischen
Douglasien und Kiefern, vielleicht würden wir sogar ein paar Bären
sehen.

»Heute? Nee«, antwortete Ron. »Nee nee. Ich will hier ein bisschen
Zeit verbringen.« Als wären wir irgendwo am Yellowstone River und
hätten noch nicht genügend Fische an der Angel gehabt. »Zwei Tage,
habe ich gesagt.«

»Okay, dann morgen.«

Ohne Erwiderung verschwand Ron mit dem Wasserkanister im
Dickicht der Insel. Er trug Shorts und Flipflops, die Sonnenbrille hatte
er auf dem rasierten Schädel.

Shoestring litt, wieder mal, aber nicht nur, unter Durchfall. Schlug sich
in die Büsche, kam zurück, schlug sich erneut in die Büsche.

Dann ging er dazu über, nicht mehr zu reden, sondern zu flüstern.
Und flüsternd versuchte er, meine Aufmerksamkeit auf irgendwas zu

lenken. Ich hatte keine Ahnung, was er meinte. Er redete ja sowieso schon so leise.

»Wieso zum Teufel flüsterst du?«

Shoestrings Pupillen waren so groß wie Untertassen. Mit seinem Kinn deutete er auf einen unbestimmten Ort vor meinen Füßen. Ich konnte nichts entdecken, was nicht in das Chaos des Lagers gehörte.

Wieder die Kinnbewegung, dringlicher jetzt. Ich wusste immer noch nicht, was er wollte. Dann, mit einer Hand den Mund in Richtung Alises Zelt abschirmend: »Die Pappe, die Pappe.«

»Ja und? Da liegt ein Stück Pappe, was soll's?«, sagte ich leicht genervt, aber Shoestring ließ nicht locker: »Die ist für dich.«

Ich hob sie hoch. Ein ganz normales Stück Pappe von der Coladosenpackung.

»Umdrehen«, flüsterte Shoestring.

Ich tat es. Auf der anderen Seite stand etwas geschrieben. »This is a foul place. We should not have come here …«*

Alise trat aus ihrem Zelt, und ich steckte die Pappe schnell in meine Hosentasche. »Ich muss ein paar Sachen erledigen.« Sie nahm ihre Krücke und verschwand im Wald.

»Ich will hier weg«, sagte Shoestring.

»Hätte ich auch nichts dagegen.«

»Wenn Ron zurückkommt, machen wir einen Plan. Jeder ist hier am Lügen. Ich frage mich, ob Alise Geld von meinem Konto genommen hat … Die PIN dazu hatte sie ja.«

In den nächsten Stunden konnte man Shoestring dabei zusehen, wie er immer wahnhafter wurde. Schließlich begann er, über unseren Lagerplatz zu toben. »Man haut nicht einfach so ab, das geht total gegen den Hobokodex! Wenn Ron in einer Stunde nicht wieder da ist, mach ich die Biege.« Er stampfte auf den Boden.

Ich versuchte, ihn zu beruhigen. Vergeblich.

»Was für ein Scheißkerl. Ich hasse ihn.«

»Ich ruf ihn mal an und schau, wo er steckt.«

---

* Das ist ein schrecklicher Ort. Wir hätten nicht herkommen sollen.

»Ich wollte hier sowieso nie hin.«

Nach ein paar Versuchen bekam ich Ron ans Telefon. »Hey, wo bist du?«

»Mein Handy aufladen, hab ich dir doch erzählt.« Davon hatte er überhaupt nichts gesagt, aber das war jetzt egal.

Im Hintergrund hörte ich eine Frauenstimme. »Wo lädst du es denn?«

»Bin in zwei Stunden zurück, spätestens.«

Ich versuchte es noch mit einer weiteren Frage, bekam aber auch auf diese keine Antwort, legte schließlich auf und teilte Shoestring mit, was ich in Erfahrung hatte bringen können.

Er nickte und beschäftigte sich dann damit, seine PIN zu ändern. Eine Weile kasteite er sich selbst, warum er Alise überhaupt die Nummer gegeben habe, ein Vorwurf, den ich unterschrieben hätte, dann:

»Ich will weg.«

Es war bereits kurz vor Sonnenuntergang, und jetzt herrschte das gleiche Theater wie in Cheyenne. Ron immer breiter und auf und davon, Shoestring paranoider, ich verzweifelter.

»Hör zu«, sagte ich, »wie wäre es mit etwas zu essen? Ich mach uns ein Feuer und koche uns was. Ron meinte, zwei Tage. Also. Morgen früh verzischen wir uns, mit oder ohne ihn.«

Shoestring grunzte.

Ich stand auf und begann, an den Seiten der Pfade Holz zu sammeln. Wie gesagt: schwierige Sache. Was war Schlamm, was nicht? Wieso konnte man nicht ein paar zentrale Toiletten einrichten, das konnte doch nicht so schwer sein. Eine Wanduhr aufzuhängen schaffte man ja auch. Also Handschuhe anziehen und widerwillig sammeln, bis es für etwas mehr als ein Kochfeuer reichte.

Damit fertig, kramte ich aus meinem Rucksack zwei Packungen Nudeln von der Art, die man mit Wasser aufgießen kann. »Shoestring, Kung Pao Chicken oder Teriyaki Beef? Such dir was aus.«

»Teriyaki. Ich mag Teriyaki.«

Aber als das Essen nach ein paar Minuten fertig war, sagte er: »Hab keinen Hunger.«

»Okay, vielleicht später.« Ich stellte sein Essen vor ihm auf dem Boden ab.

Shoestring holte sein Messer aus der Handwerkertasche, schaute die Klinge an, drehte sie mal nach links, mal nach rechts. »Ich glaube, ich schenke das Messer Renegade … Ja, genau das werde ich tun.«

Ich aß mein Kung Pao Chicken und war mir sicher, die Teriyaki-Version schmeckte genauso. Wehmütig dachte ich an unser Steak mit Würstchen, Spargel und Sweet European Cream Butter im Dschungel von Pittsburg zurück.

»Wer ist denn dieser Renegade?«

»Ein alter Hobo, ist in den 70ern Fracht gefahren. Der einzige Kerl, dem man hier trauen kann.« Shoestring stand auf, am Boden dampfte sein Essen vor sich hin, und er verschwand in der Nacht.

Nachdem ich das Kung Pao Chicken erledigt hatte, warf ich die leere Packung ins Feuer, wo sie zischend verbrannte. Mit ein paar Scheiten vergrößerte ich das Feuer etwas und schaute eine Weile in die tanzenden Flammen. Eine merkwürdige Stille lag über dem Lager. Kein Wind ging, selbst die Blätter in den hohen Baumkronen waren leblos. Normalerweise hätte ich nichts dagegen gehabt; ich liebe die Stille. Aber an diesem Abend kam sie mir drückend vor. Vielleicht lag es an den Zweifeln, die mich langsam beschlichen, ob wir hier alle heil und zusammen rauskommen würden. Ich schmiss noch ein paar Scheite ins Feuer, damit es am Leben blieb, und dachte, vielleicht ist es besser, wenn ich rüber zu Robert gehe, damit ich nicht in meinem eigenen Kopf hängen bleibe.

Auf einem langen Baumstamm, Schwemmholz, hatte er aus dem Müll gefischte Kerzen aufgestellt, und sein Lager war in einen nicht zu dieser Umgebung passenden weichen Schein gehüllt.

»Was treibst du?«

»Nur ein bisschen abhängen. Später geht's noch auf ein Heavy-Metal-Konzert in der Stadt.« In der Hand hielt er einen Becher. »Trinken Deutsche?«

»Kacken Bären in den Wald?«

Robert schenkte mir einen Jack Daniel's mit Cola ein, und bemerkenswerterweise mangelte es ihm auch nicht an Eis. Bald klirrten die Würfel in meinem Becher, während Shoestring sonst wo war, aber immerhin auf der Insel, wohingegen es inzwischen fraglich war, ob Ron von seiner Expedition jemals wieder zurückkehren würde.

»Wie lange bist du schon hier?«

»Am Anfang waren wir sechs, jetzt sind es eher 30, und es werden immer mehr. Was soll man machen? Diese ganzen Leute auf Bewährung finden keine Arbeit, dann schießen sie sich weg und sind bald komplett nutzlos und für den Arbeitsmarkt verloren.«

»Darf ich dich fragen, was es mit der SS-Tätowierung auf sich hat?«

»Oh, das. Wenn du im Knast sitzt, kannst du nicht einfach frei vor dich hin leben. Es ist besser, wenn du dich einer Gruppe anschließt. Es hat aber nicht die gleiche Bedeutung wie in Deutschland, falls es das ist, was du fragen wolltest.«

»Wie lange warst du im Gefängnis?«

»Dreiundzwanzig Jahre.« Robert sagte nicht, wofür, und ich hakte nicht nach.

Auch auf seinem Speiseplan standen Burritos. Er aß sie mit grüner Chilisoße und Sour Cream. Prompt kam Scooter aus dem Zelt gekrochen und sah Robert mit eisblauen Augen an.

»Ein guter Hund bist du«, sagte Robert und ließ für Scooter etwas Hack aus dem Burrito fallen. »Immer wenn mich jetzt ein böser Gedanke beschleicht, wie jemanden umbringen, dann denke ich an meinen Hund und was mit ihr passieren würde. Die Kleine hat mich gerettet, anders kann man es nicht sagen.«

Robert bückte sich und strich Scooter über den Kopf.

Zurück am eigenen Feuer, keine Spur von Shoestring. Dafür öffnete sich der Vorhang aus Finsternis, und ein Schwarzer erschien, der einen langen Mantel und über der Hose Knieschoner trug.

»Dürfte ich mich eine Weile ans Feuer setzen?«

»Bitte.«

»Ich bin Renegade.«

»Oh, ich hab von dir gehört. Hast du Shoestring gesehen?«

»Du schreibst ein Buch?«

»Genau ... Hast du Shoestring gesehen?«

»Schon länger her.«

»Er wollte dich besuchen.«

»Vielleicht hat er sich verlaufen.«

»Vielleicht.«

»Man hat mich in den Müll geschmissen.«

»Wie bitte?«

»Meine Eltern unten in Mississippi. Wollten mich nicht. Haben mich einfach in den Müll geworfen. Aber jemand hat mich noch rechtzeitig gefunden, und später wurde ich adoptiert. Gute Leute waren das, haben mich verwöhnt von oben bis unten. Mein Stiefvater wurde sogar der erste schwarze Bürgermeister in Illinois, in einer Kleinstadt war das.«

Ich wusste nicht, was ich sagen sollte. Wahrscheinlich sagte ich irgendwas Dummes, wie man es manchmal in solchen Momenten tut, so was wie: Wow.

»Yeah, so spielt das Leben. Ich bin sogar an die Uni, habe aber abgebrochen.« Dann eine plötzliche Stimmungsänderung. »Mensch, das waren die 70er damals, verstehst du? Ich bin auf Güterzügen durchs Land gefahren, alle waren an der Straße und hielten den Daumen raus, alle wollten zu Woodstock oder nach San Francisco, an jeder Auffahrt junge Leute mit einem Schild in der Hand: Nach Westen, nach Westen! Gute Zeiten waren das, richtig gute Zeiten.«

»Bist du so hier gelandet?«

»Überhaupt nicht. Ich habe in der Werbung gearbeitet, dann als Koch im Holiday Inn. Hatte sogar ein Boot, ein richtiges Prachtstück war das.«

»Und dann?«

»Well, life, you know.«

Ich wartete eine Weile, ob er noch etwas zu dem Thema sagen würde. Um uns herum war alles düster, nur das bescheidene Feuer zwischen uns glomm wie ein noch nicht erwachsener Vulkan.

»Ich kannte Ron«, wechselte Renegade das Thema, »als er noch jung war. Ein Teufelsbraten.«

»Er scheint ständig was im Schilde zu führen.«

Im Schein des Feuers nickte Renegade. »Harter Kerl.«

Noch zehn Minuten gemeinsames Ins-Feuer-Blicken, dann stand Renegade auf, bedankte sich für die Gesellschaft und das Feuer, verschwand hinter dem dunklen Vorhang.

Shoestrings Teriyaki-Nudeln standen unangetastet auf dem Boden. Ich hörte in den Wald. Plötzlich war es mit der Stille vorbei. Wieder schrie White Kim irgendwas Grässliches, voller Wut, und auch in anderen Ecken des Dschungels wurde es laut.

Ich legte mich ins Zelt und versuchte einzuschlafen, was mir nicht gelang. Nicht unbedingt wegen des Geschreis, sondern wegen Renegade und seinem Spruch, tja, das Leben, du verstehst schon. Er hatte das so lapidar hingeworfen, wie ihn einst seine Eltern weggeworfen hatten. Wenn die Geschichte denn stimmte und keine Lagerfeuerschnurre war. Vielleicht war es vorhin gar nicht nötig gewesen weiterzureden; in diesen paar Worten lag mehr Wahrheit als in langen, gewundenen Reden. Man kann die schönsten Pläne machen, entspannt auf der Autobahn des Lebens in einem Cadillac dahingleiten, und plötzlich ist doch alles anders, als man es sich je hat vorstellen können. Im Guten wie im Schlechten. Well, life, you know. Dieses mysteriöse Ding, von dem wir immer glauben, es unter Kontrolle zu haben, aber dann ist es wie eine Naturgewalt: unerwartet und von angsteinflößender, ganz klein machender Kraft.

Als White Kim aufgehört hatte, ihre Todesdrohungen in die Nacht zu schreien und ich müde vom ganzen Grübeln geworden war, schlief ich endlich ein.

Um ein Uhr nachts wurde ich geweckt. Es war Shoestring. In der Hocke saß er direkt vor meinem Gesicht. Er stützte sich auf etwas Schwarzes. Ich brauchte ein paar Sekunden, um zu begreifen, dass es eine Machete war. Mit einer Hand umschloss er den Griff, die Spitze steckte im Zeltboden.

»Shoestring«, murmelte ich und hielt die Hand in den Strahl seiner Taschenlampe, »was zum Henker?«

»Das ganze Lager sucht Ron. Die haben Angst, dass er ins Wasser gefallen ist, dass er das Gesetz auf die Insel zieht, weil er irgendjemandem Geld schuldet.«

Die Klinge der Machete glänzte im Taschenlampenlicht. Ich erinnerte mich an Tuck und seine Geschichte von Sidetrack, wie der in Vancouver die gesamte Nacht mit der Machete neben den anderen schlafenden Hobos gesessen hatte. Mir gefiel der Anblick der Machete nicht, und mir gefiel auch der Ausdruck auf Shoestrings Gesicht nicht, voller Unruhe, wie ein flackerndes Feuer.

Aber ich sagte: »Geh schlafen, wir kümmern uns morgen drum.« Shoestring nuschelte etwas Unverständliches und verschwand.

Drei Uhr morgens: das gleiche Spiel. Wieder hockte er da mit seiner Machete. Nur war er jetzt besorgt und wollte alle Gefängnisse und alle Krankenhäuser in der Umgebung anrufen.

»Aber mein Akku ist alle, ich muss erst mal laden.«

»Okay«, brummte ich und schlief weiter.

Schließlich war es vier: »Ich werde Ron umbringen! Er hat mir unrecht getan. Und ich dachte, er wäre mein Freund. Ich hau jetzt ab.«

»Jetzt?«

»Jetzt!«

»Es ist mitten in der Nacht. Warum wartest du nicht bis Sonnenaufgang, dann komm ich mit. Nicht, dass du noch ins Wasser fällst.«

Shoestring grunzte. »Ich komme aus Louisiana, ich kenne mich aus mit Sümpfen. Ich muss los. Das ist ein ganz übler Ort.«

»Aber –« Ich war einfach zu müde und erschöpft, um ihm zu widersprechen, und meinte nur: »Okay, dann bis später«. Wann und was dieses »später« sein sollte, keine Ahnung, aber um vier Uhr morgens war ich noch nie besonders gut darin, Pläne zu schmieden.

Shoestring verließ das Zelt mit der Machete wie ein Pizarro, der wild entschlossen war, einen Weg aus dem Dschungel zu finden.

Teil III: Vielleicht der Himmel, vielleicht die Hölle

I am a broken hearted bachelor,
travelling through this wide world all alone;
It's the railroad for my pillow,
this jungle for my happy home.
      Brother Son Bonds; Old Bachelor Blues

But I reckon I got to light out for the territory
ahead of the rest, because Aunt Sally she's going to adopt me
and sivilize me, and I can't stand it. I been there before.
      Mark Twain; The Adventures of Huckleberry Finn

1

Zwischen Hölle und Paradies liegen manchmal nur 500 Meter und eine Ampelquerung.

Jogger liefen an mir vorbei, in den Ohren weiße Stöpsel, die Körper schlank und fest, der Rasen vor den Häusern war manikürt und an den Spitzen taubenässt, und die großen Karren schliefen breitschultrig wie Wachhunde in den Carports.

Vor einer Stunde hatte ich noch in 500 Meter Entfernung einen Kaffee mit Alise getrunken. Sie wunderte sich überhaupt nicht, dass Ron noch nicht da war. »Immer, wenn er hierherkommt, frage ich ihn: Warum? Du hast ein Zuhause. Mach dich vom Acker. Aber er kann mit der Ablehnung nicht umgehen, verspricht sich immer wieder was. Und dann schießt er sich so weg, dass er seinen Namen vergisst, und jedes Mal sage ich ihm, dass er nicht wiederkommen soll.« Sie schüttelte ihren Kopf. »Wahrscheinlich geht er nicht nach Alaska zurück.«

Ich bedankte mich bei ihr für die Gastfreundschaft, schulterte meinen Rucksack und ging den Pfad entlang zu den Flößen. Aus den Zelten streckten die Bewohner der Insel ihre Köpfe, hielten Feuerzeuge unter die bauchigen Pfeifen, und der Rauch zog feine Schlieren in die Luft, als würde man von ferne in der Prärie ein Indianerlager sehen.

Jetzt wieder: Zivilisation. Oder was man dafür hält. Die Discovery Plaza war ein Einkaufszentrum, und es herrschte reger Betrieb: Autos wurden an der Tankstelle mit billigem Benzin betankt, Kaffees bei Starbucks in Auftrag gegeben, Einkaufswagen mit rostigen Rädern über den Parkplatz des Supermarktes geschoben. Zwischen dem ambulanten Gewusel lagen stationär ein paar Obdachlose in Nischen zwischen den Gebäuden, ihre abgelatschten Schuhe als Kissen unter den Kopf gelegt.

Durch all dies navigierte ich hindurch, betrat eine Drogerie, kaufte mir Desinfektionsmittel und Babytücher und setzte mich damit raus auf den Bürgersteig. Während die Menschen Schokolade und literweise Cola, Küchenrollen und Chips in weißen Plastiktüten zu ihren Autos auf dem Parkplatz trugen, saß ich da und wischte mir den Dreck von den Beinen, den Füßen, aus dem Gesicht. Dann wiederholte ich den Vorgang noch zweimal, drehte mir eine Zigarette, stand auf und rauchte.

Ich schaute meine Hand an. Sie zitterte. Schwindlig war mir auch. Plötzliche Gedanken, ob ich mir was im Lager geholt haben könnte, die ganze Scheiße, das Spritzbesteck. Die beiden Tage wuschen noch einmal über mich hinweg: die Schreie; die Blicke hinter den Drogenschleiern; Shoestrings Paranoia; Typen wie Robert, der sagte, klar, manchmal denk ich schon dran, jemand umzubringen; der Moment, als Ron Shoestring einen Schuss gesetzt hatte; die vergangene Nacht und Shoestring in der Hocke direkt neben meinem Gesicht mit der Machete in der Hand.

Eigentlich war ich die beiden Tage ganz entspannt gewesen, aber anscheinend hatte das Gehirn dennoch jeden Zentimeter auf potenzielle Gefahren hin abgetastet, Verhaltensmuster für diverse Fälle im Hintergrund durchgespielt, Adrenalin in die Venen gepumpt, damit nichts der Aufmerksamkeit entging, die demnach nicht nur Neugier war, sondern auch Selbstschutzmechanismus. Manchmal merkst du das alles erst hinterher.

Da klingelte mein Telefon. Ich schaute auf den Bildschirm. Ron.

»Wo zum Geier steckst du?«

»Hat dir Shoestring nichts gesagt?«

»Mir was gesagt?«

»Wirklich? Er hat dir nichts erzählt?«

»Jetzt laber nicht rum, und komm zur Sache.«

»Ich hab jemandem beim Umziehen geholfen.«

Kurze ungläubige Pause meinerseits.

»Ich fasse es nicht, dass Shoestring dir nichts davon erzählt, wirklich, ich war, äh, ich war –«

»Das ist doch die elendigste Schnurre, die ich je gehört habe. Da kann auch nur ein Druffie glauben, dass das Sinn macht. Sei wenigstens ehrlich, wenn du dich wegschießen willst, das interessiert mich doch überhaupt nicht.«

Ron ging nicht darauf ein, die Konversation war zielführend wie ein Kreisverkehr; so wie alle anderen Unterhaltungen in den letzten 36 Stunden.

»Ist Shoestring weg?«

»Ja. Und ich auch. Hab das Lager gerade verlassen.«

»Ist meine Ausrüstung noch da?«

»Ist mir ziemlich egal. Hör zu, Alter, ich wünsch dir alles Gute. Aber ich kann hier nicht rumhängen und auf dich warten.«

Ron stammelte irgendwas, redete noch eine Weile von seiner Ausrüstung, vom angeblichen Umzug, von Shoestring. Schließlich unterbrach ich ihn, verabschiedete mich und legte auf.

Im Starbucks reihte ich mich in eine Schlange ein und bestellte mir einen Kaffee. Would you like some cream, yes, please, thank you, Ma'am.

Eine Weile saß ich einfach nur da. Trank kleine Schlucke und überlegte, wie es weitergehen sollte. Ich erinnerte mich an den Moment in Cheyenne, als Ron mich gedrängt hatte, Shoestring zurückzulassen, daran, dass er gesagt hatte, er werde nicht Geisel von Shoestrings Sucht sein.

Dann meldete sich: Shoestring. Redete ohne Einleitung drauflos: »Falls Ron dich anruft, geh bloß nicht ans Telefon. Der Kerl ist schlecht, durch und durch.«

»Ihr beide seid schon zwei Ochsen vor dem Herrn. Mich einfach im Lager zurücklassen. Von wegen Hobokodex. Wo bist du jetzt?«

»Am Betriebshof in Roseville. Ich habe Ron geblockt. Will nie wieder mit ihm reden.«

»Okay, bleib, wo du bist. Ich trink noch meinen Kaffee aus, dann komm ich.«

Bleierne Müdigkeit legte sich über mich. Ich hatte Lust auf ein sauberes Zimmer, noch mehr auf eine Dusche, eine richtige, immer saubere Toilette, etwas Gescheites zwischen die Zähne, danach vielleicht ein paar Bier und dann folgerichtig viele Stunden Schlaf in einem Bett ohne Spritzbesteck.

Ein paar Stunden später. Shoestring und ich saßen auf einem Randstein im schmalen Schatten eines Baumes und versteckten uns vor der brennenden Sonne, immerhin mit Blick auf die Gleise am alten Roseville Depot. Normalerweise würde sich Shoestring beim Anblick von rangierenden Zügen beruhigen, noch 'ne kleine Faustregel, aber nun spuckte er alle paar Minuten auf den Boden und stieß Flüche über das Lager aus.

»Selbst wenn ich schwitze, rieche ich es noch. Am liebsten würde ich ein paar Marines reinschicken, die alle umnieten. So dreckig! Ekelhaft. Jeder Tropfen Schweiß erinnert mich daran. Man sollte einfach eine Atombombe auf diese Insel werfen.«

»Immerhin sind wir jetzt in Sicherheit.«

»Yeah. Gott sei Dank.«

»Hast du Hunger? Soll ich uns was holen?«

»Nicht nötig. Eine Dame wird uns was bringen.«

»Was für eine Dame?«

»Debra. Kümmert sich um Hobos.«

»Aha. Na dann.«

»Ron soll verdammt sein«, sagte er plötzlich wieder. »Ich wusste, dass so was passiert.«

»Wie wäre es mit einem Slurpee?«

Shoestring schaute mich an, als hätte ich die Idee des Jahrhunderts gehabt. »Yeah!«

Ich verschwand und kam kurz darauf mit zwei Slurpees vom 7-Eleven wieder, der ein paar Meter weiter die Straße hoch war. Ich reichte Shoestring die nukleargelbe Zuckerbombe, und er begann sofort, das Getränk durch den Strohhalm zu schlürfen. Ich setzte mich wieder neben ihn auf den Bordstein.

»Yeah«, sagte Shoestring. »Ich hab auf der UP-Webseite nachgeschaut, aber die Strecke ist immer noch blockiert. Alle Züge werden umgeleitet.«

Die Brücke in den Norden war also immer noch gesperrt. Amtrak fuhr nicht, und es gab auch keinen Ersatzverkehr mit Bussen. Irgendwo in der Pampa 100 Meilen weiter nördlich könnten wir auf den Zug springen, aber dann müssten wir zunächst per Anhalter fahren, und darauf hatte Shoestring keine Lust.

»Aber das heißt doch«, sagte ich, »dass die Züge hier durchmüssen, oder?«

Shoestring nickte.

»Dann müssen wir ja, um an die Küste zu kommen, die ganze Strecke noch mal fahren, bis nach Ogden und dann erst in den Nordwesten?«

»So ist es.«

»Mist. Aber wir machen es trotzdem, oder?«

»Yeah, wir ziehen es durch.«

Shoestring schaute sich immer wieder um. Irgendwie hatte er sich in den Kopf gesetzt, dass Ron um die Ecke kommen würde, um ihn zusammenzuschlagen. Aus welchem Grund, blieb mir schleierhaft, aber er rühmte sich damit, zu wissen, wann die Wölfe rauskämen, sei so immer dem Allerschlimmsten entgangen. Nur einmal ist er ganz nahe dran gekommen, verprügelt zu werden. Ausgerechnet von Tuck. Damals hatte Shoestring einfach irgendeinen Neuling ins Lager von Tuck und Dogman geschleppt. Der Neuling hatte wohl die Klappe zu weit aufgerissen. Tuck hatte ihm eins mit einer Latte übergezogen und die beiden aus dem Lager gejagt.

Das Depot, an dem wir saßen, war alles andere als verkehrsreich. Aber wenn ein Bus oder eine Regionalbahn ankam, füllte sich der Parkplatz mit Frauen und Männern. Ein Menschengewusel, das sich bald lichtete und die zusammengehörenden Pärchen übrig ließ. Man umarmte sich, küsste sich, strich eine widerspenstige Haarsträhne liebevoll hinters Ohr. Das Göttliche der menschlichen Berührung, Brust an Brust, Arme an Rücken.

Shoestring und ich saßen auf dem Randstein und schlürften laut unsere Slurpees. Niemand umarmte uns. Niemand küsste uns. Niemand sagte uns, ich habe dich vermisst und ich liebe dich. Niemand –

»Ohhh Shoestring!«, rief eine weibliche Stimme.

Er drehte sich um. Auf dem Parkplatz hinter uns stieg eine blonde Frau aus einem weißen Honda und schwebte auf ihn zu. Shoestring stellte den Slurpee auf den Bürgersteig und stand auf. Eine Wolke Parfüm umwehte Debra, leicht und blumig. Sie nahm ihn in eine zärtliche Umarmung, Brust an Brust, Arme an Rücken. Shoestring, der ansonsten Berührungen mied wie ein Hobo das Gesetz, ließ sich in diese Umarmung reinfallen.

»So schön, dich zu sehen.« Debra bog ihren Oberkörper zurück und schaute ihn an. Sie trug ein grünes Top, um den Hals funkelte eine goldene Kette. Debra schien nur aus Herz zu bestehen. »So schön.«

»Die Freude ist ganz meinerseits«, sagte Shoestring.

»Bleibst du ein paar Tage in der Stadt? Wir könnten grillen, irgendwas Besonderes machen. Da sind ein paar Kids, die würden dich liebend gerne treffen, die wissen, wer du bist …«

»Ha … Aber wir müssen uns abseilen, müssen aus dieser Stadt raus.«

»Wirklich?« Ein trauriger Blick. »Das ist aber sehr, sehr schade.« Ihre Augen hellten wieder sich auf. »Ich habe Vorräte für euch. Wie ist die Lage in Sachen Socken?«

Debra ging an den Kofferraum und öffnete ihn. Er war voll mit Lebensmitteln. Sie gab jedem von uns eine Tüte mit Burritos, Socken, Notfallrationen und dazu eine Gallone Wasser.

»Vielen Dank.«

»Keine Ursache, mein Lieber.«

Mir lief ein Schauer über den Rücken, ich weiß nicht genau, warum, wahrscheinlich, weil ich mich für Shoestring freute, der so eine Nähe, so eine Wärme erfuhr. Ich würde bald wieder zu Hause sein, in den Armen meiner Geliebten, aber für Shoestring waren solche Begegnungen wie Oasen in der großen Wüste der Verachtung.

»Ich glaube, es war vor sechs Jahren, da sind wir zum Walmart in Antelope, und da stand dieses Kid und hielt eine Pappe hoch«, erzählte Debra.

»Hat es gebettelt?«

»Überhaupt nicht, auf dem Schild stand: ›Kannst du meine Welt verändern?‹ Und ich dachte, wow, das ist wie göttliche Fügung. Wie geht der Psalm noch mal? Vergesst die Gastfreundschaft nicht; denn durch sie haben einige, ohne es zu ahnen, Engel beherbergt?«

»Yeah«, sagte Shoestring.

»Schau, ich bekomm Gänsehaut!«

»Ich auch.« Er lachte und hielt seinen Arm zum Beweis hoch.

»Und dann habe ich mich um immer mehr von ihnen gekümmert. Die Penner hier, die haben ja die lokalen Ressourcen, aber diese Kids haben gar nichts. Doch ich muss schon sagen: Ihr beiden seht nicht wie Train Riders aus.«

»Wie bitte?«, fragte Shoestring.

»Ich meine, dass ihr sauber seid, also relativ. Diese jungen Dinger heutzutage, da muss das Halstuch steif vor Dreck sein, je steifer, desto besser. Man muss im Gesicht tätowiert sein, braucht Rastas, die Jeanswesten voller Aufnäher. Train Core nennen die das. Mein Ehemann und ich fahren sie zum Catch Out oder zum Tierarzt.«

»Yeah, ich hab auch mal einen getroffen. Hab ihm gesagt, komm, ich wasch dir deine Schmutzwäsche, und er meinte, auf keinen Fall!«

Debra lachte, und was für ein Lachen es war. Hell und unbesorgt, das Lachen eines Menschen, der weiß, dass er etwas Gutes tut, einen Auftrag erfüllt, der ihm vom Schicksal vor die Füße gelegt wurde.

Die Sonne ging unter, die Temperatur wurde angenehm. Shoestring hatte ein Lächeln auf den Lippen. Das Essen, die Socken, Debra mit ihrer sanften Stimme.

»Ihr wollt wirklich heute noch auf den Zug? Kann ich dich nicht überzeugen, noch zu bleiben?«

Kopfschütteln. »Wir müssen weg«, sagte Shoestring und blickte sich erneut um.

Zwei Meilen weiter nördlich lagen wir gegen Mitternacht auf einem Stück wildem Weizen, das jemand systematisch plattgewalzt hatte. In einem rumstehenden Karton waren ein paar noch verschlossene Konserven sowie ein paar Socken. Ein etwa zwei Meter hoher Zaun grenzte das Bahnhofsgelände ab, kein Maschendraht, sondern Lochmetall. Ein paar Frösche quakten in einem Tümpel neben einem Baum in der Nähe.

Shoestring hatte Durst wie ein Nilpferd und trank seine Gallone in dem Wunsch, die Drogen aus seinem Körper zu spülen, innerhalb einer Stunde aus. Ein kleiner Zinken teilte uns mit, dass ein paar Hundert Meter weiter, vorbei an einer Fabrikhalle, eine Wasserstelle war. Shoestring holte sich neues Wasser. Bis auf den Durst war er, endlich wieder, guter Dinge. Ob es das Erscheinen des Engels war, die Umarmung oder die Tatsache, dass wir kurz davor standen, diesen Ort zu verlassen und wieder auf den Zug zu springen? Wahrscheinlich eine Kombination aus allem.

Fakt war: Er war wieder in seinem Element.

Wir wühlten uns durch die Tüten, die uns Debra gegeben hatte, und wickelten einen Burrito aus seiner Verpackung. Mächtig, schwer und lecker. Als wir die Hälfte davon verdrückt hatten, dazu eine Ladung Tortilla Chips mit Salsa, war es bereits zwei Uhr morgens. Es war Zeit.

Auch hier hatte jemand bei dem mannshohen Zaun, der auf das Gelände führte, Vorsorge getroffen und ein akkurates Rechteck mit einem Bolzenschneider ausgestanzt. Man konnte es wie eine Tür öffnen, und wir stiegen hindurch, begaben uns auf das dunkle Areal. Arbeiter fuhren auf Hondas hin und her, aber die Wege waren lang. Wir passten den richtigen Moment ab, als die Scheinwerfer um die Ecke oder das Ende eines Zuges verschwanden und schlichen dann zu einer Gondel.

Shoestring rief den Kundendienst von UP an and gab die Nummer des Waggons, an dem wir stehen geblieben waren, über die Tastatur ein. Kleiner Hobotrick. Mit etwas Glück erzählt einem dann eine automatisierte Ansage, wann der Zug losfährt, und vor allem, wohin. Funktioniert leider nicht bei allen Eisenbahngesellschaften.

Wir warteten in der Dunkelheit auf die Stimme. Auf der anderen Seite des Zuges fuhr ein Arbeiter entlang. Wir duckten uns. Er rollte vorbei, ohne uns zu sehen.

»5303 fährt nach Lake Yard«, tönte die digitale Stimme.

»Jackpot«, sagte Shoestring. »Das ist Oregon.«

Wir kletterten die kleine Leiter hoch und schmissen unser Gepäck über den Rand in die Gondel. Auf dem Boden lag überall rostiger Eisenschrott. Wir schoben ihn geräuschvoll mit den Füßen zur Seite, bis jeder einen ausreichenden Lagerplatz hatte. Dann rollten wir die Isomatten aus, legten uns hin und warteten auf die Abfahrt. Ich zündete mir eine Zigarette an, Shoestring stopfte sich Kautabak in den Mund.

»Hast du gehört?«, meinte er. »Debra hat gesagt, dass die Kids meinen Namen kennen, mich sogar treffen wollen … wow.«

2

In seiner braunen Jacke verschmolz Shoestring mit den Rosttönen der Gondel. Neben den Gleisen donnerte der Truckee durch sein Flussbett. Um uns herum schneebedeckte Berge, die Luft kantig und klar, die Sonne schien laut und deutlich. In der Nacht hatte uns der Fahrtwind rostigen Staub ins Gesicht geweht.

Wir standen auf, legten unsere Arme auf die Kante der Gondel, das Gesicht auf den Arm und ließen uns den Rost wieder wegpusten.

Atmen. Weite. Schönheit.

»Ich fass es nicht«, schrie Shoestring, »das ist der Donner Pass!«

»Heißt?«

Shoestring lachte, nicht mehr der verzweifelte Mensch aus dem Lager, der sich fehl am Platz fühlte wie ein Schalke-Fan auf der Dortmunder Südtribüne. »Wir fahren nach Reno!«, rief er. »Wir spielen Penny Slots und schlafen in einem schönen Bett. Duschen und den ganzen Gestank der Insel abwaschen. Ich kann ihn immer noch riechen.«

Der Zug ratterte den Flusslauf entlang. Der Truckee war voll und reißend, um uns herum der scheppernde Eisenmüll. Einziges Problem derzeit: der Haftbefehl, der in Nevada auf Shoestring ausgestellt war, gekoppelt mit der Tatsache, dass der Yard von Reno mitten in der Stadt lag, aufmerksame Augen überall, noch dazu ein hochmotivierter Bull. Ein letztes, aber ernst zu nehmendes Hindernis zwischen uns und der Sicherheit eines Casino-Hotels.

Aber dann, als hätte Mama unsere Sorgen gehört, blieb der Zug einfach stehen, drei oder vier Meilen außerhalb der Stadt, vielleicht, weil er einen IM vorbeiziehen lassen musste.

»Sieht aus, als wäre heute unser Glückstag«, sagte Shoestring. »Lass uns abhauen!«

Wir kletterten von der Gondel runter und schlugen uns in die Büsche am Rande des Gleisbetts. Die Straße verlief – das Glück hielt – zwei Meter weiter oben.

»Reno, Baby!«, keuchte ich, als wir uns die Böschung hochkämpften.

»Hell yeah!«, sagte Shoestring. »Heute werden wir wie Könige leben.«

Reno war 1868 eine weitere Stadt, die es ohne die Eisenbahn nie gegeben hätte. Was aber nicht heißen soll, dass ihr weiteres Geschick ein Selbstläufer war, weswegen man in den 1930ern Glücksspiel legalisierte und noch dazu auftrumpfte mit den liberalsten Scheidungsgesetzen landesweit. Beide Maßnahmen waren so erfolgreich, dass Reno bis zum Ausgang der 1950er zum einen die Hauptstadt der Spieler war und zum anderen »Ich fahr nach Reno« ein stehender Begriff für alle wurde, die sich schnell und unkompliziert scheiden lassen wollten.

Im zwölften Stock des Sands Regency bezogen wir angenehme Räumlichkeiten für angenehme 30 Dollar, mit Blick auf die Sierra Nevada, aus der wir gerade parallel zum Truckee runtergerauscht waren. Shoestring bestellte uns zwei Pizzen aufs Zimmer, und während er auf die Lieferung wartete, turnte er auf den fußballfeldgroßen Betten herum. Ich schaltete den Fernseher an und aus, und wir fühlten uns wie zwei Urlauber am Ankunftstag. Die Pizza kam wie bestellt, wir aßen ein paar Stücke, und dann hieß es: duschen duschen duschen.

Halbwegs präsentabel, navigierten wir durch ein Meer aus Menschen mit Cocktails und Bier in den Händen und qualmenden Zigaretten zwischen den Fingern – um zehn Uhr morgens. Kein Sicherheitsmann sah uns krumm an. Der große Gleichmacher: das Casino. Ob Dollar oder Pennys, ganz egal, Hauptsache Geld. Wir hatten Pennys. Außerdem hatten wir ein Hotelzimmer bezahlt. Wir waren willkommen.

Shoestring schnupperte an seinem Arm. Dann hielt er ihn mir hin.

»Riecht gut.«

»Ja, ich glaube, ich habe den Gestank erfolgreich abgewaschen.«

Für diejenigen, die noch nie in einem amerikanischen Casino waren – und auch noch nie auf der Schattenseite der Greatest Nation on Earth unterwegs –, muss man es vielleicht einmal ganz klar sagen: Es gibt nicht viele Möglichkeiten in den USA, irgendwo viele und lange Stunden zu verbringen, wenn das Portemonnaie mager wie ein Supermodel ist. In der Natur, klar. Aber ansonsten? Die USA sind nicht wie Europa, wo man sich an den Plätzen oder in den Gaststätten mit einem Glas Wein oder einem Kaffee stundenlang hinsetzen kann. Sobald man nichts mehr bestellt, liegt die Rechnung schon auf dem Tisch, und man steht wieder vor der Tür. Starbucks ist da eine angenehme Ausnahme.

Das Casino hingegen ist darauf ausgelegt, dass man die Zeit vergisst. Für manche eine Ausgeburt des Teufels, für uns eine wunderbar geschlossene Welt.

Ich legte meinen Arm um Shoestrings Schulter, und eine Weile standen wir nur da, die Füße nicht mehr im Schlamm der Insel, sondern auf dickem Teppich, und schauten auf diesen Ort, Glanz in den Augen, als hätten wir gerade das sagenumwobene Eldorado entdeckt.

»Tja, was willst du spielen?«

»Mal sehen«, sagte Shoestring, ein Fuchs im Hühnerstall. »Mal sehen.«

Wir schritten die verschiedenen Automaten ab, gingen vorbei an Senioren mit Eimern voller Pennys, an schwarzen Frauen in glitzernden Kleidern, schauten kurz beim Black Jack und beim Roulette zu, bis sich Shoestring schließlich für ein Spiel namens Wheel of Fortune entschied, dessen großer Jackpot mit 1044,85 Dollar angegeben war. Er setzte sich auf den dazugehörigen Hocker und gab dem Glücksrad zehn Dollar zu fressen.

Eine Bedienung mit einem Bleistift hinter dem Ohr brachte mir umgehend ein Bier, und noch bevor eine Stunde um war, gingen weitere zwei über die Lippen in den Magen und folgerichtig auch in den Kopf. Danach wechselte ich zu Bloody Marys, die überraschend gut waren und meine Stimmung weiter lösten. Shoestring hatte eine Sprite vor sich stehen, fasste sie aber kaum an, weil er in dieser Version des Glücksrads so versank wie in seinem Telefon, wenn er auf Maps einen sicheren Ort zum Schlafen suchte.

Er kapierte zwar nicht genau, was man tun musste – das tat ich auch nicht –, aber die blinkenden Lichter, die Räder, die ständig neue Zahlen zum Rotieren brachten, waren Aufregung genug. Was heißt hier genug? Die Zahl auf dem roten Bildschirm stieg höher und höher. Shoestring hatte recht, das Glück war uns hold.

Nach einer Weile ließ ich ihn kurz alleine, um draußen in der Stadt die Wäsche für uns beide zu machen. Meine Schritte ganz leicht, ein Pfeifen auf den Lippen, lief ich die Straßen entlang und nickte den paar Obdachlosen zu, die sich in den Schatten der glitzernden Casinos aufhielten. Zwei Blocks weiter fand ich einen Waschsalon, der in etwa so runtergekommen war wie jener in Heavener in Oklahoma. Ich steckte Shoestrings und meine Wäsche in eine Maschine, zog ordentlich Waschpulver und Weichspüler aus einem Automaten und gab beides in die Trommel. Dann setzte ich mich nach draußen auf einen weißen Plastikstuhl und zündete mir eine Zigarette an. Nach einer halben Stunde war die Wäsche fertig, und ich legte sie auf einem Tisch sorgfältig zusammen, roch an jedem Teil. Der Inselgestank war vollständig raus.

Zurück im Casino, saß Shoestring immer noch vor der Maschine, nun allerdings so nah, dass er fast mit der Nasenspitze die rotierenden Zahlen berührte. Die Anzeige stand inzwischen bei 80 Dollar, die Sprite immer noch so gut wie unangetastet unter dem Gerät. Ich steckte mir eine Zigarette an und lehnte mich weit auf dem Stuhl zurück. Sehr bequem. So Sachen hat ein Casino einfach drauf.

Ich fieberte heftig mit Shoestring mit. Wenn man die richtige Zahlenkombination aus den fünf rotierenden Rädern erwischte, bekam man die Möglichkeit, das Glücksrad zu drehen, das über der Konsole virtuell auf einem Bildschirm zu sehen war, rund wie die Wanduhr an dem Baum zum Eingang der Insel. Man konnte Nieten ziehen, Freispiele gewinnen oder den kleinen Jackpot. Wie man den großen gewann, war mir schleierhaft.

Die Zahlen rotierten, kamen zum Stehen. Eine automatisierte Stimme dröhnte im besten amerikanischen Boxringenglisch: Wheeeeeeeel of FORTUNE!

»Ja!«, sagte Shoestring. Er drückte den Knopf, und das Rad begann sich zu drehen. »Oh Gott, ich kann einfach nicht hinsehen.« Er wandte seinen Blick ab, schaute wieder hin, schaute wieder weg. Drückte seine Hände fest zusammen, hielt sie an die Stirn. Flüsterte: »Bitte, bitte, bitte. Lass mich gewinnen.«

Er meinte den kleinen Jackpot. Der kleine Jackpot lag bei 20 Dollar.

In diesem Moment, wie er da auf dem Stuhl saß, die Hände an die Stirn gedrückt, immer wieder durch die Lider blinzelnd, da wollte ich Shoestring einfach nur umarmen.

Ich schaute ihn an. Er schaute mich an. »Und, hab ich ihn?«, fragte er.

Ich sah auf das Glücksrad. Die Rotation verlangsamte sich. Der Zeiger lief vorbei an 200 Freispielen, an 100 Freispielen, da war er schon in Zeigerweite, der kleine Jackpot, da waren die 20 Dollar! Der Zeiger glitt durch ein Nietenfeld, wurde noch langsamer, da waren die 20, komm schon, Baby! Mach uns glücklich! Der Zeiger schaute in das Feld hinein, halb tot bereits, aber dann, mit letzter Kraft, schaffte er es noch auf das nächste Stück vom Kuchen, auf dem aber leider keine Sahne war. Immerhin: Es war Kuchen.

»Tut mir leid, Kumpel, nur Freispiele.«

»Verdammt.«

Bis tief in die Nacht saßen wir vor dem Glücksrad, und die Bloody Marys flossen so regelmäßig wie das Öl in texanischen Pipelines.

Shoestring bekam noch ein paarmal die Gelegenheit, das Glücksrad zu drehen, den kleinen Jackpot zu gewinnen. Mal drückte er den Knopf, dann ich. Mal hauten wir drauf, mal tippten wir ganz sanft. Das Ergebnis immer das gleiche: kein kleiner Jackpot.

Es spielte keine Rolle. Shoestring freute sich, war wie hypnotisiert von der Maschine, und ich freute mich, dass Shoestring sich freute. Nachher würden wir vielleicht noch etwas im Diner essen oder auch nicht, uns aber keinen Schlafplatz suchen müssen, und überhaupt: Die Jagd nach dem Glücksrad hatte den angenehmen Nebeneffekt, dass Shoestring nun 90 Dollar im Plus war.

»Wenn ich über 100 komme, erlaube ich mir vielleicht einen Drink.«

»Auf keinen Fall.«

»Nur einen kleinen.«

»Vergiss es.«

Um drei Uhr morgens stand sein Gewinn bei 132 Dollar, und er konnte die Augen kaum noch offen halten. Doch Shoestring war nüchtern, ich nicht mehr ganz.

»Komm, lass uns Schluss machen«, sagte ich, »besser wird's nicht.«

Zu meiner völligen Überraschung hörte er auf mich. Zwei Mal an einem Tag, innerhalb weniger Stunden. Das blieben allerdings auch die einzigen beiden Male überhaupt.

Abseits der Casinos ist die selbst ernannte größte kleine Stadt der Welt nicht unbedingt sehenswert. Wieso auch, wenn man doch seine ganze Zeit *drinnen* verbringen soll. Mehr noch: Sobald man eine unsichtbare Grenze überquert, die aufragenden Casinos im Rücken hat, lässt man auch die Touristen und Spieler hinter sich, die in weichen Betten schlafen, an den Tischen zocken und am Buffet anstehen, und begegnet

Menschen, die auf dem Boden schlafen, ihr Hab und Gut im Einkaufs-wagen durch die Gegend schieben und an der Suppenküche Schlange stehen.

Nachdem wir am nächsten Tag das Areal rund um den Busbahnhof durchquert hatten (wer in den USA Elend sehen will, muss sich ein-fach nur – meistens – in Richtung des öffentlichen Nahverkehrs orien-tieren), standen wir eine halbe Stunde später vor einer Valero-Tank-stelle, hinter der ein Zaun die Gleise abtrennte. Wir schauten uns das Ganze an. Im Zaun war zwar ein ordentliches Loch, aber abends wür-den hier die Flutlampen der Tankstelle angehen und wir wie zwei Rehe im Scheinwerferlicht rumstehen. Noch dazu rissen direkt daneben Bagger die Straße auf, und die Autos fuhren Schritttempo Richtung I-80.

Auf einmal war es mit der Hochstimmung von gestern vorbei. Shoestring begann, sich am ganzen Körper zu kratzen. Als würden ihm unter der Kleidung Insekten über die Haut krabbeln. Der Lärm, die Autos und die Menschen. Die Nachwirkungen des Schusses auf der Insel. Jetzt kratzte er sich im Gesicht, seine Augen flackerten. Er fluchte.

Wir mussten runter von der Straße. Gingen zu einem kleinen Park am Fluss, wurden dort aber von einer Reihe betrunkener Indianer in Empfang genommen, die aus dem Unterholz stolperten. Schon besetzt. Ein alter Hobospruch kam mir in den Sinn, der nicht nur diese Situa-tion, sondern auch alle anderen, in denen wir verzweifelt nach einem Ort der Ruhe suchten, gut zusammenfasst: Foxes have holes, birds have nests, but the son of man has no place to rest.*

Ich schaute im CCG nach, was aufgrund von Shoestrings Erfahrung wirklich selten nötig war. Er selbst reiste ohne. Der CCG vermerkte eine andere Örtlichkeit, um auf den Zug zu springen, also gingen wir dort hin. Es dauerte eine ganze Weile. Als wir in Sparks ankamen, einer Art Zwillingsstadt von Reno, war es bereits dunkel. Shoestring

---

* Füchse haben einen Bau, Vögel Nester, nur der Menschensohn hat keinen Ort zum Ausruhen.

beruhigte sich ein bisschen. Wir drückten uns hinter einer Fabrikhalle herum. Quer gegenüber lag das Golden Nugget, ein Casino-Hotel mit 29 Stockwerken, 1600 Zimmern und einem ähnlich dimensionierten Werbeschild, das so hell wie der Mond war und beständig blinkte.

Shoestring schaute nach links. Dort standen nur Warenhäuser, die um diese Uhrzeit verlassen schienen. »Wenn das Auto da verschwindet, laufen wir los und verstecken uns hinter der Rampe.«

Ich folgte seinem Blick. »Was für ein Auto?«

»Das Auto da drüben!«

Ich schaute genauer hin, fand aber nur meine Vermutung der letzten Wochen bestätigt. »Alter, da steht kein Auto.«

»Doch.«

Also schaute ich erneut hin. Kein Zweifel. »Das ist eine verdammte Straßenlaterne.«

»Oh.« Shoestring reckte seinen Hals, öffnete die Augen, so weit er konnte. »Bist du sicher?«

»Absolut.«

»Hm. Na, dann los.«

Wir schlichen uns an den Gleisen entlang, über eine Brücke Richtung Warenhäuser. Hinter uns gingen Lichter an. Shoestring erschreckte sich. Aber es war nur wieder das Leuchtschild des Golden Nugget. Die unregelmäßigen Lichtblitze sahen aus wie angehende Autoscheinwerfer.

Die Rampe war allerdings nicht so geschützt wie zunächst angenommen. Auf der anderen Seite der Gleise stand ein Baum, ein guter Sichtschutz, war aber komplett eingezäunt.

»Wer zur Hölle schreibt den verdammten CCG?«

»Traindoc, du hast ihn doch getroffen.«

»Ah ja. Stimmt.«

An sich war die Stelle nicht schlecht, nur etwas exponiert. Also duckten wir uns in eine Seitengasse, gingen hinter den Warenhäusern entlang und kamen schließlich zwischen einem Trailerpark und einem Bürogebäude raus. Die Gleise nur ein paar Meter entfernt. Im Trailerpark brannte noch Licht, und aus den überdimensionierten Schuhkartons drang das unregelmäßige Flackern von Fernsehern. Das Bürogebäude hingegen wartete mit mehreren kleinen Büschen und einer großer Tanne auf.

»Was hältst du von der Tanne?«, fragte ich.

»Besser wird's nicht«, antwortete Shoestring, und ab mit uns in den Schatten der ausladenden Zweige, wo wir uns zunächst auf dem Boden ausbreiteten und sich Shoestring dann doch noch mal, mitten in der Nacht, in die Sache mit Ron und der Insel reinsteigerte.

»Dieses verdammte Meth. Mein bester Freund, der mich so übers Ohr haut. Ich habe ihn auf Facebook geblockt.«

Aber genauso plötzlich, wie er damit angefangen hatte, wechselte er die Perspektive und meinte, er frage sich, was Ron wohl getan hätte, wenn er selbst rückfällig geworden wäre, wieder angefangen hätte zu saufen, 30 Bier am Tag, kein Problem.

»Ich nehme an, er würde hinter mir stehen. Vielleicht sollte ich nicht so hart sein. Fast das Gleiche ist damals mit John Burns passiert. Hat mir 60 Dollar geklaut. Und wir sind immer noch Freunde.«

Ruhe unter der Tanne, nur Shoestrings Diskussion mit sich selbst. Dann der die Nacht zerreißende Pfiff eines Zuges. Wir steckten unsere Köpfe durch die Zweige: falsche Richtung.

Nachdem sich Shoestring selbst zur Versöhnung argumentiert hatte, holte er sein Telefon heraus und begann, dem digitalen Assistenten eine Reihe von Fragen zu stellen. Ich musste mich beherrschen, nicht laut loszulachen, in diesem überraschend bequemen Lager unter einer Tanne, neben einem Bürogebäude.

Shoestring befragte das Orakel: »Was sind die Nebenwirkungen von Meth?«

Das Telefon antwortete überraschend kompetent: »Laut der Webseite *webmd* sind die Nebenwirkungen Unruhe, Schlaflosigkeit, Wahnvorstellungen, starke Stimmungsschwankungen sowie das Gefühl, als krabbelten Insekten unter der Haut.«

»Fast auf den Punkt«, murmelte Shoestring.

O Orakel, sprich: »Wie lange dauert es, bis Meth den Körper verlässt?«

»Laut Wikipedia kann das bis zu 72 Stunden dauern«, antwortete die digitale Stimme.

»Sieh mal an«, sagte Shoestring. »Das Teil kennt sich aus.«

»Frag mal, wann der nächste Zug kommt.«

Shoestring grunzte. »Vergiss es. Das weiß nur Gott.«

3

Während draußen die Wüste waagrecht an uns vorbeiflog, steckte Shoestring eine Fackel in Brand.

Beide Türen der Box, die wir am Ende der Nacht erwischt hatten und die direkt vor unserer kleinen, schützenden Tanne gehalten hatte, waren offen, und da draußen zeigte reinstes amerikanisches Breitbild-TV einen Western in Technicolor. Ich stellte mich an eine der Türen und pinkelte in die Wüste hinaus, dachte an Tuck und seinen Spruch. Der Lärm der Züge war inzwischen Musik in meinen Ohren. Hatte ich noch Lust auf mein normales Leben zu Hause? Was war das überhaupt, ein normales Leben?

Shoestring stellte unterdessen eine Konserve mit Wasser auf den wackelnden Boden und hielt die Fackel dran. Nach etwa fünf Minuten begann nicht nur der Waggon nach Fußballstadion und Ultras zu riechen, sondern auch das Wasser zu kochen.

»Gib mir mal die Tüte Kartoffelpüree«, sagte Shoestring.

Ich reichte sie ihm, er riss die Packung auf und schüttete das heiße Wasser drüber. Finest Potatoes from Idaho. Mit einem Löffel rührte er darin herum und aß den Kartoffelbrei so schnell, dass er sich dabei den Mund verbrannte.

»Ahhh, ich fühle mich schon viel besser«, sagte er hinterher und schaute durch die andere Tür Richtung Highway, auf dem in ein paar Meilen Entfernung die Autos nach Westen und nach Osten fuhren. »Endlich kann ich wieder klar denken.« Ob das an dem edlen Kartoffelbrei aus dem sogenannten Edelstein-Staat lag oder der Tatsache, dass langsam, aber sicher die 72 Stunden, die das Orakel prognostiziert hatte, vergangen waren, kann ich nicht sagen. Sicher war allerdings, dass der Zug nicht wie geplant in Winnemucca hielt, sondern einfach weiterfuhr.

»Schätze, man wechselt jetzt in Elko. Also steigen wir da ab.«

»Warum? Der Zug fährt doch bis nach Oregon.«

»Aber ich hab nichts mehr zu futtern.«

»Was? Ich hab noch fast alles.«

»Wasser brauch ich auch.«

Ich schaute auf meinen Kanister, er war fast voll. »Wann hast du denn dein ganzes Essen verdrückt?«

»Während du geschlafen hast.«

»Ich teil mit dir.«

»Es wird nicht langen. Ich hab Hunger.«

Ich hingegen hatte nicht die geringste Lust, in Elko auszusteigen, aber was konnte ich tun?

Die heutige Kreisstadt liegt am historischen California Trail, kam einst aber erst zu Stadtehren, als der Ort den östlichen Endpunkt der Central Pacific Railroad bildete. Heute ist Elko Mittelpunkt einer Welt der Farmen, des Berg- und Goldabbaus, des Güterverkehrs und, natürlich, der Casinos. 18 000 Einwohner, für 226 Meilen die größte Stadt in alle Richtungen.

An diesem Tag schwärzten dicke Regenwolken den Himmel über Elko und raubten der Wüste die sonnige Herrlichkeit. Große Wasservorhänge wurden von einer unsichtbaren Hand zusammengezogen, während die Annehmlichkeiten der Stadt an uns vorbeizogen. Erst als McDonald's, der Supermarkt Albertsons et cetera Meilen von uns entfernt waren, hielt der Zug endlich.

»Sieht nach schlechtem Wetter aus«, sagte ich. »Vielleicht sollten wir doch weiterfahren.«

»Der Regen verdunstet noch in der Luft. Kein Grund zur Sorge.«

Also sprangen wir aus der Box direkt rein in die offene, desolate Brache des Güterbahnhofs – und wurden sofort vom Wind fast von den Füßen geholt. Jetzt war *ich* es, der unter seinem Bart fluchte. Erst kam der Sturm, dann der Regen.

»Was für eine gottverdammte Scheiße!«, schrie ich gegen den Wind. Shoestring duckte sich unter den Balkon einer geschlossenen Firma – es war Sonntag – und schaute im Telefon auf der Karte nach, wo wir waren, zog sie etwas größer, verkleinerte sie wieder. Damit brachte er das Fass zum Überlaufen, und mich mit meinem Ärger gleich mit.

»Es ist doch glasklar, dass die Stadt drei Meilen dahinten lang ist, überhaupt kein Grund, eine halbe Stunde auf Maps zu glotzen!«

Shoestring blickte mich lange an. Dann sagte er: »Wir sollten nicht so wütend sein. Wir haben uns das ausgesucht, hier draußen zu sein.«

In grimmigem Schweigen liefen wir die drei Meilen in die Stadt, entlang einer breiten Straße, an der noch nicht mal eine verdammte Tankstelle war, um sich Tabakwaren zu kaufen. Hier die zwei Hobos, die sich durch den Wind kämpften, fernab von jedem Versorgungspunkt; dort die trockene Box, die jetzt vom Zug wieder Richtung Oregon gezogen wurde.

Firmen, Autohändler, Lastwagenwerkstätten links von uns, rechts ein Graben mit hohem Gras. Immerhin zog der Regen weiter wie einst die Eisenbahnarbeiter und ließ uns in Ruhe.

»Ich kenn mich damit aus«, sagte Shoestring. »Deswegen habe ich überhaupt so lange alleine auf der Straße überlebt.«

»Tja, gewöhn dich besser dran, nicht alleine zu sein, weil du bestimmt nicht sterben wirst, wie du dir das vorstellst. Wahrscheinlich brichst du dir ein Bein und endest im Pflegeheim, und das war's dann mit dem Leben auf den Gleisen. Die werden dich füttern und dir sagen, hey Opa, mach mal langsam mit dem Zucker, und wenn du mal eine Hobogeschichte erzählen willst, dann sagen die alten Säcke dort, jaja, lass gut sein mit deinem Seemannsgarn. So wird das nämlich sein, beängstigend.«

Mein Kopf rauchte wie ein angerissenes Streichholz.

Shoestring antwortete nicht.

»He, hörst du mir überhaupt zu?«

Ich drehte mich um. Wo war der Kerl plötzlich? Auf der anderen Straßenseite? Nein. Dann sah ich ihn, den Kopf aus dem hohen Gras auf dem Standstreifen erhoben wie ein Erdmännchen. Er hatte sich hingehockt, die Hose vermutlich um die Knie.

Gerade, als ein Auto vorbeifuhr, stand Shoestring auf und zog seine Hose hoch. Dann schloss er wieder zu mir auf und sagte: »Whoohiie, das war knapp.«

Eine Weile liefen wir wieder schweigend diese kerzengerade Straße entlang, am Horizont die Schilder von McDonald's und diverser Casinos.

»Warum«, fragte Shoestring, »kann man nicht einfach sterben, anstatt weiter mit diesen ganzen Beschwerden zu leben? Es ist wie meine ganz persönliche Green Mile.« Er spielte auf den grünen Fußboden des Todestrakts im gleichnamigen Roman Stephen Kings und dessen Verfilmung an. »Meine Großmutter wurde 103. Ich hoffe, dass es mir nicht genauso geht.«

In mir wurde es ganz still. Was für ein Satz von einem, der gerade mal 46 Jahre alt war. Meine Wut war endgültig vorübergezogen wie der Regen. Überhaupt: Was sollte diese Wut?

»Wenn ich sterbe, soll man mich verbrennen und meine Asche in den Bergen zwischen De Queen und Heavener verstreut werden. Da, wo wir durchgefahren sind, erinnerst du dich noch? Zumindest einen Teil, der andere Teil in Alaska. Aber es muss von einem Hobo gemacht werden.«

Ich dachte an die Nacht im Casino, als Shoestring vor dem Glücksrad gesessen und sich mehr als alles andere gewünscht hatte, den kleinen Jackpot von 20 Dollar zu gewinnen. Auch wenn ich von ihm, der es gewohnt war, *alles* nach der eigenen Uhr zu machen, manchmal genervt war, bewunderte ich ihn.

Als wir nach drei Meilen endlich am Supermarkt waren, lachten wir schon wieder, lustiges Tippelbruderleben, und Shoestring stellte sich vor den Eingang, um Kasse zu machen, obwohl zweifelhaft war, dass er von den chinesischen Casinotouristen oder denjenigen, die in der Umgebung die verlassenen Goldgräberorte besuchten, viel bekommen würde. Aber wer weiß. Ich wollte mich irgendwo reinsetzen, ein paar Notizen machen. Wir verabschiedeten uns für den Moment und entschuldigten uns, wie Männer das so machen, nämlich bereits im Weggehen.

»Tut mir leid wegen vorhin!«, rief ich.

»Mir auch. Vergiss nicht, wir sind hier draußen, weil wir das wollen.«

Die beiden Adler kreisten über unseren Köpfen, und die Silhouetten ihrer Schwingen glitten über den sandigen Boden neben einem Stromhäuschen, das uns ein paar dünne Streifen Schatten spendete.

Nachdem wir die drei Meilen wieder zurückgelaufen waren und die Nacht im dornigen Gestrüpp neben den Gleisen und einem Getreidesilo verbracht hatten, waren wir am Morgen über den Zaun des Bahngeländes geklettert und hatten Schutz vor der Wüstensonne an jenem kleinen Bau gesucht. Die Gleise waren jetzt 100 Meter entfernt; bis zum Horizont, wo ein paar Berge einen zackigen Wall bildeten, war um uns herum alles flach, voller Salbeibüsche und Minze, und Shoestring lutschte eine Packung Süßigkeiten nach der anderen.

Bei einer Zementfabrik auf dem Gelände herrschte mäßiger Betrieb, ab und zu rangierte mal eine Lok, und dann legten wir uns flach auf den Boden wie zwei Pfadfinder.

Die Sache mit Ron war erledigt, hatte ich gedacht. Aber jetzt rief dessen Freundin bei Shoestring an. »Ahhh, keine Lust«, brummte er.

Ich fragte mich, ob Ron seine Denveraussage wahr gemacht hatte und jetzt kreuz und quer auf den Gleisen unterwegs war. Dann ging auch noch eine Nachricht von Alise ein, die schrieb, dass Ron nicht zurückgekommen sei, aber ihr mitgeteilt habe, dass er Sacramento verlassen habe. Sein Rucksack lag immer noch in ihrem Zelt.

»Was hältst du davon?«

»Hm«, sagte Shoestring, »keine Ahnung. Aber niemand lässt einfach seine Ausrüstung zurück. Der Kerl fährt auf keinen Fall nach Hause.«

Eigentlich hätten die Gleise summen sollen mit den ganzen Zügen, die umgeleitet in den Osten und dann nach Norden fuhren. Stattdessen rollte nur Kohle und Getreide in die andere Richtung an uns vorbei. Während Shoestring langsam, aber beständig seine neuen Vorräte vernichtete, verschwanden die Züge am Horizont und nahmen den Anstieg zum Donner Pass in Angriff.

»Moment mal«, sagte Shoestring plötzlich, reckte seinen Kopf und riss die Augen auf. »Siehst du das?«

»Was?«

»Dort!« Er zeigte Richtung Gleise. »Da ist jemand in lila Hosen, kommt direkt auf uns zu.«

»Lila Hosen? Du spinnst doch.«

»Genau dort drüben.«

Ich kniff meine Augen gegen die Wüstensonne zusammen. Aber alles, was ich sehen konnte, waren ein paar Holzpfosten, die am unteren Ende bunt angemalt waren.

»Siehst du es jetzt?«

»Ja. Ist nur ein Holzpfosten.«

»Sicher?«

»Shoestring«, sagte ich und lachte. »Wie zum Teufel schaffst du es überhaupt auf einen Zug?«

»Mein Sehvermögen wird schlechter und schlechter. Ich hätte schwören können …« Er rieb sich mit den Fäusten die Augen. »Versprich mir was.«

»Das wäre?«

»Wenn du stirbst, kann ich deine Augen haben?«

»Ich glaube nicht, dass das Ganze so funktioniert, aber klar.«

»Wenn es so weitergeht, werde ich die Helen Keller* der Hobos.« Shoestring warf seinen Kopf zurück und lachte. Es tat gut. Die Wüste

---

* Die amerikanische Schriftstellerin (1880–1968) hatte als Kleinkind durch Krankheit Augenlicht und Gehör verloren, konnte ihr Schicksal aber durch einen starken Willen und die Hilfe anderer auf eine für die damalige Zeit nicht selbstverständliche Weise meistern.

tat gut. Die Gedanken waren frei und konnten sich ungehindert bewegen, ebenso wie der Blick, der umherstreifte und befand, dass sich niemand in dieser Leere unbemerkt anschleichen –

Neben mir tat es einen Schlag. Einer der Adler über uns hatte eine Art Wüsteneichhörnchen abgeworfen. »Wir müssen hungrig aussehen, ich glaube, er will uns füttern«, sagte Shoestring.

Der Adler hatte das richtige Auge gehabt, zumindest was Shoestring betraf. Als die Sonne langsam unterging, hatte er sich schon wieder durch seine Vorräte und sein Wasser gearbeitet.

»Ich hol mal was in der Fabrik.« Er verschwand.

Kurz darauf kam er wieder angerannt. »Wir müssen los. Ein Sicherheitsmann hat mich gesehen. Ich kann es nicht ausstehen, wenn jemand weiß, wo ich bin. Wozu haben die bloß einen Sicherheitsmann? Wer will denn Zement klauen?«

Widerwillig verließen wir unser Lager am Stromhäuschen, allerdings nicht, ohne zuvor noch unsere Signaturen anzubringen. Shoestring holte einen Edding aus der Handwerkertasche, zeichnete vier kurze Gleissstränge in ein gedachtes Quadrat und schrieb in dessen Mitte: »Shoestring – Hobo«. Sollte niemand sagen, er sei nicht hier gewesen. Dann liefen wir die Gleise Richtung Westen entlang, bis wir zu einer verlassenen und verfallenen alten Farm kamen. Ein Dodge aus den 1950ern lag ausgeschlachtet auf der Seite, eine Tür abgespreizt wie der Flügel eines erschlagenen Insekts. Neben dem Dodge stand ein leerer Backsteinbau, nach dessen Einrichtung von Kühltruhe bis vierstrahligem Herd davon auszugehen war, dass es sich einst um einen Imbiss gehandelt hatte. Die Durchreisenden vor uns hatten zwei Feuerstellen errichtet, Wellblech zusammengeschoben für einen Windschutz, an den Wänden ihre Kennzeichen hinterlassen.

»Schätze, das ist der Dschungel, der im CCG erwähnt wird«, sagte ich.

»Gar nicht so schlecht«, meinte Shoestring.

Wir legten uns hinter den alten Imbiss und warteten. Auf dem Gelände verstreut lagen ein paar Einkaufswagen von Albertsons, soll heißen: Hobos oder Jugendliche hatten hier die eine oder andere Party gefeiert und dazu Lebensmittel die paar Meilen vom Markt bis hierher geschoben.

»Ich krieg schon wieder Hunger«, sagte Shoestring. »Nach Portland ist es ein ganz schön weiter Weg.«

»Ich hab immer noch genügend.«

»Aber ich nicht.«

»Ja, weil –« Ich beherrschte mich.

»Ich geh mal zum Laden. Willst du was?«

Weil ich mich drauf einstellte, noch eine weitere Nacht hier zu verbringen, ein Feuer zu machen, sagte ich: »Klar, bring mir zwei Bier mit.« Mehr Dollar hatte ich nicht mehr einstecken.

Eine weitere Hobofaustregel: Kaum entfernst du dich vom Dschungel, kommen die Züge. Offenbar musste erst mal der ganze Gegenverkehr nach Westen durch. Aber jetzt, jetzt war es, als hätte da oben in den Bergen jemand eine Schleuse geöffnet, und alle Züge wurden runtergespült. Wie auf einer Wildwasserbahn rauschten die Lichter der Lokomotiven nur talwärts und rasten dann durch die Ebene, die Sirenen meilenweit zu hören. Allerdings waren es meistens IMs oder Züge ohne Fahrbares: kein Box Wagon, kein Getreidewaggon mit Shoestrings Negerlippe. Per Sprachnachricht hielt ich ihn auf dem Laufenden, versteckt hinter dem alten Imbiss, immer um die Ecke schielend, als hieße es gleich, die Postkutsche von Deadwood nach Cheyenne zu überfallen.

Für den Fall aller Fälle sammelte ich Feuerholz und schichte es auf. Wenigstens würden wir es warm haben, und einen Waldbrand musste man hier auch nicht befürchten. Bald hatte ich einen schönen Holzhügel in der Feuerstelle errichtet, da donnerte ein General Manifest von oben aus den Bergen herab, gemischte Fracht, und kam direkt mit dem hinteren Ende vor unserem Lager zum Stehen.

Mist, Shoestring war schon über eine Stunde weg. Wo war er? Hatte ihn das Gesetz geschnappt?

Mein Telefon bimmelte: »Bin fast da! Hol mein Zeug!«

Ich packte alles zusammen und stellte mich mit unserem Gepäck an den unbefestigten Weg, der parallel zu den Gleisen verlief. Shoestrings

Rucksack fühlte sich an, als hätte er Backsteine drin. Ich sah seine Taschenlampe aufblitzen, und aus dem Nichts tauchte er auf, mit zwei weißen Plastiktüten in den Händen, schnell hin und her wankend wie eine Ente auf dem Weg ins Wasser.

»Was zum Teufel machst du denn?«, schrie er mich an. »Ich hab dir doch gesagt, dass du mein Zeug holen sollst!«

»Dein Zeug ist genau hier, du Depp.«

»Oh ... Hab ich nicht gesehen.«

»Um Himmels willen, los, gehen wir, Helen Keller.«

Wir trampelten die sandige Straße entlang. Auf der anderen Seite der Gleise war das Gelände hell erleuchtet, weil ein Tankwagen die Schiebelok mit Diesel versorgte. Unsere Füße sanken im Sand ein. Shoestring ächzte. Das Personal müsste schon längst in der Lok sein, lange würde der Zug nicht mehr stehen.

»Ich seh eine Gelegenheit«, sagte ich.

»Wo?«

»Zehn Waggons runter, Grainer.«

»Wie kannst du das nur sehen?«

»Ich hab als Kind jede Menge Karotten gegessen.«

»Sehr lustig.«

Nass geschwitzt liefen wir eine Böschung hoch, die Gleise lagen an dieser Stelle auf einer Art Damm. Wir sanken tiefer in den Sand, Shoestring keuchte. Endlich standen wir direkt am Gleisbett. »Schnell jetzt«, sagte er und schmiss sein Zeug auf die Plattform, wir kletterten hoch, setzten uns auf die Rucksäcke, halb tot.

Schwer atmend rief Shoestring UP an. Der Waggon gegenüber war ein Kühltransporter. Shoestring schaute auf die Nummer, versuchte, sie einzugeben, konnte sich aber die fünf Ziffern nicht merken.

»Sag du mal die Nummer.«

Ich sagte die Nummer.

Shoestring gab sie falsch ein, weil er mich nicht richtig hörte.

Ich schrie ihm die Nummer ins Ohr, »54678!«, und er wurde erst sauer, war dann aber doch zufrieden. »Ah, okay, jetzt hab ich's, es hat geklappt.«

Der Automat am anderen Ende verarbeitete die Information, dann eine digitale weibliche Stimme: »Car.5.4.6.7.8.fährt.nach.Hin.kel.«

»Gott sei Dank.« Shoestring sank mit dem Rücken an die Wand des Waggons, holte sich einen Donut aus der Tüte und biss rein, der Puderzucker rieselte in seinen Bart.

»Hast du an das Bier gedacht?«

Er nickte und reichte mir zwei Dosen Budweiser, die reinste Plörre, aber egal, wir waren auf dem Zug, und das Bier war kalt. Es zischte wie eine Luftbremse, als ich es öffnete.

Shoestring schaute mich an. Schaute das Bier an. Sagte: »Stell es bloß nicht auf den Boden, das ganze Gerassel macht es in zwei Minuten schal. Glaub mir.«

Ich nickte, trank und blickte in die Dunkelheit. Der Zug ratterte durch die nächtliche Wüste, die Berge ragten schemenhaft zu meiner Rechten auf. Shoestring war bald eingeschlafen. Ich war alleine mit meinen Gedanken. Ich dachte an meine Geliebte. An die ganzen Geschichten, die ich ihr erzählen würde, über die Menschen und ihre Schicksale, die Güterzüge und wie man sich draufschwingt, um sie durch diese grandiose Landschaft zu reiten. Aber dann drängte sich Renegade aus dem Lager in Sacramento in den Vordergrund, und ich erinnerte mich, wie er am Feuer gesessen und gesagt hatte: Well, life, you know.

Der Zug fuhr immer schneller durch das ebene Land, kein Licht weit und breit, außer dem der Sterne oben am Himmel. Ich freute mich auf zu Hause und wollte gleichzeitig nicht, dass diese Reise zu Ende geht.

4

Der Himmel graute, und der Zug bugsierte uns an Fabriken und Raffinerien vorbei, während wir schwankend in eine große Stadt einfuhren. Es war sieben Uhr morgens. Unter einer Stadtautobahnbrücke stand ein Obachloser mit einer Decke über der Schulter, kramte in seiner Hosentasche nach einer Zigarette, fand einen Stummel, zündete ihn an, rauchte.

Shoestring und ich waren von oben bis unten durchnässt. Dabei hatte ich überhaupt nichts von dem Wüstenregen mitbekommen. Erst jetzt am Morgen bemerkt, dass Schlafsack und Stiefel ebenfalls vor Nässe trieften. Das Wasser tropfte auch von den Kanten des Waggons, suppte aus der Isomatte. Eben lag ich noch froh in der Dunkelheit, trank mein Bier und rauchte Zigaretten, während ich an zu Hause und meine Freundin dachte, und jetzt zitterten wir beide schon wieder vor Kälte.

»Morgen. Wo sind wir?«

»Hier habe ich mir den ersten Schuss gesetzt«, antwortete Shoestring. »Ein Mal, und schon hast du HIV. Schicksal halt.«

Am Horizont Berge mit einer weißen Haube, wahrscheinlich Broads Fork Twin Peaks in der Wasatch-Kette, der höchste in der Gegend mit 3454 Metern.

Shoestring saß da und erinnerte sich weiter: »Hab so einem Obdachlosen Geld gegeben, und er kam zurück mit einem roten Ballon im Mund … Wir packen besser zusammen. Wir sind in SLC.«

Mitten im Güterbahnhof von Salt Lake City kam der Zug zum Stehen. Er machte keine Anstalten weiterzufahren. Ich zwängte mich in ein kleines Loch, bis mir die Knie schmerzten. Neben uns stand ein Güterzug mit einer Ladung Militärfahrzeugen. Es ist nur eine Frage der Zeit, bis einen jemand sieht in so einem großen Bahnhof, Dutzende Gleise und noch mehr Arbeiter.

Eine Stunde verging, dann endlich zischten die Bremsen, und der Zug fuhr aus dem Bahnhof. Langsam, zu langsam ging es wieder durch die Vororte, vorbei an Baustellen und Straßen, mit zwei begossenen Pudeln auf dem Weg nach Idaho und Oregon.

Der neue Lokführer schien direkt von der Fahrschule zu kommen, riss den Zug immer wieder so stark nach vorne, dass es mich fast aus dem kleinen Versteck direkt rein in das Mahlwerk der Räder katapultiert hätte.

Shoestring hingegen saß wie ein Mönch im Schneidersitz, von seinem Bart tropfte Wasser. Der Typ hatte Zen oder was auch immer. Ich hatte keins. Die Beine schliefen mir ein. Es dauerte eine Ewigkeit zurück bis nach Ogden, wo das Getreidesilo stand, bei dem wir nach der Wiedervereinigung zu dritt auf den Zug gewartet hatten. Ich fragte mich, wie es Ron ging und wo zum Teufel er steckte.

Wir setzten über auf das Gleis nach Idaho und ließen die Stadt bald hinter uns, was mir erlaubte, aus meinem Versteck rauszukommen wie die Sonne hinter den Wolken. Normale Menschen nutzten diese Gelegenheit auf andere Weise und hängten in den Gärten Bettlaken auf die Leine. Wie die eine Frau dort drüben.

»Die hat den richtigen Gedanken!«, rief Shoestring mir zu und begann, seinen Schlafsack auszuwringen. Dann hängte er ihn über die Leitersprosse und ließ die Isomatte im Wind flattern. Der Waggon verwandelte sich in einen fahrenden improvisierten Wäscheständer, und es musste stark davon ausgegangen werden, dass niemand diesen nicht sehen würde. Dementsprechend machte es auch keinen Sinn, sich ruhig zu verhalten, wenn die Schlafsäcke schon wie Piratenflaggen im Wind flatterten. Also zunächst einmal Socken wechseln, strahlend weiß waren die neuen, dann öffnete ich eine Dose Spaghetti mit Fleischbällchen der Marke Chef Boyardee. Doch der Zug rumpelte so hart durch die Gegend, dass mir zum einen schwindlig wurde – es schüttelte den ganzen Mageninhalt durch – und zum anderen die Hälfte von Chef Boyardees Nudeln auf meinen Klamotten landete. Immerhin wurden sie langsam trocken, der Wind fegte die Feuchtigkeit heraus wie die Falten aus Tucks Gesicht, damals in Minnesota.

Hundert Meilen vor Pocatello wurde aus der einfachen eine zweifache Spur, also zwei Gleisstränge, die parallel verlaufen. Auf dieser zweiten Spur kam ein weiterer Zug daher und überholte uns. Allerdings so, wie man das von Lkws auf der Autobahn gewöhnt ist, nämlich so gut wie gar nicht.

»Oh Mist«, sagte Shoestring. »Der Fahrer hat mir *direkt* in die Augen geschaut.«

Ich zuckte mit den Schultern. Konnte man jetzt nichts dran ändern.

Aber als der andere Zug fast an uns vorbei war, passierte etwas Merkwürdiges: Unser Fahrer gab Gas und jagte das Biest voran. Alles erzitterte. Zwischen den beiden Zügen, die nun parallel dahinrasten, bildete sich ein Sog.

Shoestring krabbelte auf meine Seite. Beide Züge donnerten die Gleise entlang wie riesige Ketten, die ein Gigant hinterm Horizont einholte. Dann überholten *wir* den anderen Zug. Schließlich gab dessen Fahrer wieder Gas.

»Diese Dreckschweine!«, schrie mir Shoestring ins Ohr. »Hoffentlich machen die nicht einen auf Mutprobe.«

Im Nachhinein muss ich sagen: Es wäre eine gute Gelegenheit für eine kleine Wette gewesen, aber da muss man auch erst mal drauf kommen, wenn die ganze Welt – und die Plattform war in dem Moment für uns die ganze Welt – einer postapokalyptischen Fantasie à la »Mad Max« ähnelt.

Wer fühlte sich jemals so klein? Ich glaube, es gab auf der ganzen Reise keinen Moment, in dem ich mir so verletzlich vorkam. Es war ein Getöse wie ein Erdbeben. Die Räder kreischten hundertfach, die Kupplungen krachten gegeneinander. Es schien, als wären alle Planeten aus Metall und eine kosmische Kraft spielte mit ihnen Billard.

Zwanzig oder dreißig Meilen lärmten die beiden Züge so nebeneinander her. Shoestring und ich hielten uns zwar an den Leitern fest, wurden aber dennoch ordentlich durchgerüttelt, wie Würfel in einem Becher, schrumpften in unserer Wahrnehmung immer mehr, während die Züge immer größer, lauter, bedrohlicher wurden.

Dann gab der andere Fahrer ein letztes Mal Gas und unserer offenbar auf, denn der Zug auf dem Parallelgleis entschwand in der Ferne, bis neben uns nur noch ein satter Bach behäbig vor sich hin gluckerte.

Der Ruf des Bull in Pocatello als harter Hund ist legendär, das ganze Netz ist voller Berichte von Hobos, die, kaum aus dem Zug gefallen, von ihm am Schlafittchen gepackt und – nein, keine Widerrede, egal, ob höflich und respektvoll – in den Knast verfrachtet wurden.

Beim ersten Halt, vier Meilen südlich des Zentrums von Pocatello, sprangen wir vom Zug. Um uns herum wundervoll grüne Berge, fast der gesamte Schnee war abgeschmolzen, die Luft in der auf über 1300 Metern gelegenen 50 000-Einwohner-Stadt klar und rein wie in einem Kurort, unsere Sachen wieder trocken. Unsere Aufmerksamkeit galt allerdings generell der Frage, wie wir so schnell wie möglich vom Gelände kommen sollten, und im Speziellen dem Gleis vor uns, das durch einen fahrenden Zug versperrt war. Langsam zog er tiefer in den Bahnhof, und durch die Spalten zwischen den Waggons hindurch sahen wir mit unseren Hoboaugen: den Bull. In seinem SUV mit dem großen UP-Logo fuhr er die Straße parallel zum Gelände runter, würde sicherlich ein paar Hundert Meter weiter die Gleise kreuzen, um auf das Areal zu fahren.

Der Zug war ewig lang. Wir standen bereit wie zum Abschuss.

»Komm schon«, sagte Shoestring, »komm schon. Siehst du das Zugende?«

»Nein.«

»Mist. Komm schon. Jetzt?«

»Immer noch nicht.«

»Jetzt?«

»Warte … Nein.«

»Verflucht! Ich hab nicht die geringste Lust aufs Gefängnis.«

Der Bull musste eigentlich schon auf dem Güterbahnhof sein.

Da! Da war das Ende.

Mit dem letzten Waggon ging die Tür in die Freiheit auf. Auf der anderen Seite stand, warum auch immer, ein Rentner mit seinem Dreirad. Wir wetzten an ihm vorbei, hinein in den angrenzenden Park, in dem das Gras so frisch war, dass man es sich in den Mund stopfen wollte. Wir zogen die Rucksäcke ab, warfen sie auf den Boden, dann uns selbst. Luft, wir brauchten Luft. Schließlich stellte sie sich ein, und damit auch ein Lachen, das quer durch den Park hallte.

»Unglaublich«, sagte Shoestring, wischte sich erst den Schweiß von der Stirn und holte dann seine Tabakdose aus der Hosentasche. »Wie sind wir eigentlich nicht erwischt worden?«

5

Morgens im McDonald's, nach einer Nacht im hohen Gras neben einem selten benutzten Gleis. Shoestring musste Kasse machen, aber zunächst brauchten wir Kaffee und Strom für die Telefone. Shoestring schob seinen Rucksack auf eine Bank und setzte sich daneben. Mein Körper zitterte immer noch von dieser Höllenfahrt, als wären alle meine Knochen in einen Sack geworfen und einmal ordentlich durchgeschüttelt worden.

»Siehst du irgendwo eine Steckdose?«

»Unterm Tisch.«

»Super.« Shoestring schloss sein Telefon an.

Mit unseren Rucksäcken füllten wir den ganzen Viererplatz aus. Die Einheimischen schauten uns schräg an. Allerdings nicht so schräg wie der Typ im blauen Poloshirt, der mit einer Kaffeekanne schwarzen Wassers rumging und jeden fragte: »Möchten Sie noch mehr Kaffee, Sir/Madam?« Uns fragte er auch, aber so: »Kaffee?«

»Ja, Sir, bitte.«

Wir tranken und besprachen den Tag, so wie das die anderen auch taten. Vielleicht eine halbe Stunde lang.

»Ich habe hier immer gut Kasse gemacht«, sagte Shoestring. Dann schaute er auf sein Telefon und begann augenblicklich zu fluchen. »FUCK! FUCKING SHIT!«

Es war acht Uhr morgens, und die guten Bürger von Pocatello schauten von ihren dampfenden Kaffees auf und blickten zu uns rüber.

»Was ist los? Hat sich Ron gemeldet?«

»Nein.«

»Hat Alise dir das Konto leer geräumt?«

»Nein nein nein!« Er stand auf und riss das Ladekabel aus der Wand. »Ich habe 40 Dollar für das Kabel gezahlt, und jetzt funktioniert es nicht.«

Ich schaute ihn fassungslos an. »Deswegen machst du hier so einen Aufstand? Ist das dein Ernst?«

»Du hörst dich wie meine Mutter an.«

»Und du hörst dich an wie ein obdachloses Muttersöhnchen.«

Oh, wie das sein Blut zum Kochen brachte. Wie Rumpelstilzchen tobte er durch den Imbiss. Fast überflüssig, zu sagen, dass Mr Poloshirt die Kaffeekanne nicht mehr in unsere Richtung trug.

Kurzer Moment des Innehaltens. »Lass mich mal«, sagte ich. Ebenso kurzer Moment bis zur Erkenntnis: »Meins geht auch nicht. Die haben uns den Saft abgeschaltet.«

Sofort war die Beleidigung durch mich vergessen, und Shoestring richtete seinen Zorn neu aus wie eine Helikopterkanone: »Fuck! These stupid bitches! Los, hauen wir ab.«

Wir schulterten unsere Rucksäcke – er warf alles beiseite, was er konnte, also nur leere Kaffeebecher –, und unter den Blicken der frühstückenden Bevölkerung, die einen stinknormalen Tag vor sich hatte, fluchte sich Shoestring seinen Weg aus dem Laden: »Ich werd nicht mehr. Wieso hab ich diesem Land überhaupt gedient?«

»Du warst doch gerade mal zwei Monate beim Militär, oder?«

»Spielt keine Rolle, gedient ist gedient. Ich verzieh mich nach Europa!«

Hinter dem Fred-Meyer-Supermarkt lag gegenüber den Mülltonnen, die leider abgeschlossen waren, eine kleine Rasenfläche. Es war Nachmittag, und Shoestring hatte immer noch schlechte Laune. Nicht wegen der Ereignisse am frühen Morgen, sondern aufgrund der Tatsache, dass er für viele Stunden stehender Arbeit nur zwei Dollar vorweisen konnte. Er holte ein paar Packungen Mohn aus der Tasche und schüttete die Samen in seine leere Plastikflasche, goss sie mit Wasser auf.

»Immerhin konntest du Mohnsamen kaufen.«

Shoestring grunzte. »Hab sie nicht gekauft.« Er schüttelte die Flasche, und das Geräusch der im Wasser gegen das Plastik schwappenden kleinen Körner war mir inzwischen so vertraut wie die lauten Industrietöne der Züge. Shoestring trank seinen »Tee«.

»Und? Besser?«

»Absolut. Ich habe keine Ahnung, wie mich jemand ohne ausstehen kann.«

Wir lagen auf dem Rasen und beobachteten die Angestellten des Supermarktes, die in ihren kurzen Pausen eine Zigarette nach der anderen rauchten.

»Nördlich von hier liegt Montana. Im Westen Nampa und Boise. Wenn wir nach Norden fahren, könnten wir bei Frog in Helena vorbei. Der kümmert sich um uns. Gutes Essen inklusive. Und dann deinen alten Plan ausführen und auf die Highline.«

Shoestring dachte eine Weile über meinen Vorschlag nach. Er kannte Frog, hatte ihn vor Jahren mal in Britt getroffen. Aber anscheinend fuhren seine Gedankenzüge in andere Richtungen ab. Er nahm sein Telefon zur Hand und redete mit Carla, der Frau in Tennessee. Sie hatte eine Engelsstimme und berichtete davon, dass die Sendung angekommen sei, die er in die Post gegeben hatte – die Steinaquarien in seinen Socken –, und erzählte, dass die Kinder sich über seine Sockengröße wunderten, nicht glauben konnten, dass jemand auf dieser Welt so große Füße hatte.

»Schau dir die mal an«, sagte er nach dem Anruf und zeigte mir auf seinem Telefon ein Mädchen, das ihm auf Facebook folgte und im Gesicht tätowiert war. »Die find ich total heiß. Sieht aus, als hätte sie indianische Wurzeln.«

Shoestring schickte ihr eine Sprachnachricht: »Hallo, hallo, mein schönes Zuckerstück. Du bist doch noch mein Zuckerstück, oder etwa nicht?«

Eine Weile redeten wir weiter über Frauen und Sex, und es war schön, über Frauen und Sex zu reden, hier auf dem Gras hinter den Mülltonnen von Fred Meyer. Wie alle anderen wurde auch Shoestring davon angezogen, mit dem Feind zu schlafen.

»In El Paso gibt es einen Lady Bull. Gott, was würde ich der gerne meinen Hoboschwanz reinstecken.«

Aber das waren alles Luftschlösser, er hatte schließlich seit fast zehn Jahren keinen Sex mehr gehabt, in dieser Zeit kann man auch leicht mal vergessen, wie das Ganze funktioniert.

»Ich frage mich, wie Frog das macht, mit nur einem Bein und so. Schätze, manche Leute geben einfach auf. So ist das zumindest bei mir.«

Eine Weile sagte ich nichts. Ich fühlte mich zur Zeit selbst asexuell, der ganze Schmutz am Körper, mein zerrissenes Aussehen – ich hatte mich schon fast daran gewöhnt, dass mich keine Frau mehr anschaute.

»Also, wie wäre es mit Frog?«, fragte ich, um von diesem traurigen Thema wegzukommen. »Sollen wir nach Montana?«

»In Nampa gibt es eine Frau«, sagte Shoestring. »Sie hat Familie, Kinder, ein schönes Haus mit Teppich auf den Stufen.«

»Du willst nicht nach Helena?«

Shoestring zerrieb einen Grashalm zwischen seinen Fingern, sagte leise: »Es wäre schön, wenigstens für einen Abend Teil einer Familie zu sein.«

6

Chad raste über die Stadtautobahn und zog abwechselnd an einer E-Zigarette und einem Joint. Ziegenbart, durchgeknalltes Kichern, unter dem Auge eine Träne tätowiert, was ihn als ehemaligen Gefängnisinsassen markierte. Drei Jahre Knast für 70 Gramm Gras, zehn Jahre für den Besitz von Diebesgut.

»Ich war jung und dumm«, erzählte er und trat das Gaspedal noch weiter durch. »Hab ein paar hässliche Dinge getan. Und dann kommst du raus, die Jugend ist vorbei, und du giltst nur noch als Verbrecher. War aber auch wirklich hässliches Zeug« – kurzes Kichern –, »doch jetzt hab ich das Gras, und das macht mich glücklich.«

Chad fuhr von der Autobahn ab und raste eine lange, flache Straße entlang, vorbei an gepflegten Reihenhäusern mit Garagen, in den Gärten die eine oder andere amerikanische Flagge. Dann bogen wir ab, und die Häuschen verschwanden vom Straßenrand, sie standen nun weit hinter den Feldern. Danach eine Weile nichts, wie auch Nampa selbst nichts weiter zu bieten hat als einen Güterbahnhof und die Nachbarschaft zum 25 Meilen östlich gelegenen Boise. Schließlich verlangsamte Chad den Wagen und bog rechts auf ein Grundstück direkt am Wegesrand, parkte das Hobotaxi auf einer sandigen Einfahrt zwischen drei anderen Autos. »Home sweet home«, sagte er und stieg aus.

Augenblicklich kam ein weißer Wolfshund ans Tor gerannt. Um unsere Füße schlich eine Katze herum, ein Huhn gackerte, und im Mülleimer neben den Sitzgelegenheiten auf der kleinen, vollgestellten Terrasse vor dem Trailer versuchten zwei Mäuse, in die Freiheit zu gelangen, kratzten aber nur erfolglos am weißen Plastik.

An jedem Ende des Trailers stand ein Wohnwagen. Chad und seine Frau Tina wohnten hier mit Tinas Schwester, ihrem Bruder, vier Kindern und dazu noch ein paar Freunden und Bekannten. Insgesamt zwölf Leute.

Chad hob das Huhn von einem Sessel. »Setzt euch, setzt euch. Tina ist bei der Textilreinigung, muss noch 'ne Stunde arbeiten.«

Sie rauschte heran wie ein Wirbelwind über die Prärie. Gerade mal eins fünfzig groß, rote Korkenzieherlocken, und ihr Gesicht schien nur aus Augen zu bestehen. »SHOESTRING!«, schrie Tina mit ihrer Reibeisenstimme und rannte auf ihn zu, die Arme weit ausgebreitet. »Endlich, endlich. Oh mein Gott, was bin ich glücklich. Endlich treffen wir uns. Chad, schnell, mach ein paar Fotos. Da hab ich vier Jahre lang drauf gewartet.«

Sie hüpfte auf und ab, schaute immer wieder zu Shoestrings bärtigem Gesicht hoch, während Chad sein Telefon rausholte. Tina drehte sich frontal in die Kamera, griff Shoestring um die Hüfte, zupackend, lachend. »Unglaublich, dass ich endlich den legendären Hobo Shoestring treffe. Weißt du noch, wie ich letztes Jahr ein ABP für dich rausgegeben habe? Ich dachte, du wärst tot.«

Shoestring wusste nicht ganz, wie ihm geschah. »War ich auch fast. Meine Leber wollte mich umbringen.«

»Was ist ein ABP?«, fragte ich.

»All Bullets Point.« Tina schwenkte einen Zeigefinger in die Luft und stach ihn dann Richtung Terrasse. »Das mache ich jedes Mal, wenn einer der Hobos vermisst wird. Dann schreie ich laut, Leute, ich brauche Hilfe, jeder in der Gegend hält jetzt die Augen offen. Ha! Und jetzt bist du hier. Großartig!«

Sie redete in Ausrufezeichen, und wie Shoestring und Debra hat diese kleine, nur aus Energie bestehende Frau ebenfalls eine große Anhängerschaft auf Facebook. Mama Rotten, so nennt sie sich. Nachts, wenn sie wieder mal nicht schlafen kann, stellt sie allen Leuten da draußen ihre Night Owl Questions. Und die Hobos und die Train Riders und die Dirty Kids, sie liegen irgendwo in einem Dschungel, auf dem Parkplatz eines Walmart, neben den Mülltonnen hinter einem Starbucks und antworten auf die Fragen der Nachteule: Wann bist du von zu Hause abgehauen? Machst du dir Sorgen über den kommenden Winter? Wie oft warst du kurz davor, einfach aufzugeben?

Wenn Debras Auftrag von oben kommt, dann kommt Tinas Motivation von innen, sie wollte es uns erzählen, musste sich aber noch schnell eine Pfeife anzünden, denn auf der Arbeit, da wird nicht gekifft, oh nein. Noch nie hatte ich einen Menschen getroffen, der mit jedem Joint aktiver statt ruhiger wird, aber hier war dieser Mensch, und er hieß Tina, und Tina redete so laut, dass man sicher sein konnte, dass Shoestring sie hörte, aber gleichzeitig so schnell, dass er wahrscheinlich nichts verstand. Ehrlich gesagt, hatte ich selbst Probleme, ihrer Geschichte zu folgen, denn immer, wenn ich dachte, wie bitte, da preschte sie schon weiter und setzte noch einen drauf.

Tinas Geschichte also, die ihr aus dem Mund fiel wie ein rauschender Wasserfall über eine Klippe: Mit 15 zog sie, gezwungenermaßen, von zu Hause aus, die Mutter war Witwe und hatte ihr Sozialgeld verloren, es war die Zeit, da Reagan seinen Krieg gegen die »Schattenmenschen« führte und kurz davor war, Armut wie schon in vergangenen Zeiten wieder zu einem Verbrechen zu machen.

Bei ihrer Schwester wollte Tina nicht wohnen, weil deren Ehemann ein Arschloch war. Sie suchte sich ein verlassenes Haus und wollte sich im Keller einrichten. Hörte, wie dort jemand den Abzugshahn einer

Waffe betätigte. Das war Frosty, ein Hobo. Lebte den Winter über in dem Haus. Zeigte ihr ein paar Tricks. Tina suchte sich ein anderes Haus, versperrte die Tür von innen mit einer Matratze, nahm immer den Hintereingang. Hatte jeden Tag eine Konservenbüchse zu essen, die sie mit einer Maus teilte, die ebenfalls im Keller wohnte. Klemmte sich Strom vom Nachbarhaus. Ging trotzdem zur Schule, machte ihren Abschluss und sagt seitdem, erzähl mir nichts von wegen du kannst nicht lernen!

Dann fragte eine Freundin sie, ob sie bei ihr einziehen wolle, ihr Vater war ständig auf Reisen. Tina war jetzt 17, die Freundin 15. Die geriet an ein paar üble Typen, und einer hätte Tina fast vergewaltigt. Sie wollte, dass die Bande nicht immer im Haus rumhing. Die Freundin wollte was anderes. Ihr gefiel die Aufmerksamkeit der älteren Typen. In einem Wutanfall versuchte Tina, sie im Waschbecken zu ertränken.

»Das hätte ich nicht tun sollen«, sagte sie und zündete sich noch eine Pfeife an.

Danach flüchtete sie nach Reno, da war sie schon schwanger. Trickste sich durch, kaufte Prostituierten deren Geburtsurkunden ab, handelte mit Drogen. Hustling eben. Die fremden Geburtsurkunden waren ihre Versicherung: Gegen Tina lag ein Haftbefehl wegen Drogenhandels vor; sie wollte sich also ein paar neue Identitäten zulegen. In dieser Zeit geriet sie in eine Gruppe, mit der es zunächst Spaß machte rumzuhängen. Bis ihr klar wurde, dass deren Definition von Spaß vielleicht nicht ganz lexikalisch korrekt war.

»Diese Penner dachten doch echt, es ist lustig, durch die Gegend zu fahren und aus dem Auto heraus den Leuten in die Knie zu schießen. Kann man das glauben?«

Schluss damit, dachte sich Tina. Zeit, wieder nach Idaho zurückzukehren und dem Kind eine Mutter zu sein. Nur, wie nach Hause kommen? Sie lernte einen Mann kennen, der Mitleid hatte und meinte, er könne sie mitnehmen. Er war alt, und auf dem Parkplatz erlitt er kurz vor der Abfahrt einen Herzinfarkt und starb. Die Polizei kam und fragte nach Tinas Ausweis. Ein Anruf bei der Zentrale, und der Polizist würde vom Haftbefehl wissen, dann hieße es Knast für sie und Pflegeheim für das Kind. Just in diesem Moment blies der Wind in das Auto und wirbelte eine der Geburtsurkunden auf. Tina zeigte sie dem Beamten. Kurzer, prüfender Blick. Dann ließ er sie gehen.

»Das war göttliche Vorsehung«, sagte sie.

Das Huhn sprang auf den Sessel und versuchte, es sich neben Shoestring gemütlich zu machen. Shoestring sah hungrig aus.

Irgendwie kam Tina zurück nach Pocatello. Dachte sich, wenn ich mit all diesen Methköpfen umgehen kann, dann auf jeden Fall auch mit Kunden. So entdeckte sie erst den Kundendienst für sich, zog dann in ein Apartment und ging ihrer Arbeit nach. Doch in der Wohnung unter ihr stank es immerzu, und Tina kannte den Geruch: Crystal Meth. Entschlossen griff sie sich einen Baseballschläger, betrat die Wohnung der Nachbarin und zertrümmerte alles, was mit dem Zeug zu tun hatte. Die Nachbarin wurde, selbstverständlich, wütend, aber eigentlich kein Problem, denn Tina war ja im Kundendienst. Aber dann besuchte sie ihre Mutter, die inzwischen in einem neuen Pflegeheim lebte. Wer war die Pflegerin? Die grimmige Nachbarin.

»Zwei Tage später war meine Mutter tot. Es gab keine Autopsie, also kann ich es nicht genau sagen, aber schon ein merkwürdiger Zufall, oder? ODER?«

Irgendwo im Verlauf dieser Geschichte hatte sie auch versucht, ihren Ehemann, also den ersten, mit Blei umzubringen, aber ich kann mich nicht mehr an die richtige Chronologie erinnern, nur dass sie danach sagte: »Das hätte ich auch nicht tun sollen.«

Heute will sie die Person sein, die sie selbst als Kind nie hatte. Deswegen holt sie die Dirty Kids vom Güterbahnhof ab und lässt sie oft zu Dutzenden in ihrem Garten schlafen. Manchmal spricht sie am Telefon mit deren Eltern, und manche sind nett und bedanken sich, dass da jemand ist, der sich kümmert, manchmal aber wird Mama Rotten auch beschimpft, weil sie die Kinder noch dabei unterstützt, wie sie in den Weiten des Landes, gleisauf, gleisab ihr Leben verschwenden.

»Aber genau dann«, sagte Tina, »brauchst du guten Kundendienst. Und jetzt geht's zum Abendessen, was sagt ihr dazu?«

Shoestring wachte auf, das Huhn immer noch an seiner Seite. »Yeah, ich bin am Verhungern.«

Ich nehme an, dass er sich in etwa Folgendes vorgestellt hatte: ein Abendessen an einem großen Tisch, vielleicht bei Kerzenlicht, er zwischen zwei Kindern, man hält sich an den Händen, während man ein Tischgebet spricht und sich für die reichen Gaben bedankt, während die Füße in Socken auf dem weichen Teppichboden ruhen.

Die Realität: ein Haus im nahen Boise, in dem 30 Leute durch die Gegend liefen, durcheinanderredeten, ständig neue Gruppen bildeten, wieder auseinandergingen. Ein Grillmeister, der die Hitze falsch einschätzte und die Würste und Hamburger verbrennen ließ. Ein Shoestring, der sich noch nicht mal ans Buffet traute, weil dort einfach zu viel Betrieb war und sich Gespräche vom Hundertsten ins Tausendste verzweigten.

»Soll ich dir was bringen?«, fragte ich ihn, und er nickte, stand an einer Wand, die Hände auf dem Rücken.

Normalerweise bin ich ein großer Fan von amerikanischem Small Talk. Man kommt unheimlich schnell ins Gespräch, fast egal, wo, fast egal, mit wem. Jetzt aber, während ich Shoestring und mir verbrannte Hamburger auf die Teller legte, ordentlich was vom Kartoffelsalat draufschaufelte, dazu ein paar Hotdogs und Kekse, war selbst mir das Tohuwabohu zu viel, und ich sehnte mich nach der Ruhe drüben am Güterbahnhof in Nampa. Wobei: An einem Güterbahnhof herrscht ja auch keine Ruhe. Vielleicht muss ich eher sagen, man sehnt sich nach der Abwesenheit der lärmenden, der schwatzenden, der komplizierten menschlichen Existenz.

Shoestring und ich setzten uns draußen in den Garten und aßen schweigend auf. Danach holte ich noch zwei Portionen, und wir aßen auch diese auf. Dann noch jeweils eine dritte, weil wir einfach nichts anderes zu tun hatten. Schließlich saßen wir mit vollem Magen da, und Shoestring zwirbelte sich seinen Bart. Ich tat genau das Gleiche.

Wie ein Derwisch jagte da Tina durch den Garten und kam vor uns abrupt zum Stehen. »Ist das nicht großartig? Ist das nicht fantastisch?«

»Zweifellos«, sagte Shoestring.

»Hast du genug zu essen bekommen?«

»Oh ja, ich bin vollgestopft wie ein Erntedanktruthahn, vielen Dank.«

Tina verschwand wieder zu ihren Freunden, Bekannten und Verwandten. Vor ihrem Abgang hatte sie aber noch gesagt, dass wir morgen zelten gehen könnten, über das Wochenende, das wäre doch toll.

Die Hand auf dem Bauch, lehnte sich Shoestring zu mir rüber und flüsterte: »You wanna catch out tonight?«

7

Obwohl schwer beladen mit einer Tasche voller Süßigkeiten und weiteren Lebensmitteln, die er in einem Supermarkt organisiert hatte, lief Shoestring locker vorneweg, die Freiheit der Straße manifest auf dem Weg zum Yard, auch wenn in der Dunkelheit ein Auto an uns vorbeifuhr, ein paar Typen sich aus dem Fenster lehnten und schrien: »Verpisst euch, ihr ekelhaften Dreckspenner!«

Shoestring wies mich an, nicht zu viel Abstand zwischen uns beiden zu lassen, da es oft genug vorkomme, dass aus diesen hasserfüllten Autos Steine geschmissen würden.

Hinter einer Kneipe stapften wir durch kniehohes Gras, überquerten die Gleise und ließen uns in einer toten Zone zwischen Reihenhäusern und Gleisen nieder. In der Ferne kläffte ein Hund, man konnte die Kette klirren hören, an die er gefesselt war.

Ansonsten: Ruhe. Der kleine Dschungel ein Stück Freiheit, über uns der Himmel. Wir mussten mit niemandem reden, die Taschen voller Essen, bereit für die letzte Strecke Richtung Westen. Selbst am Abend waren es noch um die 20 Grad. Das Klingeln der Yard Dogs Musik in unseren Ohren.

Und die einäugige Geliebte? Sie ließ uns nicht im Stich. Kurz vor Mitternacht, Shoestring war noch nicht mal mit der ersten Tüte Gummibärchen durch, rollte ein Zug mit mehreren offenen Box Wagons rein, bremste und kam direkt vor unserem Lager zum Stehen.

»Das war aber leicht«, sagte Shoestring.

In aller Ruhe schlenderten wir zu einer offenen Box, warfen unser Gepäck rein, hievten uns hoch, hauten zwei Nägel in die Schiene, damit die Tür nicht irgendwann zufallen würde. Es waren noch circa 480 Meilen bis nach Portland.

Eine halbe Stunde später zischten die Bremsen, der Zug rumpelte los. Wir drückten uns in die Ecken des Waggons, mit dem Rücken zur Wand, bis wir an der Leitstelle vorbei waren, dann rollten wir unsere Matten und die Schlafsäcke aus. Zurück in der illegalen Zone, schlief Shoestring augenblicklich ein, denn wenn etwas auf dieser Welt einem Heim für ihn nahekommt, dann ist es der Box Wagon.

Im Morgengrauen pulsierten zu beiden Seiten die grünen Wälder der Umatilla- und Wallowa-Whitman-Nationalforste. Die Bäume mit Moos überwuchert, atmend, lebend, frei.

Mit einem Lächeln auf den Lippen wachte Shoestring auf. Der harte Stahlboden des Waggons, das war sein Teppich.

In Hinkle, einem Ort, der nur für die Eisenbahn gegründet wurde, stiegen wir ab. Die Luft war erfüllt vom Atem der Bäume, Shoestring streckte sich, gähnte lustvoll, weit und breit niemand zu sehen.

Mit leichten Schritten marschierten wir durch den Wald, das Gepäck wog so gut wie gar nichts mehr. Nach drei Meilen überquerten wir den gurgelnden Columbia River und wechselten die Eisenbahngesellschaft. Auch hier alles wie bestellt: ein Zug auf den Gleisen in unserer Richtung, wieder mehrere offene Boxen. Nur: direkt davor stand ein weißer Geländewagen.

»Ist das der Bull?«

»Yep«, sagte Shoestring. »Was macht er?«

Ich kniff meine Augen zusammen. »Ich glaube, er schläft.«

»Was sagt man dazu? Ein schlafender Bull.«

Auf Zehenspitzen schlichen wir an ihm vorbei. Dann stolperte ich über zwei Eisennägel. Es klankte und klonkte, erst gegen den Schotter, dann gegen das Gleis. Shoestring verharrte in der Bewegung, seine Lippen formten lautlos das Wort »FUCK!«.

Im Auto regte sich der Bull, sein Kopf rollte auf dem breiten Nacken hin und her, er gähnte. Shoestring hob den Finger an die Lippen. Eine Sekunde lang sah es so aus, als würde der Bull aufwachen, aber dann fiel sein Kopf wieder auf die Nackenstütze zurück, und durch das Fenster war lautes Schnarchen zu hören.

»Himmelherrgott«, flüsterte Shoestring und richtete sich auf. »Der Typ muss während der Arbeit entweder saufen oder kiffen, vielleicht auch beides. Ich wünschte, alle wären von dem Schlag.«

Dennoch: Sicherheit geht vor, also noch ein paar weitere Waggons zwischen uns und den Bull bringen und flugs hoch in die leere Box, uns in die Ecke verdrücken, auf das Zischen der Bremsen warten.

Es dauerte. Eine halbe Stunde verging, dann eine. Schließlich zischten die Bremsen. Der Bull musste immer noch schlafen, denn wir hörten keinen anspringenden Motor, nur den dröhnenden Pfiff der Lok, einmal, zweimal. Erst als der Zug unterwegs war, erschien der weiße Geländewagen auf gleicher Höhe.

Wir saßen beide ganz links hinten in der Ecke, was hieß, dass wir den Bull sehen konnten, aber er keine Ahnung hatte, was in der Dunkelheit der Box vor sich ging. Zwei hakenschlagende Kinder, die den stur geradeaus marschierenden Erwachsenen wieder mal entwischt waren.

Mit Siebenmeilenstiefeln mussten wir Portland allerdings überspringen, weil in den Straßen auch diesmal ganze Divisionen von Obdachlosen herumlagen. Im Jahr zuvor hatte der Bürgermeister ein Safesleeping-Gesetz erlassen: Man durfte sich nachts in der Innenstadt einfach auf dem Boden niederlassen. Das Gesetz wurde später wieder gekippt, aber der Geist war aus der Flasche. Alle Ecken waren besetzt. Der Asphalt der Innenstadt belegt mit zahllosen Schlafsäcken. Auf einem kleinen Grünstreifen saß einer mit einer Bibel in der Hand. An einer Kreuzung lehnte sich eine Frau mit Kind gegen einen Laternenpfosten, neben sich den Kinderwagen, und auf ihrem Schild stand:

›Drogenfrei und nüchtern, brauche 90 Dollar für ein Motel‹. Ansonsten noch Typen, die durch die Gegend schlurften und wilde Diskussionen mit sich selbst führten. Köpfe, die schon fast im Rinnstein lagen, das Glimmen von Zigaretten, das unregelmäßige Rattern von kaputten Einkaufswagen.

Shoestring wollte weg, nur weg aus dieser Stadt. Wohin? Nach Astoria. Einem kleinen 10 000-Einwohner-Ort an der Küste, wo der Columbia River in den Pazifik mündet.

Bald standen wir auf den Brettern der Marina und hörten den Seelöwen zu, die vor sich hin röhrten, hinter ihnen nur noch die Weite des Ozeans, der blau und tief in seinem Becken lag. Dann eine Weile lang gar nichts mehr, schließlich Asien. Der Grund, warum der New Yorker Kaufmann Asa Whitney in den 1840ern als einer ihrer wichtigsten Förderer überhaupt daran dachte, eine Transkontinentale zu bauen, war, am Ende den Handel mit China zu erleichtern. Aber für uns gab es noch einen viel wichtigeren Grund, hier zu stehen: An dieser Flussmündung waren nach einem Jahr auf dem Mississippi, Missouri und dem Columbia Lewis und Clark und ihr Korps herausgekommen. Auf einen Schlag hatten sie nicht nur einen Zugang zum Pazifik gefunden, sondern auch den Grundstein für die Expansion nach Westen gelegt, für alles, was nach ihnen kam: die Mountain Men, die Pioniere, die Cowboys, die Siedler, Treck um Treck, die Transkontinentale. Lewis und Clark hatten damit die Landfläche kartografiert, deren Lockruf bis heute die menschliche Seele augenblicklich entflammen kann: Nach Westen, nach Westen! Wagons ho!

»Mann«, sagte Shoestring, »was würde ich dafür geben, da dabei gewesen zu sein.«

»Hey, ihr beiden«, sagte eine weibliche Stimme hinter uns. »Seid ihr Lewis-und-Clark-Fans?«

»Yes, Ma'am«, antwortete Shoestring und machte eine ganz leichte Verbeugung.

Die Frau war etwa Mitte 50 und trug eine Funktionsjacke und Jeans, die in Gummistiefel steckten. Ihr rechter Mundwinkel schien nach unten zu hängen, vielleicht hatte sie ähnlich wie Jewel einen Schlaganfall gehabt, und ihre Augen wurden von jener Art Falten umspielt, wie nur Trauer sie verursachen kann.

»Seid ihr auf der Durchreise?«

»Yes, Ma'am.« Und komischerweise fühlte Shoestring diesmal nicht die Notwendigkeit, eine seiner kleinen Lügen anzubringen, sondern setzte hinzu: »Ich fahre Fracht.«

»Was du nicht sagst.« Die Frau taxierte ihn. »Dann bist du ja auch eine Art Entdecker.«

»Nun«, sagte Shoestring.

»Ich mach euch einen Vorschlag. Wenn ihr noch eine Weile hier bleibt, solltet ihr vielleicht mal im Museum vorbeikommen. Ich arbeite da. Ich kann euch umsonst reinlassen.«

»Das wäre großartig.«

Und so war es abgemacht. Nachdem sich die Frau, sie hieß Helena, von uns verabschiedet hatte, suchten wir uns in einem nahen Wäldchen auf den Klippen mit Blick auf das Meer einen Untergrund aus Moos, der hinreichend abgeschieden war, und legten uns zufrieden zur Ruhe.

Auf der Fensterbank des Holzhauses in der Pleasant Avenue – mit Blick zur Rechten auf den Columbia River und dessen Mündung in den Pazifik, mit dem Blick geradeaus auf die Youngs Bay und den dahinterliegenden Lewis and Clark National Historical Park, in dem Helena arbeitete – hatte sie ein paar Kerzen aufgestellt, und das Licht reflektierte im Glas, tanzte auf und ab in den kleinen Windstößen, die von Helenas Bewegungen zwischen Küche und Esszimmer herrührten. Nach und nach füllte sich der Tisch mit einem Hackbraten aus dem Ofen, Kartoffelpüree, einer großen Schale gebratener Zwiebeln sowie einer Kanne selbst gemachter Limonade.

Im ersten Stock hörte man den Wasserhahn laufen, dann eine Tür, die geöffnet und geschlossen wurde, schließlich erschien Shoestring, kam über die mit Teppich ausgelegten Holzstufen herunter und setzte sich zu Helenas beiden Kindern an den Tisch, die bereits Messer und Gabel in der Hand hielten.

Fast den halben Tag hatten wir auf dem kleinen Museumsgelände verbracht, erst die Route von Lewis und Clark ausgiebig diskutiert, dann aber, als der Besucherstrom etwas versiegt war, hatten sich nur noch Shoestring und Helena unterhalten. Sie merkte schnell, dass er nicht so gut hörte, und lehnte sich immer zu seinem guten Ohr, wenn er mal wieder nichts verstand. Das letzte Mal, dass ich ihn so animiert hatte sprechen sehen, war in KC mit Traindoc gewesen, über die Feinheiten der Güterbahnhöfe. Aber wo es damals ein eindeutiges Energiegefälle gegeben hatte, traf das in diesem Fall nicht zu. Die beiden unterhielten sich sehr lange. Es gab viele Pausen im Gespräch, aber beide hatten kein Problem damit, auch mal zu schweigen.

Schließlich hatte uns Helena gefragt, ob wir nicht zum Abendessen kommen wollten, es sei doch bestimmt schon ewig her, dass wir ein Family Dinner gehabt hätten, und Shoestring hatte geantwortet: »Das stimmt wohl.«

Also saßen wir jetzt an ihrem Tisch, er war rund und voller Speisen, und Shoestrings Füße ruhten auf weichem Teppich.

Die Kinder waren zwölf und zehn Jahre alt, Helena hatte sie mit ihrem Mann adoptiert, der wenig später leider an sehr kurzer und sehr schmerzvoller Krankheit verstorben war. Mädchen und Junge, Valerie und Jack; gemeinsam feuerten die beiden eine Salve Fragen nach der anderen ab.

»Wieso heißt du Shoestring?«

Er erzählte es ihnen.

»Was ist ein Hobo?«

Er erzählte es ihnen.

»Wie schnell fährt ein Zug?«

Er erzählte es ihnen.

»Wie macht man, du weißt schon was, auf dem Zug?«

»Kinder, wir essen gleich«, unterbrach Helena sie und legte auf jeden Teller eine Scheibe des Hackbratens, gebratene Zwiebeln darüber und Kartoffelpüree daneben. Sie vergewisserte sich, dass jeder ein Glas mit Limonade hatte, und sagte dann: »In diesem Haus sprechen wir vor dem Essen ein Tischgebet. Ich hoffe, es macht dir nichts aus.«

»Überhaupt nicht«, erwiderte Shoestring.

Wir fassten uns an den Händen. Sprachen das Tischgebet. Woraufhin die Kinder gleich wieder loslegten, bald mit vollem Mund.

»Fühlst du dich jemals einsam?«

Shoestring schaute die Kinder an. Helena schaute Shoestring an.

»Manchmal«, sagte er, »manchmal. Aber wenn man alleine ist, kann man auch ganz schön tolle Sachen machen.«

»Was denn, was denn?«

Shoestring hob die rechte Körperseite leicht an. Es sah zunächst aus, als würde er langsam vom Stuhl kippen. Doch stattdessen furzte er, so laut wie im McDonald's in Pittsburg.

Die Kinder schauten ihn mit großen Augen an. Helena schaute ihn mit großen Augen an. Die Kinder schauten sich gegenseitig mit großen Augen an, die Gabeln festgefroren in der Luft.

Dann, so schön ungezähmt waren sie noch, brach es aus ihnen hervor, und sie lachten sich die Seelen aus dem kleinen Leib. Lachten, bis sie Tränen in den Augen hatten.

Helena zog ihren guten Mundwinkel nach oben, ihr Lächeln hatte etwas von einem Notenschlüssel. Als sich das Gelächter nach einer Weile beruhigt hatte, fragte sie Shoestring: »Wie sehen deine Pläne nach Astoria aus?«

»Keine Ahnung. Ich habe inzwischen alles gesehen, und wenn du alles gesehen hast, dann treibst du einfach nur noch durch die Gegend.«

»Verstehe.« Helena kaute auf einem Stück Hackbraten herum, tupfte sich dann den rechten Mundwinkel mit einer Serviette ab. Sie sah zu ihren Kindern.

Die waren aufgekratzt, als wäre morgen Weihnachten. »Erzähl uns eine Hobogeschichte, erzähl uns eine Hobogeschichte.«

»Wieso bleibst du nicht eine Weile?«, fragte Helena schließlich.

»Eine Weile bleiben«, wiederholte Shoestring, dessen Füße immer noch auf dem weichen Teppich ruhten. »Ja, ich glaube, das würde mir gefallen.«

8

Die Zeiten von Chicagos Hobohemia sind schon lange vorbei, aber dennoch lungerten in den Zwischenebenen der Windy City Obdachlose rum wie Ratten in einem Abwasserkanal. Es schüttete, und an den Rändern der Ebenen lief das Wasser herunter, große Pfützen bildeten sich, und in den Zugangswegen zu den Garagen und den Gassen, die im Untergrund verliefen, bewegten sich dunkle, abgerissene Gestalten in den Schatten der Metropole. Ich spürte eine eigentümliche Verbindung mit ihnen.

Nach einem Flug von Boise und einer Zugfahrt an die Millennium Station in Downtown war ich unterwegs zu einem Freund, bevor ich am nächsten Tag meinen Rückflug nach Deutschland antreten würde.

Ich ging eine Treppe hoch und kam ans Licht der Erdoberfläche. Menschen in Business-Anzügen, die glitzernden Türme der Finanzwelt, die rotierenden Türen von Kaufhäusern, das neogotische Gebäude der *Chicago Tribune*. Vor Jahren war ich mal ein paar Monate bei dieser Zeitung auf einem Journalistenaustausch. Eine vollkommen andere Zeit, in der ich in weißem Hemd und schicken Schuhen vom Süden in die Stadt pendelte, eine Zeit, in der die Menschen kein Problem damit hatten, sich neben mich zu setzen. Auch jetzt war die Bahn voll, aber der Platz neben mir blieb frei. Anscheinend hatte die kleine Hobodusche in den Toiletten des Flughafens von Boise mit ein paar Wischtüchern nicht wirklich was gebracht.

Und gerade mal eineinviertel Meilen von der Millennium Station entfernt war der Main Stem, die Hauptader des Organismus Hobohemia, wo früher zwischen 30 000 bis 75 000 Obdachlose auf einer Länge von 30 bis 40 Blocks unterwegs waren; jährlich zogen über 300 000 durch diese Stadt, kamen und gingen, immer bereit, sich dahin treiben zu lassen, wo es Arbeit gab. Chicago war Dreh- und Angelpunkt der Wanderarbeiter, und Hobohemia voll mit billigen Hotels, Absteigen, Obdachlosenheimen, Jobagenturen, die Hobos Tausende von Meilen durchs Land schickten, Buchläden, die radikale Literatur verkauften, Wohlfahrtsorganisationen. Eine Gegend voller Schnapsbrenner, Spieler, Taschendiebe, Drogenhändler und allem anderen, was in so einer Umwelt blüht. Angeblich war Hobohemia so lebendig und gleichzeitig so anonym, dass die guten Bürger aus den besseren Vierteln der Stadt hierherkamen, um mal richtig auf die Kacke zu hauen.

Der L-Train knirschte durch Downtown und in Richtung Lincoln Park. Die Passagiere hingen mit den Gesichtern alle über ihren Bildschirmen, genauso abhängig von Smartphones wie die Bewohner der Insel von Crystal Meth.

Ständig kam eine neue Durchsage aus den Lautsprechern. Ich war mir sicher, dass diejenigen, die sie tagein, tagaus hörten, sie überhaupt nicht mehr wahrnahmen. Aber ich, der gerade aus der Wildnis der Güterbahnhöfe kam, aus einer Welt, die man sich gegen den Willen von anderen nimmt, tat es schon – und mir war, als säße ich wie meine Großmutter einst in einem Zug Richtung russische Straf- und Arbeitslager.

Rauchen ist verboten.

Werbung ist verboten.

Bedenken Sie den Lärmpegel Ihres Telefons.

Lehnen Sie sich nicht gegen die Tür.

Machen Sie dieses nicht.

Machen Sie jenes nicht.

Es war kein großer Gedankensprung zu der Freiheit, die ich mit Shoestring auf den Güterzügen erfahren hatte, und während der Stadtzug an den gläsernen Türmen vorbeizuckelte, die in den verregneten Himmel ragten, während alle so durchdringend mit sich selbst beschäftigt waren, dachte ich über das Ende unserer gemeinsamen Reise nach.

Es war ein schönes Ende, nicht wahr? Und wer würde es Shoestring nicht wünschen. Aber das hier ist weder ein Roman noch ein Hollywoodfilm; das Ende war zu schön, um wahr zu sein. Shoestring hängte seinen Rucksack nicht an den Nagel wie ein alter Cowboy seinen Sattel.

Nach dem Besuch bei Tinas Familie waren wir wieder frei, das stimmte, und genossen die Ruhe des Yards in Nampa, die Taschen voller Lebensmittel. Nur der richtige Zug, der kam nicht. Flachwagen, IMs, Öltanker, Locals – alles, nur keine offene Boxen in unsere Richtung. Von den letzten Waggons der vorbeifahrenden Züge blinkte rot das End of Train Device.

Ein Tag verging, dann noch einer. Mir lief die Zeit davon, mein Rückflug kam rasch näher. Shoestring kniete auf seiner Matte und stöhnte immer lauter vor sich hin. Wurde sehr schweigsam, stopfte sich den Mund voll mit Süßigkeiten, während ich eine Zigarette nach der anderen rauchte.

Die Temperatur fiel plötzlich in den Keller. 30 Grad Unterschied. Shoestring vergrub sich in seinem Schlafsack, hörte auf zu essen, schlief nur noch. Ab und zu trat ich ganz nahe an ihn ran, um zu sehen, ob er noch atmete. Stellte mir vor, was ich wohl machte, wenn er mir hier einfach im Dschungel wegsterben würde. Aber er klinkte sich einfach bloß aus und wendete der Welt (und mir) den Rücken zu.

Die Zeit verstrich, ohne dass ein geeigneter Zug kam. Es war so kalt, dass Shoestring die Pelzmütze herausholte und die Außenseite der Schlafsäcke und das Wasser in den Kanistern gefror. Ich schloss ebenfalls meine Augen und strich mir durch den Bart. Versuchte mich in geübter Geduld.

Es brachte alles nichts. Es kam kein Zug mehr. Die einäugige Geliebte hatte mich verlassen, zumindest für den Moment, doch ich hatte keine weiteren Momente mehr auf dieser Reise. Wenn ich mich jetzt nicht aufmachte, würde ich meinen Flug über den Teich verpassen.

Halb erfroren schälte ich mich aus der Molle, morgens um vier, weil ich nicht mehr schlafen konnte, holte mir an einer Tankstelle auf der anderen Seite der Gleise einen Kaffee und stand eine Weile mit dem dampfenden Becher im hell erleuchteten, beheizten Verkaufsraum und wärmte mich.

Dann kaufte ich einen zweiten Kaffee und ging zurück zum Lager. Shoestring schlief immer noch, sein Schlafsack war mit Raureif überzogen.

»Hey Shoestring, wach auf. Ich hab Kaffee für dich.«

Langsam bewegte er sich. Tiefe Falten um die Augen, das Gesicht noch zerknautscht vom Schlaf, er sah aus, als wäre er 80 Jahre alt. Schob sich, als er einigermaßen wach war, ein paar Gummibärchen in den Mund und spülte sie mit dem Kaffee runter, wie immer mit sechsmal Milch und sechsmal Zucker.

»Was für ein wundervolles Leben, eh?«, sagte er.

»Ich muss los. Meine Zeit ist um.«

Und da wachte Shoestring auf einmal so richtig auf. »Yeah, ich schätze, das wäre am besten, nicht, dass du deinen Flug verpasst.« Wachte auf und wurde sehr, sehr redselig, während wir unser Zeug eine Weile im Wind auf einem Holzverschlag trockneten. Geradezu hibbelig, so wie ich ihn schon lange nicht mehr gesehen hatte, und mir wurde schmerzhaft bewusst, dass er sich nur alleine richtig frei fühlt.

Als unsere Sachen einigermaßen trocken waren, gingen wir gemeinsam los, um noch einen Kaffee zu trinken, und landeten in einer Hipster-Café-Bar.

»Jetzt denke ich mir, dass ich mehr hätte lachen sollen«, sagte Shoestring. »Die Leute denken immer, ich wäre griesgrämig und arrogant, für keinen Spaß zu haben. Aber ich bin einfach nur ruhig.«

»Was hast du jetzt vor?«

»Es wäre schön, eine Familie zu haben. Aber der Zug ist für mich abgefahren. Zurück auf Los. Vielleicht schnappe ich mir diese legendäre Zugfähre nach Alaska. Aber ich frage mich, was ich ohne deine Augen und deine Ohren tun soll. Keine Ahnung, wie lange ich das alles noch schaffe …« Shoestring zuckte mit den Schultern. »Aber es ist das Einzige, was ich richtig gut kann …«

Wir tranken unseren Kaffee vor dem Laden. Drinnen und draußen saßen alle möglichen Leute in sauberen Klamotten, die Männer mit ordentlichen Bärten, und an den Fahrradständern waren Fixie-Bikes angeschlossen. XXL-Triple Cappucinos und handgemachte Butter

Toffee Cookies. Aus der Musikanlage des Cafés klang die Reibeisenstimme von Janis Joplin: »Freedom is just another word for nothing left to lose.«

Die Sonne kam raus, aber es blieb kühl, denn ein Wind frischte auf.

»Willst du diesen Rest Panzerklebeband?«

»Auf jeden Fall, das kann man immer gebrauchen.«

»Wie steht's mit dem Karabiner?«

Shoestring sah ihn sich genau an. Auch den nahm er. Im Gegenzug schenkte er mir ein paar Aufnäher der Alaska und der Katy Railroad.

»Interesse an einem Regenponcho?«

»Nö«, sagte er, »ich hass den Scheiß.«

Ich überlegte, was noch. Aber das war's. Der Moment des Abschieds war gekommen. Ich streckte meine Hand aus. Shoestring ließ sie eine Sekunde in der Luft hängen. Dann umarmte er mich.

»Es war mir eine Ehre«, sagte ich und klopfte ihm auf den Rücken. Ich wollte ihn überhaupt nicht loslassen. Wie oft hat man im Leben das Glück, so einen Menschen zu treffen? »Danke für alles, mein Freund. Pass da draußen auf dich auf.«

Shoestring lächelte, nickte. Er hob seinen Rucksack vom Boden und schulterte ihn. Dann drehte er sich um und ging die Straße entlang Richtung Winco-Supermarkt, um Kasse zu machen.

Ich schaute ihm nach.

Durch die ganzen Süßigkeiten in seiner Handwerkertasche hatte er leichte Schlagseite.

Dank

Vor allen anderen gilt mein Dank den Hobos Tuck, Jewel, Frog, K-Bar, Ricardo, Ron und Shoestring, die mich in diese Welt auf und neben den Gleisen eingeführt haben und so für Bilder und Erfahrungen verantwortlich sind, die ich nie wieder vergessen werde.

Ich verneige mich außerdem vor allen Menschen da draußen und ihrer spontanen Großzügigkeit. Vor all den Fremden, die diese Reise so zu etwas Besonderem gemacht haben, aber auch vor den beiden großherzigen Frauen Debra und Tina.

Lara Weber in Chicago war so nett, mir mehrmals Unterschlupf in der Windy City zu gewähren.

Sebastian Körber holte laut eigener Aussage einen Penner (mich) am Flughafen ab. Danke für Unterkunft, Speis und Trank (auch an seine wundervolle Frau Melissa) und natürlich für die langjährige Freundschaft.

Sehr froh war ich über den Enthusiasmus, den mein Verlag von Anfang an für das Projekt an den Tag gelegt hat. Bettina Feldweg würdigt mich durch ihr Vertrauen, und Verena Pritschow hat mit aller Geduld und Freude die Entstehung dieses Buches bis zum fertigen Manuskript professionell begleitet.

Danke auch in Richtung meiner Agentin, die immer wieder furchtlos und klug meine Interessen vertritt.

Außerdem ziehe ich den Hut vor meinem Lektor Fabian Bergmann, der meine Gedanken ordnet, mich ermutigt und darauf achtet, dass ich verbal nicht entgleise.

Christian Salewski gebührt mein Dank für die Durchsicht einer frühen Manuskriptfassung sowie für die guten Bemerkungen und Verbesserungsvorschläge.

Björn Harvig stellte mir seine Fischerhütte in Dänemark zur Verfügung; Dennis Buchmann die seine in Brandenburg. Ein großes Dankeschön dafür, an beiden Orten habe ich abgeschottet von der Außenwelt das Fundament für dieses Buch legen können.

Und Patrizia, ohne Dich neben mir zu haben, wäre das Buch nicht das geworden, was es ist. Danke für die gut ein Dutzend Leserunden des Manuskripts in all seinen Entwicklungsstufen und ebenfalls danke, vielleicht noch wichtiger, für alles andere.

Kalundborg/Tornowsee/Hamburg, 2017 – 2018

MOTORRADREISE
INS GLÜCK

NATIONAL GEOGRAPHIC

ROLF LANGE
Weltenreise

MIT DEM MOTORRAD
INS ABENTEUER
UND ZURÜCK

»Die beste Reise ist die,
von der du nicht weißt,
wann sie endet.« Die
beeindruckende Geschichte
eines radikalen Aufbruchs
mit dem Motorrad.

192 SEITEN, CA. 150 BILDER
ISBN 978-3-86690-677-8
€(D) 24,99

»Ein hinreißendes Buch!«

Dresdner Neueste Nachrichten

Hier reinlesen!

Fredy Gareis

100 Gramm Wodka

Auf Spurensuche in Russland

Malik, 256 Seiten
€ 14,99 [D], € 15,50 [A]*
ISBN 978-3-89029-457-5

Was hat es mit dem geheimnisvollen Himbeersee auf sich, an dem Fredy Gareis' Großmutter in einem Straflager war? Und wieso trägt seine Mutter den Geburtsort »Soda-Kombinat« im Pass? Als Kind von Russlanddeutschen wächst Fredy Gareis mit vielen offenen Fragen auf. Um endlich Antworten zu finden, macht er sich auf den Weg. Drei Monate fährt er quer durch Russland und versucht zu ergründen, was es mit diesem Land auf sich hat, von dem es heißt, dass man es nicht mit dem Verstand fassen kann, sondern nur mit dem Herzen.

MALIK

Leseproben, E-Books und mehr unter www.malik.de

Zwei Brüder, ein Abenteuer

Hier reinlesen!

Hansen Hoepner /
Paul Hoepner

**Zwei um die Welt –
in 80 Tagen ohne Geld**

304 Seiten
€ 15,00 [D], € 15,50 [A]*
ISBN 978-3-492-40626-0

Paul und Hansen Hoepner beschließen, per Anhalter in 80 Tagen den Globus zu umrunden. Eine feste Route haben sie nicht, und das Geld dafür wollen sie unterwegs verdienen. Ein kühner Trip mit hochgesteckten Zielen, bei dem die Uhr tickt. Und während sie versuchen, von Portugal nach Kanada zu trampen, in Japan Menschen für ihr Vorhaben zu begeistern und in Thailand an ein rettendes Wunder zu glauben, erleben sie hautnah, was es bedeutet, keinen einzigen Cent in der Tasche zu haben.